■ 新编高等院校财经类“十三五”创新系列精品规划教材

XINBIAN GAODENG YUANXIAO CAIJINGLEI “SHISANWU” CHUANGXIN XILIE JINGPIN GUIHUA JIAOCAI

基础会计学

主　编　熊翅新　林　斌
副主编　宋　平　丁依群
参　编　王志华　路　茵　喻菊华

中国商业出版社

图书在版编目（CIP）数据

基础会计学／熊翅新，林斌主编．—北京：中国商业出版社，2016.8
ISBN 978－7－5044－9062－9

Ⅰ.①基… Ⅱ.①熊… ②林… Ⅲ.①会计学－高等职业教育－教材 Ⅳ.①F230

中国版本图书馆 CIP 数据核字（2015）第 169863 号

责任编辑：蔡凯

中国商业出版社出版发行
010－63180647 www.c－cbook.com
（100053 北京广安门内报国寺 1 号）
新华书店总店北京发行所经销
北京市书林印刷有限公司印刷
* * * * *
787×1092 毫米 开本：1/16 印张：18.5 字数 350 千字
2016 年 8 月第 1 版 2016 年 8 月第 2 次印刷
* * * *
定价：39.80 元
（如有印装质量问题可更换）

前　言

随着社会主义市场经济的深入发展，经济体制改革和对外开放程度的不断深化，我国的会计准则体系也在不断完善。2006年2月，财政部发布了《企业会计准则——基本准则》及《企业会计准则——存货》等38个具体准则，使中国企业会计准则与国际财务报告准则之间实现了实质性趋同，并为改进国际财务报告准则提供了有益借鉴，实现了中国会计准则建设的重大跨越和突破。

新准则的颁布实施，对于会计专业的教学提出了更高、更新的要求。《基础会计学》课程是财经与管理科类专业的公共必修课，也是会计学专业的专业基础课。因此，及时出版发行能紧密结合最新企业会计准则体系的新理念和新内容的教材，十分必要。在有关高校老师的积极参与下，特编写了会计系列教材。本教材作为该系列教材的组成部分之一，与其他教材相辅相成，并具有以下特点：

（1）新颖。本书在编写内容上，特别注意吸收最新企业会计准则和相关会计法规的有关规定及其他一些相关的研究成果。同时，本书在内容上注重理论联系实际，为配合初学者的学习需要，我们在每章设置了学习目标、教学内容、本章小结、课后习题和模拟习题等内容和提示，以帮助学生全面系统理解会计基本知识与基本技能。

（2）精简。本书在内容安排上强调遵循精简易懂的原则，突出对会计基本原理与技能的学习，对传统的教学内容做了较大调整，进行了适当的取舍（如本书未将“账户的分类”纳入教材的内容）。全书在内容的安排上体现了系统性、递进性和必要性的要求。

（3）易懂。对有关会计名词概念等进行了必要提炼，使文字表述更为精练，有助于学习者抓住要点；对部分较难理解和掌握的内容的陈述利用图表等各种形式使之通俗化、形象化和简单化，以提高学习者的学习兴趣，便于记忆和领会。比如第四章有关会计核算的举例中，对于每一个新涉及的会计科目，都配以详细介绍，并对例题中的业务资料所反映的经济事项进行详细分析，以帮助学生理解要素增减分析、借贷记账法的应用及会计科目的运用。

(4) 实训。本课程的任务是在教学过程中，帮助初学者掌握会计的基本理论、基本方法和基本技能，为其学习会计学的后续专业课程奠定基础。为了加强学生对会计基本理论的掌握，增强其感性认识，必须要通过一定的课后训练才能达到更好的教学效果。因此，本书特意加强了学生在会计基本理论、基本方法方面的训练，使学生在领会会计基本概念的同时，还能熟练地加以运用，处理一些常见的企业的经济业务，提高其分析问题和解决问题的能力。

本书是由在高校长期从事会计专业教学和研究的专家教授共同编写而成。由熊翅新、林斌任主编，宋平、丁依群任副主编，编写过程中各章执笔人（按编写章节排序）为：江西农业大学熊翅新（第1章、第4章、第8章），江西农业大学林斌（第2章、第5章），井冈山大学丁依群（第3章），南华大学宋平（第6章），中原工学院王志华（第7章），南京信息工程大学路茵（第9章），江西科技师范大学喻菊华（第10章）。成稿后由熊翅新负责全书总纂。

本书在编写过程中，参考或借鉴了许多业内专家学者的论文、专著或教材，并得到了中国商业出版社及参编各有关院校的领导和老师的大力支持。对于以上单位和个人的组织、参与、帮助和支持，在此一并表示衷心地感谢！

由于编写时间仓促和作者水平所限，加之会计学是一门理论和实践都在不断发展和完善的学科，许多理论和实践问题尚待继续发展，书中不足之处，恳请相关专家和读者积极指正，以使本书能及时得到完善。

编者

2016年8月

教学建议

教学目的

本课程是会计学、财务管理、审计学专业的专业基础课，是学习财务会计学、成本会计学、管理会计学、高级财务会计学、审计学和财务管理学等专业课程的基础。对于其他专业来讲，本课程是了解会计基本理论和基本方法的途径，有助于完善学生的专业知识结构，扩大学生的知识面。通过本课程的教学，使学生了解会计信息、会计信息使用者以及会计目标，熟悉和掌握会计学的基本概念、基本理论，以及会计确认、计量、记录与报告的基本方法、基本操作和应用技能，会计组织与管理基本内容，为后续会计学、财务管理和审计学专业课程的学习、相关实验课程的教学，乃至为学生今后从事经济管理工作奠定基础。

前期需要掌握的知识

管理学课程的相关知识

课时分布建议：

教学内容	学习要点	课时安排
第一章　总论	（1）会计的含义、目标与职能 （2）会计对象与会计要素 （3）会计核算的基本前提 （4）会计核算的信息质量要求与会计核算的基础 （5）会计的任务与方法	4
第二章　会计科目与账户	（1）会计基本等式 （2）会计科目概念、分类及内容 （3）账户的概念、分类及基本结构	4
第三章　复式记账法	（1）复式记账原理 （2）借贷记账法原理 （3）借贷记账法下的试算平衡	2
第四章　工业企业一般经济业务的核算	（1）了解企业主要经营过程核算中所使用的账户 （2）掌握企业主要经营过程的会计核算	16
第五章　会计凭证	（1）会计凭证概念及分类 （2）会计凭证的填制方法 （3）会计凭证审核内容及结果处理 （4）会计凭证的传递和保管	4
第六章　会计账簿	（1）会计账簿的概念及种类 （2）会计账簿的设置与登账规则 （3）错账更正、对账和结账 （4）会计账簿的更换与保管	6

教学内容	学习要点	课时安排
第七章　财产清查	（1）财产清查的意义和种类 （2）财产清查的方法 （3）财产清查结果的账务处理	4
第八章　财务报表	（1）财务报表的种类和编制要求 （2）主要财务报表的概念、作用和结构 （3）主要财务报表的编制方法	4
第九章　账务处理程序	（1）账务处理程序的意义和要求 （2）我国常用几种账务处理程序 （3）几种账务处理程序的特点、基本步骤、优缺点和适用范围	2
第十章　会计工作的组织	（1）组织会计工作的意义与要求 （2）会计机构的设置 （3）会计人员任职资格的要求、主要权限及职业道德 （4）会计法规制度构成内容 （5）会计档案的范围、归档和保管	2
课时总计		48

说明：

（1）在课时安排上，本科生建议48学时。对于标注有课时的内容，要重点讲，其他内容可做选择性讲授，并可补充一些资料。

（2）讨论、案例分析等所需要的时间已经包括在前面各个章节的教学时间中。学时安排针对不同专业学生可灵活调整，如非会计专业本科生学习基础会计时，可适当减少“第四章工业企业一般经济业务的核算”的学时，增加“第十章会计工作的组织”学时介绍，以便帮助他们从整体角度全面了解会计，完善学生知识背景和结构。

目 录

第一章　总　论

［学习目标］

1. 弄清会计的基本含义、会计核算的基本前提
2. 理解会计信息质量要求
3. 掌握会计核算的对象、会计要素等内容
4. 了解会计的基本职能、会计的目标、会计核算方法与程序

［教学内容］

1. 会计的含义、会计目标、会计职能和会计对象
2. 会计核算的基本前提
3. 会计信息的质量要求与会计核算的基础工作
4. 会计要素及具体内容
5. 会计的任务与会计核算方法体系

第一节　会计的含义、目标与基本职能

一、会计的产生与发展

会计在人类社会早期就已经存在了，会计记录、计算、考核的内容以及遵循的原则，应用的方法和技术，是经过长期的社会实践逐步发展，日趋完善的。会计经历了一个由简单到复杂，由低级到高级的发展过程。

（一）会计是适应人们管理生产活动的客观需要而产生的

人类要生存，社会要发展，就要进行物资资料的生产。人们进行生产活动时，必然非常关心所创造的物资财富和所发生的劳动耗费，力求以尽可能少的劳动耗费，取得尽可能多的物资财富。为了了解所得与所费，合理地安排生产，这就需要对劳动耗费和劳动成果进行记录和计算。

人类很早就有了反映经济活动的记录。原始社会末期，我国就有了“结绳记事”和“刻契记数”等原始的记录与计算方法。虽然这时的生产比较简单，但这种简单的记录、计算可以看成是会计的萌芽。“会计”一词，远在我国西周时代（约前1100——前700）就出现了，它的含义主要是指对收支的记录与计算，也有考核的意思。

（二）古代会计以官厅会计（政府会计）为中心

在奴隶社会和封建社会，农业和手工业分散经营，生产规模较小，而在政治上中央高度集权，在经济上中央严格控制，各级官府通过贡赋租税等多种形式剥夺劳动人民的财富。因而，当时的会计主要用于官厅，中央建立了比较系统的财计机构，配备专职的会计、审计或监督人员，严密地掌握全国的钱粮财物等财政收支。

宋代是我国古代会计的鼎盛时期。宋朝淳化五年（994 年）创造了“四柱清册”方法。所谓“四柱”是指“旧管”、“新收”、“开除”、“实在”，分别相当于现代会计中的“上期结存”，“本期收入”、“本期支出”、“本期结存”。“四柱清册”方法通过“旧管 + 新收 = 开除 + 实在”对一定时期的财物收支进行试算平衡，既可以检查日常记账的正确性，又可以系统地、全面地、综合地反映经济活动的全貌。

（三）借贷记账法的广泛应用标志着近代会计的开端

近代会计产生与发展的重要条件是中世纪意大利商业城市的兴起。11—13 世纪的十字军东征，促进了意大利城市和东方贸易的发展，使意大利地中海沿岸一带城市成为世界贸易、金融的中心，而商业、金融业的繁荣就产生了改进会计方法的需要。大约在 1340 年前后，意大利热那亚商人开始采用借贷复式记账法。第一部描述复式记账制度的著作是 1494 年意大利人卢卡·巴其阿勒（Luca Pacioli）所著的《算术，几何及比例概要》，该书第九篇《簿记论》对借贷复式记账作了系统的介绍，并介绍了日记账、分录账和总账三种账簿为基础的会计制度。随着贸易的扩展，复式记账法逐渐地由意大利传播到西欧诸国。

（四）执业会计师的出现、管理会计的形成和会计电算化是现代会计的主要标志

20 世纪前后，随着资本主义经济的迅速发展，会计在管理经济方面的作用日益显著。马克思指出，“生产过程越是按社会的规模进行，越是失去纯粹个人的性质，作为对过程的控制和观念总结的簿记就越是必要；因此簿记对资本主义生产，比对手工业和农民的分散生产更为必要，对公有生产，比对资本主义生产更为必要”（《马克思恩格斯全集》第 24 卷，人民出版社 1972 年版，第 152 页）。但 20 世纪初期的企业会计仍处于自由放任阶段，主要表现在：企业主管人员可以任意干预财务报告的编制工作，会计人员在选择会计程序和方法方面有相当大的自由，财务报告格式和内容各不相同，从而使不同企业财务报告无法比较。

20 世纪 30 年代，大多数工业化国家处于经济大萧条时期，许多公司陷入无力偿付债务的窘迫局面，从而促使政府和社会公众迫切要求财务报告能更加真实地反映公司的财务状况。在这种形势下，由会计专业团队建立的会计准则逐步得到社会公认，以查账、审核财务报告为职业的执业会计师得到社会承认和重视。

第二次世界大战以后，资本主义出现了新的变化。一方面，资本主义企业进一步集中，跨国公司大量涌现，企业规模愈来愈大，生产经营日趋复杂；另一方面，战争中创造的科学技术大量地转移到民用产品上去，新产品层出不穷，产品更新换代加快，竞争日趋激烈。在这种情况下，企业管理者对会计的要求越来越高，不仅要求会计进行事后的记账、算账，更重要的是加强对生产过程的控制，需要会计进行事前的预测、参与决策、编制预算、分析差异、评价业绩等。于是在传统的企业会计中逐步形成了管理会计，从而使企业会计形成了财务会计和管理会计两大分支，会计发展步入了现代会计阶段。

（五）我国现代会计的发展

新中国成立以前，我国经济和管理都比较落后，会计长期停滞不前。19 世纪末 20 世纪初，借贷复式记账法才引入我国，主要用于官僚垄断资本主义企业和大型民族工商业、金融业、邮电业以及政府机关。新中国成立以后，社会制度发生了根本变革，国民经济得到迅速恢复和发展，国务院颁布了一系列文件，建立了比较完善的会计工作制度。但在“文革”中会计理论，会计教育，会计实务均受到了严重破坏。

党的十一届三中全会以后党的工作重点是以经济建设为中心。1985 年 1 月 21 日第六届全国人民代表大会常务委员会第九次会议通过了《中华人民共和国会计法》，使我国会计进入法治时期。20 世纪 90 年代以来，我国进行了会计改革，财政部发布了《企业会计准则》和《企业财务通则》以及一系列会计制度，实现了改革会计核算制度和财务管理模式的重要转变。1993 年、1999 年我国又先后对《会计法》作了重新修订。2000 年 6 月 21 日，国务院以第 287 号令的形式发布了《企业财务会计报告条例》，2001 年《企业会计制度》颁布实施，进一步加快了会计的国际化进程。尤其是 2006 年 2 月 15 日颁布的、定于 2007 年 1 月 1 日执行的《企业会计准则》真正做到了与国际会计惯例接轨。目前我国会计理论研究，会计教育，会计电算化，管理会计的应用等方面都取得了突出成就，使会计工作能够更好地适应市场经济发展的需要，能够以崭新的面貌走向未来。

二、会计的含义

会计的含义，可以因为对会计进行考察的侧重面不同，从而表述为不同的认识。

会计离不开计量，即会计需要计量经济过程中占用的财产物质和发生的劳动耗费，以货币数量来描述经济过程，评价经济上的得失。会计记录是数字和文字的结合，而文字说明寄托在数量的基础上。因此，会计是一种计量的技术。

会计对经济活动过程中占有财产物质和发生劳动耗费的原始数据进行加工，产生信息，供人们了解和管理经济过程之用。信息是会计工作所产生的结果。因此，会计是一个信息系统，它旨在向利害攸关的各个方面传输一家企业或其他个体的富有意义的经济信息。

会计用货币量度计量和记录财产物质债权债务的增减变化，记录发生的收入和费用（支出）来评价企业生产、经营的情况，或事业、机关、团体等单位业务执行的情况。如果是企业会计，会计记录就是要具体地说明所产生利润或发生亏损的来龙去脉。企业盈利了，为什么会盈利？企业亏损了，为什么会发生亏损？会计为此提供了有事实依据的、可以查考的记录。由此可见，会计是使经营管理责任有所着落的手段。

综上所述，会计主要用货币量度对经济过程中占用的财产物质和发生的劳动耗费进行系统的计量、记录、分析和检查。计量、记录、分析和检查本身都不是目的，而是会计所用的手段。凭借这些手段，促进企业等经济组织管好生产、经营和决策，不断提高经济效益。从更大的范围来看，会计所产生的信息能为一个地区、一个系统或整个国家管理好经济活动提供必要的资料。因此，会计的本质是管理，会计是一种管理活动。据此，会计是以货币为主要计量单位，运用专门的方法，对经济活动中的价值运用进行确认、计量、记录和报告，监督经济主体的经营行为，反映经营活动的信息，为管理和决策提供依据，实现提高经营效益的一种管理活动。

三、会计的目标

确定目标是任何领域进行研究的出发点，会计领域也不例外。从会计的产生与发展历程来看，会计的基本目标是向企业所有者、债权人、管理者及其有关各方提供有用的会计信息，借以制定经济决策。

会计最初仅向业主本人提供信息，巴其阿勒曾经指出："簿记的目的在于向业主及时地提供有关资产和负债的信息。"因而会计人员只向业主负责，其账目是保密的，不向外界提供会计信息。在公司形式的企业组织出现以后，由于公司只承担有限责任，不仅业主和企业管理人员需要会计信息，公司的债权人也同样关心公司的财务状况。随着公司规模的不断扩大，大型公司所发行的普通股股票多达几百万股，为数众多的股东不再可能直接行使企业管理职权，于是通过正式公布财务报告的方式对外界提供信息就变得非常必要了。由此，会计信息的使用者由股东、管理者、债权人逐步扩大到社会各界。因此，会计的目标变成向所有利益相关者提供有用的会计信息。

四、会计的职能

会计的职能，是指会计在经济管理中所具有的功能，即人们在经济管理中用会计干什么。马克思指出：会计是对生产"过程的控制和观念总结"。一般把"控制"理解为监督，把观念总结理解为反映（或核算）。从会计产生与发展的历程来看，会计对任何社会的生产过程都具有反映和监督的职能，也就是说，对生产过程的反映和监督是会计最基本的职能。但对会计职能的划分并不是一成不变的，随着生产的发展和科学技术的进步，生产过程日趋完善复杂，适应经济管理的需要，会计的职能也在不断地扩展。

（一）会计的反映职能

会计的反映职能，亦称会计核算职能。是指会计通过分析、确认、计量、记录、报告，反映各单位的经济活动，为经济管理者提供经济信息的功能。社会再生产过程是由生产、分配、交换和消费四个相联系的环节组成，这些环节都是由各单位通过原材料或商品的购买、物化劳动和活劳动的耗费、产（商）品的销售等经济活动进行的。会计犹如一面镜子，将各单位经济活动及其结果通过一定的方法和程序再现出来，提供经济信息。会计的反映职能具有如下特点：

1. 会计主要反映已经发生的经济业务。各单位在生产经营过程中，必然会发生各种各样的经济业务。会计通过对已发生的经济业务进行分析、确认、计量、记录和报告，为经济管理提供依据。

2. 会计以货币为主要计量尺度进行反映。在经济管理中，常用的计量单位有三种：实物量度（吨、千克、件、米）、货币量度（元等）和劳动量度（工作日、工作小时等）。实物量度主要用于反映财产的实物数量，以提供经营管理所需要的实物指标，但它不能用来汇总不同种类的财产物资，无法综合反映各种不同的经济活动。劳动量度主要用于反映经济活动消耗的工作时间，以确定劳动耗费，也不具备综合性。

由于货币是商品交换的一般等价物，具有价值尺度的职能，可以作为价值的贮藏和债权、债务的清算手段，各种物化劳动消耗和活劳动消耗都可以借助于货币量度进行计量汇总。因此，为了综合反映经济活动的过程和结果，会计主要以货币作为计量尺度反映各单位的经济活动的经济过程。前述“观念总结”就是指用观念上的货币（货币的价值尺度职能），对各单位的经济活动进行综合反映。

3. 会计反映具有连续性、完整性和系统性。所谓连续性，是指对各种经济业务按照其发生的时间顺序，进行不间断地记录。所谓完整性，是指对凡属会计应当反映的内容无一遗漏地进行记录。所谓系统性，是指对经济业务进行分类、汇总等加工整理提供相互联系的信息。会计反映的连续性、完整性和系统性是相辅相成的，只有相互结合，才能全面地反映各单位的经济活动情况。

（二）会计的监督职能

会计的监督职能，是指会计具有按照一定的目的和要求，利用反映所提供的经济信息对各单位经济活动的合法性、合理性和有效性进行控制，使之达到预期目标的功能。会计监督既是对本单位在国家有关法律、法规、政策、制度范围内进行正常经济活动的监督，也是各单位加强内部管理、实现经营目标的需要。会计的监督职能具有如下特点：

1. 会计主要利用反映职能提供的经济信息进行监督。会计的反映职能提供了一系列综合反映企业经济活动的信息，会计主要依据这些信息进行监督。例如，通过资产信息，可以了解企业一定日期的资产总额及结构，控制资产的利用情况；利用负债与资产、利润与收入等信息进行计算、对比，可以监督企业的偿债能力、盈利能力、营运能力，等等。通过会计反映职能提供的信息进行监督，不仅可以比较全面地控制经济活动，而且还可以对经济活动进行调节。

2. 会计既进行事后监督，也进行事前监督和事中监督。事前监督，是指会计依据法律法规、政策制度和经济活动的一般规律，对有关部门拟进行的经济活动进行审查，分析可能出现的问题，设计出相应的预防措施并将其融入日常活动中，以确保经济活动的可行性、合理性、合法性和有效性。事中监督，是指会计在日常会计工作中，对实际经济活动进行监控，对已发现的问题提出建议，促使有关部门采取措施调整经济活动，使其按照预定的目标和要求进行。事后监督，则是指以事先制定的目标和要求为标准，通过分析已取得的会计资料，对已完成的经济活动的合理性、合法性和有效性进行考核和评价。

3. 会计监督的形式已从单一的内部监督过渡到内部监督与外部监督相结合。20 世纪以前的会计监督主要是内部监督，由单位内部的会计人员进行监督，其作用是防范管理者贪污，避免业主财产被侵害。随着企业所有权与经营权的分离，会计监督逐步过渡到内部监督与外部监督相结合。内部监督是由各单位内部会计人员对本单位经济活动的可行性、合理性和有效性进行监控，以实现企业经营目标，其服务对象是管理者；外部监督主要是由政府部门和社会中介组织对各单位经济活动的合法性和会计信息的可靠性进行监控，以维护财经政策、法律法规和所有者权益。

会计的反映职能和监督职能是密切联系、相辅相成的。反映是进行监督的基础，没有会计反映，会计监督就失去存在的基础；监督是进行反映的保障，没有会计监督，会计也难以反映真实的信息。

（三）会计职能的扩展

随着社会经济的发展，市场规模的扩大和经济活动的日趋复杂，企业不仅要随时了解其经营现状，还要周密地规划未来。这就要求会计不仅要如实地反映、监督已发生的经济业务，还要预测未来，参与决策，为可持续发展提供具有前瞻性的会计信息。因此，会计的职能已在反映和监督的基础上，逐步扩展到预测、决策、计划、考核等职能。

综上所述，会计的目标是为信息使用者提供有用的会计信息，其基本职能是反映和监督，其一般对象是再生产过程中的资金运动。只有明确了会计的目标，了解其职能，把握其对象，才能从本质上理解会计的涵义，充分发挥会计在经济管理中的作用。

第二节　会计对象和会计要素

一、会计对象

会计对象是指会计反映和监督的范围与内容。马克思关于会计是对“过程的控制和观念总结”的论述明确指出，“过程”是会计反映和监督的内容，这是对会计对象最概括的表述。这里所说的“过程”，指的是社会再生产过程。作为经济管理重要组成部分的会计，主要是利用货币计量的价值形式，对再生产过程的经济活动进行反映和监督。因此，再生产过程中能够用货币表现的经济活动，就构成了会计的一般对象。财产物资的货币表现就是资金；以货币表现的经济活动就是资金运动。因此，会计的一般对象又可表述为：再生产过程中的资金运动，具体包括资金的来源、资金的现状及资金的去向。

企业、行政、事业等单位是社会再生产过程中的基层单位。虽然这些单位在社会再生产过程中承担不同的责任，完成不同的任务，从事不同的经济活动，采用不同形式的经济管理，从不同角度计算各自的经济效益，但是它们的活动却在不同程度上与社会产品的生产、交换、分配和消费有关，都是社会再生产过程的组成部分，因此，从微观上看，这些单位在再生产过程中的资金运动，分别构成了企业、行政、事业等单位会计的对象。

二、会计要素

会计要素是对会计核算对象的基本分类，是会计对象的具体化。我们通常将会计核算的对象分为资产、负债、所有者权益、收入、费用和利润等六大要素。

（一）资产

资产是指企业过去的交易或事项形成的、由企业拥有或控制的、预期会给企业带来经济利益的资源。

一个企业从事生产经营活动，必须具备一定的物资资源，或者说物资条件。在市场经济条件下，这些必须的物资条件表现为货币资金、厂房场地、机器设备、原料、材料等等。它们是企业从事生产经营活动的物资基础。除以上的货币资金以及具有物资形态的资产以外，资产还包括那些不具备物资形态的权利，如债权、股权、专利以、商标权等权利。作为资产，应具有如下特点：

第一，资产是过去的交易或事项形成的。这就是说，作为企业资产，必须是现实的而不是预期的资产，它是企业过去已经发生的交易或事项所产生的结果，包括购置、生产、建造、借入、接受捐赠、接受投资、销售等行为或其他交易或事项。预期在未来发生的交易或事项不形成资产，如计划购入的机器设备等。

第二，资产是由企业拥有或控制的。企业拥有资产，从而就能够从资源中获得经济利益；有些资产虽然不为企业所拥有，但在某些条件下，对一些由特殊方式形成的资源，企业虽然不享有所有权，但能够被企业所控制，而且同样能够从资产获取经济利益，也可以作为企业资产，如借入的现金和存款等。

第三，资产能够给企业带来经济利益。通过对资产的运用，可以满足企业生产经营活动的需要，从而为企业带来更多的经济利益流入。如货币资金可以用于购买所需要的商品或用于利润分配；厂房机器、原材料等可以用于生产商品、对外出售、对外出租，从而为企业带来新的经济利益。

一项资源若同时具备上述三个特点的前提下，并同时满足以下两项条件的，才可确认为资产：

1）与该资源有关的经济利益很可能流入企业；

2）该资源的成本或者价值能够可靠地计量。

因此，如果只符合资产的定义，但不符合资产的确认条件的，也不得确认为资产。比如，一项债权，通常是作为资产处理的。但是，如果债务人财务状况发生恶化，很可能无法偿付所欠企业的债务时，债权人企业就不应再将该笔债权视为资产披露。

对资产要素还可以作多种分类，常见的是按流动性分类。所谓流动性，就是指资产转变成现金的能力，即通过对其正常使用、最终以现金的形式实现其价值的能力。这种能力的体现一般以其变现时间的长短作为衡量标准。按流动性进行分类，可以将资产分为流动资产和非流动资产。流动资产是指那些可以在一年内变现的资产，如交易性金融资产、应收账款、存货等。有些企业经营活动比较特殊，其经营周期可能长于一年，比如：造船、大型机械制造，从购料到销售商品直到收回货款，周期比较长，往往超过一年，在这种情况下，可以考虑将变现时间是否超过一个经营周期作为划分资产流动性的标志。长期投资、固定资产、无形资产的变现周期往往在一年以上，所以称为非流动资产。按流动性对资产进行分类，有助于掌握企业资产的变现能力，从而可以进一步分析企业的偿债能力和支付能力。一般来说，流动资产所占比重越大，说明企业资产的变现能力越强。流动资产中，货币资金、交易性金融资产比重越大，那么其短期支付能力也越强。

（二）负债

负债是指过去的交易、事项形成的现时义务，履行该义务预期将会导致经济利益流出企业。如果把资产理解为企业的权利，那么负债就可以理解为企业所承担的义务。负债具有如下特点：

第一，负债是由于过去的交易或事项形成的偿还义务。潜在的义务，或预期在将来要发生的交易、事项可能产生债务不能确认为负债。如前期购货但未付款所产生的付款义务，就形成购货企业的负债；计划将来某一时间要发生的赊购行为不形成现在的负债。

第二，负债是现时义务。现时义务是指企业在现行条件下已承担的义务，要由企业在未来某个时日加以偿还。如企业有了盈利，就产生了缴纳企业所得税的义务；企业使用了工作的劳务，就产生了支付工资的义务。

第三，偿还债务，预期会导致经济利益流出债务企业。一般来说，企业履行偿还义务时，会导致企业经济利益的流出。如支付现金、提供劳务、转让其他财产等等。

符合负债定义的义务，在同时满足以下条件时，才可确认为负债：

1）与该义务有关的经济利益很可能流出企业；

2）未来流出的经济利益的金额能够可靠地计量。

按负债偿还期限的长短，一般将负债分为流动负债和非流动负债。预期将在一年或一个经营周期内到期并清偿的债务属于流动负债。否则应确认为非流动负债。常见的流动负债如应付账款、应付职工薪酬、应交税费等；常见的非流动负债如长期借款、应付债券、长期应付款等。

（三）所有者权益

所有者权益是指企业资产扣除负债后由所有者享有的剩余权益。公司的所有者权益又称为股东权益。所有者权益的来源包括所有者投入的资本、直接计入所有者权益的利得和损失、留存收益等。直接计入所有者权益的利得和损失，是指不应计入当期损益、会导致所有者权益发生增减变动的、与所有者投入资本或者向所有者分配利润无关的经济利益流入或者流出。

所有者权益相对于负债而言，具有以下特点：第一，所有者权益不像负债那样需要偿还，除非发生清算等情形；第二，企业清算时，负债往往优先获得清偿，而所有者权益只有在清偿所有的负债之后才能获得返还；第三，所有者权益能够分享利润，而负债则不能参与利润分配。若是带息债务，债务企业应向债权人支付固定的利息。所有者权益在性质上体现为投资者对企业资产的剩余收益，在数量上也就体现为资产减去负债后的余额。所有者权益包括实收资本、资本公积、盈余公积和未分配利润四个项目，其中，实收资本来源于投资者的投资；资本公积除了由投资者投入而形成外，还可以是各种利得形成的；后两项属于企业的留存收益，其来源是企业的盈利。

（四）收入

收入是企业在日常活动中形成的、会导致所有者权益增加的、与所有者投入资本无关的经济利益的总流入。因此，收入的特点是：

1）由日常活动形成。日常活动应理解为企业为完成其经营目标所从事的经常性活动以及与之相关的其他活动。如工业企业生产并销售产品，流通企业采购并销售商品，服务企业提供劳务等经营活动。

2）收入的形成可以是经济利益的流入从而导致企业资产增加，或者是负债减少。经济利益是指现金或最终能转为现金的非现金资产。收入只有在经济利益很可能流入且能可靠计量时才能予以确认。经济利益的流入包括销售商品收入、劳务收入、使用费收入、租金收入、股利收入等主营业务和其他业务收入，但不包括为第三方或客户代收的款项。

3）收入是经济利益的总流入。即取得的收入按总额确认，并不扣除相关的费用。比如销售商品，所收取的全部价款称之为销售收入，而不需要扣除所售商品的生产成本。

（五）费用

费用是指企业在日常活动中发生的、会导致所有者权益减少的、与向所有者分配利润无关的经济利益的总流出。费用与收入相配比，两者的差额即为企业经营活动的经营成果。收入超过费用时称为盈利，反之为亏损。根据费用的定义，其特点是：

1）在日常活动中发生。企业在销售商品、提供劳务等日常活动中所发生的费用，可划分为两类：一类是企业为生产产品、提供劳务等发生的费用，应计入产品成本、劳务成本，包括直接材料、直接人工和制造费用；另一类是不应计入成本而直接计入当期损益的相关费用，包括管理费用、财务费用、销售费用、资产减值损失。计入产品成本、劳务成本等费用，应当在确认产品销售收入、劳务收入等时将已销售产品、已提供劳务的成本计入当期损益。

2）有经济利益流出。费用与收入相反，收入是资金流入企业形成的，会增加企业所有者权益；而费用则是企业资金的付出，会减少企业的所有者权益，其实质就是一种资产流出，最终导致减少企业资源。费用只有在经济利益很可能流出从而导致企业资产减少或负债增加，而且经济利益的流出额能够可靠计量时才能予以确认。

企业为生产产品、提供劳务等发生的可归属于产品成本、劳务成本等的费用，应称计入产品或劳务的成本。在对外销售产品或提供劳务时，不但要确认产品销售收入、劳务收入等，还应将已销售产品、已提供劳务的成本等确认为费用，计入当期损益。

企业发生的支出不产生经济利益的，或者即使能够产生经济利益但不符合或者不再符合资产确认条件的，应当在支出发生时或资产不再符合资产的确认条件时确认为费用，计入当期损益。

企业发生的交易或者事项导致其承担了一项负债而又不确认为一项资产的，应当在发生时确认为费用，计入当期损益。

（六）利润

利润是企业在一定会计期间的经营成果。利润包括收入减去费用后的净额、直接计入当期利润的利得和损失等。直接计入当期利润的利得和损失是指应当计入当期损益，会导致所有者权益发生增减变化的、与所有者投入资本或向所有者分配利润无关的利得和损失。

利润为营业利润和营业外收支净额等两个项目的总额减去所得税费用之后的余额。营业利润是企业在销售商品、提供劳务等日常经营活动中产生的利润；营业外收支是与企业的日常经营活动没有直接关系的各项收入和支出。其中，营业外收入项目主要有接受捐赠收入、固定资产盘盈、处置固定资产净收益、罚款收入、债务重组收益、非货币性资产交换收益等，营业外支出项目主要有损赠支出、罚款支出、固定资产盘亏、处置固定资产净损失、债务重组损失、非货币性资产交换损失等。各项目间的关系可用有关公式表示如下：

1）营业利润 = 营业收入 − 营业成本 − 营业税金及附加 − 销售费用 − 管理费用 − 财务费用 − 资产减值损失 + 公允价值变动净收益（减损失） + 投资净收益（减净损失）；

2）营业收入 = 主营业务收入 + 其他业务收入；

3）营业成本 = 主营业务成本 + 其他业务成本；

4）投资净收益 = 投资收益 − 投资损失；

5）公允价值变动净收益 = 公允价值变动收益 − 公允价值变动损失；

6）利润总额（税前利润） = 营业利润 + 营业外收支净额

7）净利润（税后利润） = 利润总额 − 所得税费用

8）期末未分配利润 = 期初未分配利润 + 净利润 − 当期已分配利润

9）每股收益 = 净利润 ÷ 发行在外的普通股股数

以上各要素中，资产、负债及所有者权益能够反映企业在某一个时点的财务状况，属于静态要素，应该在资产负债表中予以列示。如在 2006 年 12 月 31 日这一天，企业拥有 120 万元的资产，其中 50 万元的来源为负债，70 万元的来源为所有者权益。收入、费用及利润用来反映企业在某一段期间的经营成果，属于动态要素，在利润表中列示。如2006年企业实现了100万元的收入，发生50万元的费用和非经常性净损失10万元，则企业实现了40万元的利润；再扣除企业应承担的企业所得税费用10万元，当年实现净利润30万元。若该企业发行在外的普通股为100万股，则实现每股收益0.3元。

由于企业的利润归企业的归投资者所有，在当期盈利被分配之前，就形成了企业的所有者权益的重要组成部分了。若企业对利润进行分配，则按分配方案应付给投资者但又未实际发放的部分就形成了企业的一项负债；决定留存在企业用于再生产及留待以后年度分配的部分就构成了企业的留存收益，即盈余公积和未分配利润。

第三节 会计核算的基本前提

会计核算的基本前提又称会计假设，它是会计人员面对变化不定的社会经济环境，对进行会计工作的先决条件所作的一些合理推断。会计假设不是指会计反映和监督的具体方法、个体规定，而是会计反映和监督赖以存在的前提条件，是最基础的会计观念，它对会计反映和监督的内容、会计数据的取舍及会计处理方法的选择等方面起着决定性作用。目前在会计实务中建立起来的会计假设包括会计主体、持续经营、会计分期、货币计量等四项。

一、会计主体

会计主体，是指会计工作为其服务的特定单位或组织，或者说是会计反映和监督的一个特定单位或组织。会计主体假设明确了会计核算对象的空间范围。《企业会计准则——基本准则》指出，企业应当对其本身发生的交易或者事项进行会计确认、计量和报告。

比如，针对X公司将产品销售给Y公司（X公司是Y公司的母公司）这一经济事项，X公司的会计处理应以X公司为会计主体，反映X公司所发生的销售业务对其会计要素产生的影响；而Y公司的会计处理则应以Y公司为会计主体，只反映Y公司的采购活动对Y公司各会计要素产生的影响情况；若要反映以X公司和Y公司组成的企业集团的经济业务，则应以这个企业集团为会计主体。而X公司将产品销售给Y公司对于整个企业集团而言，无异于产品由一个仓库转移到了另一个仓库。整个企业集团并未实现对集团以外的销售、也没有对集团以外进行采购。所以，企业集团的会计要素无任何变化，即没有需要反映的经济活动发生。

会计主体的概念不完全等同于企业法人的概念。法人概念是对企业作为法律实体的规范，强调的是企业与各方面的法律关系。会计主体可以是法人，也可以是非法人；可以是一个企业，也可以是企业的内部单位、甚至几个企业的联合体。因此，企业法人都可形成会计主体，但会计主体并不一定都是企业法人。

二、持续经营

持续经营，是指企业或会计主体在可以预见的未来不会清算或破产，其经营活动将持续进行下去。由于竞争以及管理不善等原因，企业难免有倒闭、清算的可能。但在正常情形下，企业是有持续经营的能力并在主观上愿意持续经营下去的。因此，我国《企业会计准则——基本准则》规定："企业会计确认、计量和报告应当以持续经营为前提"。本教材及现行的《企业会计准则——基本准则》所述的一般会计处理要求与核算方法也都是以会计主体能持续经营为前提的。

将持续经营作为企业会计确认、计量和报告的前提条件表明，如果企业客观上不存在持续经营的能力或主观上不准备持续经营下去，本教材所述的一些会计处理要求与核算方法也将不能适用于这种进入非持续经营状态下的企业。

只有会计主体能持续经营，会计数据的收集和处理所使用的会计方法才能保持一致和稳定，会计记录和会计信息才能真实可靠，并最终符合会计信息质量相关性要求。例如，企业购入生产用设备、建造经营房屋，目的是为了在经营中使用。因此，应按资产在购建时的成本入账，并将设备、房屋的价值计入将来经营期间的费用。有些企业在经历一定时期的持续经营之后，可能会因无力偿债等原因不得不宣告破产、清算或进行改组。在这种情况下，就不能采用建立在持续经营假设基础上的会计方法，设备、房屋的价值，而必须按可变现价值计量。

三、会计分期

会计分期，是指将企业持续不断的经营过程人为地分割成一定的期间据以结算账目，编制财务报告。企业的生产经营活动总是持续不断地进行下去，从理论上说，只有等到所有经营活动最终结束时才能准确地计算企业的经营成果。但由于投资者、债权人、管理者等有关各方需要及时了解企业的财务状况和财务成果等信息，以便及时做出投资、管理、借贷等决策。因此，我国《企业会计准则》规定："企业应当划分会计期间，分期结算账目和编制财务报告。会计期间分为年度和中期。中期是指短于一个完整的会计年度的报告期间"。

划分会计期间对于制定会计原则、确立会计程序和方法具有极为重要的作用。由于有了会计期间，才产生了"本期"、"前期"和"后期"的概念，才使收入和费用的确认有了收付实现制与权责发生制的区别，才能正确地贯彻配比原则，使不同类型的会计主体有了记账的基准，才能准确地反映会计主体不同会计期间的财务状况和经营成果，并及时提供管理决策所需要的信息。

四、货币计量

货币计量，是指会计以货币作为计量单位反映会计主体的经济活动。尽管会计实务产生于货币之前，但自从货币产生之后，它就成为会计的主要计量工具。要完整地把握货币计量假设，需要明确以下三个问题：

第一，以货币作为计量单位。它有两层含义：一是指会计核算必须以货币作为计量单位来反映和监督会计主体的经济活动；二是指会计反映和监督的内容仅限于那些能够以货币来计量的经济活动。

第二，以特定的货币作为计量单位。在经济生活中，有些企业的经济活动涉及到多种货币，会计必须采用一种特定的货币作为统一尺度以对所有经济活动进行计量，以提供全面的财务状况和经营成果信息。因此，明确会计核算以何种货币作为记账本位币是必要的前提。

记账本位币是指会计在确认、计量和报告中统一使用的记账货币，它为会计工作明确了一个统一的计量和报告标准。各国会计实务一般均采用本国货币作为记账本位币，但如果企业在经营活动中主要以某外国货币收支为主的，也可以选用某外国货币作为记账本位币。在我国，如果企业选用了某外国货币为记账本位币的，其向国内提供会计报表时，必须将外币报表折算成以人民币计量的报表。

第三，货币本身的价值是相对稳定的。货币本身的价值是否稳定直接关系到计量的准确性和会计信息质量的可比性。货币计量建立在币值稳定这一前提下，在正常的会计处理程序和方法中，并不考虑币值变动的因素。但实际上币值是有可能变动的，按国际会计惯例，当币值波动不大或前后波动能够被抵销时，会计核算可以不考虑这些因素，认为币值是稳定的。

上述会计假设之间具有密切的联系，会计主体假设明确了会计工作的空间范围，确定了会计主体之后，必须进一步假设会计主体能存在多久。因此，持续经营假设是会计主体假设的延伸；只有假定持续经营，才有必要进行会计分期；货币计量假设既明确了会计的计量单位，也进一步明确了会计反映和监督会计主体的经济业务范围。四项会计假设共同构成了组织会计核算、开展会计工作的前提条件和理论基础。本书所论述的会计核算方法和有关核算原则等会计原理，均是在假设上述四个前提都满足的情形下而适用的一般原理。

第四节　会计信息的质量要求与会计核算的基础工作

一、会计信息的质量要求

会计信息质量要求是对企业财务报告中所提供的会计信息质量的基本要求，是使财务报告中所提供会计信息对使用者的决策有用所应具备的基本特征。会计工作的基本任务就是向财务会计报告的使用者提供与企业财务状况、经营成果和现金流量等有关的会计信息。会计信息质量的高低是评价会计工作成败的标准。会计信息质量要求主要包括以下内容：可靠性要求、相关性要求、可理解性要求、可比性要求、实质重于形式要求、重要性要求、谨慎性要求和及时性要求等。

（一）可靠性要求

可靠性要求是指企业应当以实际发生的交易或者事项为依据进行会计确认、计量和报告，如实反映符合确认和计量要求的各项会计要素及其他相关信息，保证会计信息真实可靠、内容完整。具体包括以下要求：

1）企业应当以实际发生的交易或者事项为依据进行会计确认、计量和报告，不能以虚拟的交易或者事项为依据进行会计确认、计量和报告。

2）企业应当如实反映其所反映的交易或者事项，将符合会计要素定义及其确认条件的资产、负债、所有者权益、收入、费用和利润等如实反映在财务报表中，刻画出企业生产经营及财务活动的真实面貌。

3）企业应当在符合重要性和成本效益原则的前提下，保证会计信息的完整性，其中包括编报的报表及其附注内容等应当保持完整，不能随意遗漏或者减少应予披露的信息，与使用者决策相关的有用信息都应当充分披露。

（二）相关性要求

相关性要求是指企业提供的会计信息应当与财务报告使用者的经济决策需要相关，有助于财务使用者对企业过去、现在或者未来的情况作出评价或者预测。

会计信息的价值，关键是看其与使用者的决策需要是否相关，是否有助于决策或者提高决策水平。相关的会计信息应当有助于使用者评价企业过去的决策，证实或者修正过去的有关预测，因而具有反馈价值。相关的会计信息还应当具有预测价值，有助于使用者根据财务报告所提供的会计信息预测企业未来的财务状况、经营成果和现金流量。例如，区分收入和利得、费用和损失，区分流动资产和非流动资产、流动负债和非流动负债等，都可以提高会计信息的预测价值，进而提升会计信息的相关性。

为了满足会计信息质量的相关性要求，企业应当在确认、计量和报告会计信息的过程中，充分考虑使用者的决策模式和信息需要。当然，对于某些特定目的或者用途的信息，财务报告可能无法完全提供，企业可以通过其他形式予以提供。

（三）可理解性要求

可理解性要求是指企业提供的会计信息应当清晰明了，便于财务报告使用者理解和使用。

企业编制财务报告、提供会计信息，应当能让其了解会计信息的内涵，弄懂会计信息的内容，这就要求财务报告所提供的会计信息应当清晰明了，易于理解。只有这样，才能提高会计信息的有用性，实现财务报告的目标，满足向使用者提供决策有用信息的要求。

鉴于会计信息是一种专业性较强的信息产品，因此，在强调会计信息的可理解性要求的同时，还应假定使用者具有一定的有关企业生产经营活动和会计核算方面的知识，并且愿意付出努力去研究这些信息。对于某些复杂的信息，例如，交易本身较为复杂或者会计处理较为复杂，但其对使用者的经济决策是相关的，就应当在财务报告中予以披露，企业不能仅仅以该信息会使某些使用者难以理解而将其排除在财务报告所披露的信息之外。

（四）可比性要求

可比性要求是指企业提供的会计信息应当具有可比性。具体包括下列要求：

1）纵向可比。为了便于使用者了解企业财务状况和经营成果的变化趋势，比较企业在不同时期的财务报告信息，从而全面、客观地评价过去、预测未来，会计信息质量的可比性要求同一企业对于不同时期发生相同或者相似的交易或者事项，应当采用一致的会计政策，不得随意变更。当然，满足会计信息可比性的要求并不表明不允许企业变更会计政策，企业按照规定或者会计政策变更后可以提供更可靠、更相关的会计信息时，就有必要变更会计政策，以向使用者提供更为有用的信息，但是有关会计政策变更的情况，应当在附注中予以说明。

2）横向可比。为了便于使用者评价不同企业的财务状况、经营成果的水平及其变动情况，从而有助于使用者作出科学合理的决策，会计信息质量的可比性还要求不同企业发生相同或者相似的交易或者事项，应当采用规定的会计政策，确保会计信息口径一致、相互可比，即对于相同或者相似的交易或者事项，不同企业应当采用相同的会计政策，以使不同企业按照一致的确认、计量和报告基础提供有关会计信息。

(五) 实质重于形式要求

实质重于形式要求是指企业应当按照交易或者事项的经济实质进行会计确认、计量和报告，不应仅以交易或者事项的法律形式为依据。如果企业仅仅以交易或者事项的法律形式为依据进行会计确认、计量和报告，那么就容易导致会计信息失真，无法如实反映经济现实。

在实务中，交易或者事项的法律形式并不总能完全真实地反映其实质内容。比如售后购回业务。销售企业将产品出售给购买者，但同时约定在将来的特定时期内按约定的价格要回购该商品。从形式上看，企业已经将商品出售，但从实质上看，这只是一种融资理财和行为，企业的产品并未真正实现销售。

所以，会计信息要想反映其所反映的交易或事项，就必须根据交易或者事项的实质和经济现实来进行判断，而不能仅仅根据它们的法律形式。

(六) 重要性要求

重要性要求是指企业提供的会计信息应当反映与企业财务状况、经营成果和现金流量有关的所有重要交易或者事项。

企业会计信息的省略或者错误会影响使用者据此作出经济决策的，该信息就具有重要性。重要性的应用需要依赖职业判断，企业应当根据其所处环境和实际情况，从项目的性质和金额大小两方面来判断其重要性。

强调重要性，一是为了更好地提供有用的信息，防止会计所提供的信息过多过细，影响会计信息使用者的使用效率；同时，也为了提高会计核算工作的效率，避免会计工作为核算和披露一些不重要的事项而浪费资源，以提高会计核算工作本身的成本效益。重要性要求在会计核算的确认、计量和报告中都有普遍的体现。

(七) 谨慎性要求

谨慎性要求是指企业对交易或者事项进行会计确认、计量和报告时应当保持应有的谨慎，不应高估资产或者收益、低估负债或者费用。

在市场经济环境下，企业的生产经营活动面临着许多风险和不确定性，例如应收款项的可收回性、固定资产的使用寿命、无形资产的使用寿命、售出存货可能发生的退货或者返修等。会计信息质量的谨慎性要求，即需要企业在面临不确定性因素情况下做出职业判断时，保持应有的谨慎，充分估计到各种风险和损失，既不高估资产或者收益，也不低估负债或者费用。

但是，谨慎性的应用并不允许企业设置秘密准备，如果企业故意低估资产或者收益，或者故意高估负债或者费用，将不符合会计信息的可靠性和相关性要求，损害会计信息质量，扭曲企业实际的财务状况和经营成果，从而对使用者的决策产生误导，这是企业会计准则所不允许的。

(八) 及时性要求

及时性要求是指企业对于已经发生的交易或者事项，应当及时进行会计确认、计量和报告，不得提前或者延后。

会计信息的价值在于帮助使用者作出经济决策，因此具有时效性。即使是可靠、相关的会计信息，如果不及时提供，也就失去了时效性，对于使用者的效用就大大降低，甚至不再具有任何意义。在会计确认、计量和报告过程中贯彻及时性，一是要求及时收集会计信息，即在经济交易或者事项发生后，及时收集整理各种原始单据或者凭证；二是要求及时处理会计信息，即按照企业会计准则的规定，及时对经济交易或者事项进行确认或者计量，并编制财务报告；三是要求及时传递会计信息，即按照国家规定的有关时限，及时地将编制财务报告传递给财务报告使用者，便于其及时使用和决策。

二、会计核算的基础

根据《企业会计准则——基本准则》的规定，企业应当以权责发生制为基础进行会计确认、计量和报告。权责发生制是指企业应以收入的权利与支出的义务是否属于本期来确认收入与费用是否应计入本期的依据。

比如在销售环节，企业将产品交付给了客户（“责”已经生），并办妥了其他相关销售手续，销售企业就获得了收取货款的权利（“权”已实现），即可确认收入实现。同时，将获得收入的代价，即所售产品的生产成本确认为一项费用。

如果企业预收到客户的货款（“权”已实现），但产品尚未发出（“责”未履行），则不得将收到的款项确认为收入、更不得确认费用发生。根据权责发生制，预收客户的货款，一方面增加了企业的资产，同时也增加了企业的负债。

因此，权责发生制的核算基要求不是以款项的收支是否在本期发生进行确认、计量和报告的。凡是本期实现的收入，不论款项是否收到，都应作为本期的收入入账；凡是不属于本期实现的收入，即使款项已在本期收到，也不应作为本期的收入入账。同样，凡是本期发生的费用，不论款项是否付出，都应作为本期的费用入账；凡是不属于本期发生的费用，即使款项已在本期付出，也不应作为本期的费用处理。

与权责发生制相对应，是收付实现制。收付实现制也称现收现付制，是以实际收到或付出款项作为确认收入或费用的依据。

权责发生制与收付实现制都是会计核算的记账基础。由于会计分期，有了本期与非本期的区别。在确认收入或费用时，就产生了上述两种不同的记账基础，基于不同的记账基础所核算出的当期损益也就不完全一致。建立在权责发生制基础之上的会计处理，可以更好地将收入与费用在不同期间合理配比，更科学地确认损益。因此，企业及营利组织一般采用权责发生制，而预算单位等常采用收付实现制。

［例］根据下列经济业务内容按权责发生制和收付实现制原则计算企业本月（七月份）的收入和费用。

（1）销售产品 4 000 元，货款存入银行。

（2）销售产品 10 000 元，货款尚未收到。

（3）预付 7 – 12 月的租金 6 000 元。

（4）本月应计提银行借款利息 1 000 元。

（5）收到上月份应收到的销货款 4 000 元。

（6）收到购货单位预付货款 8 000 元，下月交货。

解析：分别按权责发生制和收付实现制确认的收入与费用发生额如下表。

业　务	权责发生制		收付实现制	
	收入	费用	收入	费用
(1)	4 000		4 000	
(2)	10 000			
(3)		1 000		6 000
(4)		1 000		
(5)			4 000	
(6)			8 000	
合　计	14 000	2 000	16 000	6 000

第五节　会计的任务与方法

会计的任务是指会计在经济管理中所担负的职责，它是会计目标的具体化，取决于会计的职能和经济管理的要求，并受会计对象的特点所制约。会计的方法是用来反映和监督会计对象、完成会计任务的技术和手段，它取决于会计对象的特点、会计原则和任务。

一、会计的任务

会计是经济管理的重要组成部分，其任务同整个经济管理的任务是分不开的，但会计只能完成与其有关的那部分任务，而不能超越这个范围。企业和行政、事业等单位会计的具体任务可以概括为以下三个方面：

（一）反映和监督经济活动，提供会计信息，加强经济管理以制定经济决策。这就要求会计运用专门的方法，对企业的经济活动进行反映和监督，及时提供会计信息

提高经济效益是经济管理的基本要求。这就要求会计必须正确地反映和监督各种财产物资的增减变化情况，开展对经济活动的分析和检查，揭示经济管理中存在的问题及其产生的原因，协助有关部门加强经济管理，提高经济效益。

（二）反映和监督财经法律、法规、政策、制度的执行情况，维护财经纪律

财经法律、法规、政策、制度体现了国家宏观经济管理的要求，也是各单位进行经济活动的规范。会计在反映经济活动的同时，还应当以有关的财经法律、法规、政策和制度为依据，对经济活动的合法性、合规性实行必要的监督，以维护财经纪律。

（三）充分利用会计信息及其他有关资料，预测经济前景，参与经济决策

决策始终是经济管理中的关键问题，科学决策也是现代企业管理的基本要求。会计工作应当从单纯报账型向管理型转变，要充分发挥会计的预测、决策、计划、考核职能，分析经济情况，预测经济前景，参与经济决策，控制经济过程，监督经济活动，考核经济效益，从而使会计工作在规划未来经济活动中发挥更大的作用。

上述各项任务是互相联系、互为补充的。只有全面实现各项任务，才能充分发挥会计在经济管理中的作用。

二、会计的方法

会计要发挥其职能，完成其任务，就必须运用一系列专门的方法。会计方法包括会计核算方法、会计分析方法、会计检查方法和会计预测、决策方法等。在这些方法中，会计核算方法是基础，本书重点介绍会计核算方法，会计的其他方法在相关课程中介绍。

会计核算方法，是对会计对象进行完整、连续和系统地反映和监督，为信息使用者提供有用的会计信息而应用的方法。广义的会计核算方法不仅包括会计核算的基本程序、步骤，还包括对经济业务进行确认、计量的具体方法，如折旧方法、坏账准备计提方法等。在此仅指狭义的会计核算方法，即会计核算的基本程序、步骤。会计核算的基本方法主要有以下七种：

（一）设置账户

设置账户，是对会计对象的具体内容进行分类反映和监督的一种方法。设置账户就是事先设置会计科目，然后根据会计科目在账簿中开立户头，分类地、连续地记录各项经济业务。设置账户对于正确运用填制和审核凭证、登记账簿和编制报表等核算方法都具有重要的意义。

（二）复式记账

复式记账，是指对每项经济业务都要以相等的金额在两个或两个以上相互联系的账户中登记的一种方法。采用复式记账，可以全面地、系统地反映经济业务的来龙去脉，也可以检查账务处理的正确性。

（三）填制和审核凭证

经济业务的发生，都要按照实际执行和完成情况填制或取得原始凭证，经审核无误后据以填制记账凭证，记账凭证经过审核无误后才能作为记账的依据。填制和审核，不仅为账簿记录提供真实、可靠的依据，也是实行会计监督的一个重要方面。

（四）登记账簿

登记账簿是根据会计凭证，在账簿上连续地、系统地、完整地记录经济业务的一种方法。按照复式记账的方法和程序登记账簿并定期进行对账、结账，既可以为经济管理提供系统的数据资料，又为编制财务报告提供依据。

（五）成本计算①

成本计算，是指按照一定的成本对象，对生产经营过程中所发生的成本、费用进行归集和分配，以确定各该对象总成本和单位成本的一种方法。通过成本计算，可以确定存货的采购成本、产品的生产成本和销售成本等，反映和监督生产经营过程中发生的各项费用是否节约或超支，并据以确定企业经营损益。因此，成本计算对于企业经营管理和提高经济效益具有特别重要的意义。

（六）财产清查

财产清查，是对各项财产物资进行盘点核对以及对各项往来款项进行查询、核对，以保

---

① 关于成本计算的内容请学习《成本会计》课程。

证账实、账账相符的一种方法。通过财产清查，可以查明各项财产物资、往来款项的实有情况，可以监督财产物资的安全与合理使用，既可以保证账实、账账相符，也有利于加强经济管理。

（七）编制财务报告

编制财务报告是产生并提供会计信息的一种方法。财务报告是反映特定单位财务状况和经营成果的总结性书面文件，包括财务报表及财务情况说明书，它是按照信息使用者的要求和会计制度，对账簿数据进行加工整理编制而成的。企业应当定期向投资者、债权人、有关的政府部门以及其他信息使用者提供财务报告。

上述七种方法互相联系、密切配合，构成了一个完整的会计核算方法体系。在会计核算工作中，企业的会计程序总是包括一次完成的一些基本步骤，通过这些步骤，使会计人员能把数量繁多的日常经济业务分类归集，最终总括为相当简明的财务报表，我们把以下这些依次继起的步骤称为会计循环。

（1）编制会计分录，即根据原始凭证分析经济业务，确定应借记和贷记的账户与金额，登记在记账凭证或日记账中。

（2）记账，即根据登记在记账凭证中的会计分录，将借记和贷记的金额分别转记于分类账中的相应账户。

（3）编制试算平衡表，即根据总分类账户余额编制试算平衡表，以验证日常记账记录及过账是否正确，以便及时更正。

（4）调账，即企业到期末要编制各种财务报表，以反映企业在一定时期的财务状况和一定期间的经营成果，这就需要在编制报表前，在日常会计记录的基础上，对于应计、预计等账项做必要的调整，也即根据权责发生制原则，调整一些账户中的有关记录，借以处理在会计期末需要递延或预计的收入和费用项目。

（5）编制报表，即根据调整后的账户余额，编制财务报表。

（6）结账，即在期末编制财务报表后，结清各项收入、费用类账户，并把本期净收益转入所有者权益类账户。

[本章小结]

基础会计学是管理类专业的学生学习会计的入门课，第一章总论又是学习基础会计学的知识准备，主要介绍会计的一些基本概念，基本理论、基本方法。本章主要结合最新会计基本准则介绍了会计的概念以及会计产生与发展；会计的基本职能；会计目标；会计要素以及会计要素之间的关系；特别提到会计基本前提以及会计信息质量要求；会计方法以及会计核算的方法。会计是经济管理的重要组成部分，是通过收集、加工和利用一定的货币单位作为计量标准来实现的经济信息，对经济活动进行组织、控制、调节和指导，促使人们比较得失，讲求经济利益的一种管理活动。为达到提高经济效益的目的，客观上需要有一种以经济数据的记录、分析、计算、控制、审核为中心的经济管理工作，会计就在这种需要的基础上应运而生。

会计的基本目标是向企业所有者、债权人、管理者及其有关各方提供有用的会计信息，借以制定经济决策。

会计的基本职能有：核算职能和监督职能。核算职能是通过价值量对经济活动进行确认、计量、记录，报告，为经济管理者提供经济信息的功能。会计核算职能的基本特点是：会计主要反映已经发生的经济业务；会计以货币为主要计量尺度进行反映；会计反映具有连续性、完整性和系统性。监督职能是通过预测、决策、控制、分析、考评等具体方法，促使经济活动按照规定的要求运行，以达到预期的目的。会计监督具有以下三个方面的特点：会计主要利用反映职能提供的经济信息进行监督；会计既进行事后监督，也进行事前监督和事中监督；会计监督的形式已从单一的内部监督过渡到内部监督与外部监督相结合。

会计对象概括为再生产过程中的资金运动，具体对象是资产、负债、所有者权益、收入、费用、利润等会计要素。

会计核算的基本前提是会计主体、持续经营、会计分期、货币计量。

会计信息的质量要求：客观性、相关性、明晰性、可比性、实质重于形式、重要性、谨慎性、及时性。

会计核算的基础工作：权责发生制原则和配比原则。

会计的任务包括：反映和监督经济活动，提供会计信息，加强经济管理以制定经济决策；反映和监督财经法律、法规、政策、制度的执行情况，维护财经纪律；充分利用会计信息及其他有关资料，预测经济前景，参与经济决策。

会计核算的基本方法主要有以下七种：设置账户、复式记账、填制和审核凭证、登记账簿、成本计算、财产清查、编制财务报告。

[复习题]

一、名词

会计　会计的反映职能　会计的监督职能　会计核算的基本前提　会计主体
持续经营　会计分期　货币计量　可靠性要求　相关性要求　可比性要求
实质重于形式要求　重要性要求　谨慎性要求　及时性要求　权责发生制
会计对象　会计要素　资产　负债　所有者权益　收入　费用　利润

二、选择题

1. 会计的基本职能是（　）。

A. 反映和考核

B. 核算和监督

C. 预测和决策

D. 分析和管理

2. 会计主体是（　）。

A. 被核算的一个特定单位或组织

B. 一个企业

C. 企业法人

D. 非企业法人

3. 会计核算中采用的主要计量单位是（　）。

A. 实物计量单位

B. 货币计量单位

C. 时间计量单位

D. 劳动计量单位

4. 权责发生制表明（ ）。

A. 收到货款即可确认收入

B. 支付现金即可确认费用

C. 收入与费用的确认与款项是否发生收付无必然关系

D. 上述三点都不对

5. 关于资产的概念，下列说法正确的有（ ）。

A. 资产就是现金

B. 资产可以是债权

C. 资产应该有实物形态

D. 资产可以是无价的

6. 关于会计核算的前提，下列说法正确的是（ ）。

A. 进行会计核算必须以人民币为计账本位币

B. 会计分期是指企业的经济活动必须分期地进行

C. 持续经营是指企业的经营会永远继续下去

D. 会计主体可以是由多个企业组成的企业集团

三、判断题

1. 会计是对经济活动进行连续、系统、全面地反映和监督的一种经济管理工具。( )
2. 会计主体与法律主体是同一概念。( )
3. 与所有者权益相比，负债一般有规定的偿还期，而所有者权益没有。( )
4. 收入就是利润。( )
5. 会计处理方法一经确定就不能变更。( )

四、问答题

1. 谈谈会计的特点。
2. 谈谈你对会计的职能与作用的认识。
3. 会计核算的方法有哪些？
4. 会计要素有哪些种类？它们之间有什么关系？
5. 会计核算的基本前提是什么？如何理解这些前提？
6. 会计信息质量要求有哪些？它们都有哪些具体要求？
7. 权责发生制原则与收付实现制有何区别？

第二章　会计科目与账户

[学习目标]

1. 了解会计科目和账户的概念
2. 掌握会计科目和账户之间的关系
3. 熟练掌握会计等式的基本内容及恒等性
4. 熟练掌握账户的基本结构
5. 熟练掌握账户按经济内容的分类、按所反映会计要素具体内容的详细程度分类的具体内容

[教学内容]

1. 会计基本等式及等式的恒等性
2. 会计科目的内容和分类
3. 账户的基本结构和分类

第一节　会计基本等式

一、会计基本等式与变化

任何一个会计主体，都必须拥有一定数量的经济资源，才能进行生产经营活动，如：工业企业必须拥有一定数量的劳动资料，即房屋、建筑物和机器设备等；一定数量的劳动对象，即各种各样的材料；一定数量的货币资金。这些为企业所拥有的经济资源在会计上总称资产。企业的资产最初进入企业的来源渠道有两种：一是投资者投入的；二是债权人提供的。由于企业的全部资产是由投资者和债权人提供的，对资产的提供都来说，对其出资享有一定的要求权，这种要求权在会计上称为“权益”。其中，由企业投资者提供的权益，称为“所有者权益”；由企业债权人提供的权益，称为“债权人权益”，又称“负债”。有资产，就必定有权益，资产和权益是同一资产的两个方面，失去一方，另一方就不存在。所以，从数量关系上看，资产总额恒等于权益总额。这种恒等关系，可用公式表示为：

资产 = 权益

= 债权人权益 + 所有者权益

= 负债 + 所有者权益　　①

上述等式反映了资产、负债、所有者权益之间的关系，即等式的左边描述了企业资产的存在形态，等式的右边描述了企业资产的来源。这一等式在会计上称为资产和权益的平衡关系，

也叫会计基本等式。它反映了资产、负债和所有者权益三者之间一种静态的平衡关系。

随着企业生产经营活动的不断进行，资产会不断地被消耗，形成费用，发生支出，并不断取得收入。收入与费用抵减后的结果即为利润（或亏损），可用公式表示为：

收入 - 费用 = 利润　　②

这一等式反映了收入、费用与利润三者之间的数量关系，概括了经营资金的动态运动过程和结果。

由于利润的取得表现为资产的增加，所以在当期末结转收入、费用和利润之前，可将原来的静态会计基本等式转化为：

资产 = 负债 + 所有者权益 + （收入 - 费用）

= 负债 + 所有者权益 + 利润　　③

当期末结转收入、费用和利润后，利润以一定方式进行分配，一部分利润分配给投资者，一部分利润增加了所有者权益，所以会计等式又回复到原来的状态：

资产 = 负债 + 所有者权益

上述三个会计等式中，①式是基本会计等式，也是静态等式，反映了企业经营周期中起始和终点会计要素之间的联系；②式是动态等式，反映了企业一段时期里的经营成果；③式也是动态的会计等式，反映了经营过程中各会计要素之间的互动联系。这些等式都是设置账户、复式记账和编制财务报表的理论依据。

二、会计基本等式的平衡关系

经济业务是指在生产经营过程中引起资产和权益变化的各项经济活动，也称为会计事项。经济业务的发生必然会引起资产、负债、所有者权益的增减变化，但无论如何变化，都不会破坏会计基本等式的平衡关系。

企业在经营中发生的业务多种多样，根据各经济业务对资产和权益增减的影响来看，可将其概括为四种类型：

第一种，经济业务的发生引起资产与负债或所有者权益同时增加，而且等式两边增加的总金额相等。

第二种，经济业务的发生引起资产项目之间此增彼减，而且增减的金额相等。

第三种，经济业务的发生引起资产与负债或所有者权益同时减少，而且等式两边减少的总金额相等。

第四种，经济业务的发生引起负债、所有者权益项目之间此增彼减，而且增减金额相等。

［例1］假设公司某年11月30日的有关项目金额如表2-1：

表2-1　　期初余额表　　单位：元

资产		负债及所有者权益	
库存现金	800	短期借款	100 000
银行存款	250 000	应付票据	30 000
应收账款	60 000	应付账款	80 000
原材料	90 000	实收资本	480 000
长期股权投资	100 000	盈余公积	150 600
固定资产	420 000	本年利润	80 200
资产总计	920 800	负债及所有者权益	920 800

该公司12月份发生下列经济业务：

1）购买设备一台，价值5 000元，款项尚未支付。

分析：这项经济业务发生后，资产方的固定资产增加5 000元，负债方的应付账款也增加5 000元，等式两边同时增加5 000元，等式仍保持相等。

2）向银行借入短期借款60 000元，存入银行。

分析：这项经济业务发生后，资产方的银行存款增加60 000元，负债中的短期借款也增加60 000元，等式仍保持相等。

3）购买固定资产一台，价值80 000元，款项已用银行存款支付。

分析：这项经济业务发生后，资产方的固定资产增加80 000元，同时银行存款这一资产相应减少80 000元。等式左边增减金额相等，等式仍保持相等。

4）开出商业汇票一张8 000元，支付前欠购货款。

分析：这项经济业务发生后，负债中的应付账款减少8 000元，同时作为负债的应付票据增加8 000元。等式右边增减金额相同，等式仍保持相等。

5）联营企业因联营期满，投资得者抽回投入资本100 000元，用银行存款支付。

分析：这项经济业务发生后，所有者权益中的实收资本（或股本）减少100 000元，资产方的银行存款也减少100 000元。等式两边同时减少100 000元，等式仍保持相等。

6）经公司董事会一致通过，同意将公司盈余公积50 000元转为对公司的资本。

分析：这项经济业务发生后，公司的所有者权益的盈余公积减少50 000元，同时作为所有者权益的实收资本（或股本）增加50 000元。等式右边增减金额相同，等式仍然相等。

以上经济业务发生以后，引起公司资产、负债及所有者权益的增加变化如表2－2表所示：

表2－2　　要素增减变化过程　　单位：元

资产		负债及所有者权益	
库存现金	800	短期借款	100 000＋（2）60 000
银行存款	250 000＋（2）60 000－（3）80 000－（5）100 000	应付票据	30 000＋（4）8 000
应收账款	60 000	应付账款	80 000＋（1）5 000－（4）8 000
原材料	90 000	实收资本	480 000－（5）100 000＋（6）50 000
长期股权投资	100 000	盈余公积	150 600 －（6）50 000
固定资产	420 000＋（1）5 000＋（3）80 000	本年利润	80 200
资产总计	885 800	负债及所有者权益	885 800

从上表中可以看出，在经济业务发生以后，资产总额的净增加＝负债总额的净增加＋所有者权益总额的净增加，资产的期末余额＝负债的期末余额＋所有者权益的期末余额。“资产＝负债＋所有者权益”的恒等关系仍成立。

第二节　会计科目

一、会计科目的意义

会计科目是对会计对象的具体内容进行分类核算的项目。

由于会计要素是对会计对象所作的最基本的分类，它只能反映经济业务的性质，而无法反映其具体事项。如资产只能反映企业所拥有或控制能以货币计量的经济资源，而不能反映企业拥有哪种资源；负债只能反映企业所承担的能以货币计量的需要偿还的债务，而不能反映企业负有什么样的债务及对谁负有债务等。而在企业的生产经营过程中，会发生复杂多样的经济业务，这些经济业务仅用会计要素来反映是完全不够的。为了全面、系统、分类地反映和监督各项经济业务，为经济管理提供会计信息，就必须根据会计对象具体内容的特点和经济管理的需要，对会计对象具体内容进行科学的分类，即在会计六大要素之下，分别设置若干具体项目，将性质相同的经济现象归为一类，设置一个标志或项目，反映一个方面的经济情况，这些项目统称为会计科目。如工业企业设置原材料、库存现金、固定资产等会计科目，反映和监督各项资产的增减变动情况；设置短期借款、应付账款、应付债券、长期借款等会计科目，用来反映和监督各项负债的增减变动情况；设置实收资本、资本公积、盈余公积等会计科目，用来反映和监督所有者权益的增减变动情况等。

会计科目是会计制度的一项基本内容，在企业会计制度中，统一规定了会计科目的核算范围、具体内容、核算方法及会计科目的编号，以便编制会计凭证、登记账簿、查阅账目和实行会计电算化。根据统一规定的会计科目开设账户、组织会计核算，可保证会计核算的正确性、完整性和系统性，并能保证对同一经济业务的账务处理的一致性，为编制财务报表、进行会计分析和检查提供真实、可靠、系统的资料。设置会计科目是会计方法体系中的一个重要环节，是正确组织会计核算的一个重要条件。

二、会计科目设置的原则

会计科目作为反映会计要素的构成情况及其变化情况，为投资者、债权人、企业管理者等提供会计信息的重要手段，在其设置过程中应努力做到科学、合理、实用，因此在设计会计科目时应遵循下列基本原则：

（一）设置会计科目要符合国家的会计法规体系的规定。国家的会计法规体系，体现了国家对财务会计工作的要求。因此，设计会计科目首先要以此为依据，符合《会计法》以及《企业会计准则》等相关规定，以便编制会计凭证、登记账簿、查阅账目、实行会计电算化等工作的顺利进行，并提高会计信息的可比性。

（二）设置会计科目要结合所反映会计要素的特点，具有一定的灵活性。设置会计科目必须对会计要素的具体内容进行分类，以分门别类地反映和监督各项经营业务，不能有任何遗漏，即所设置的会计科目应能覆盖企业所有的要素。比如，有些公司是制造工业产品，根据这一业务特点就必须设置反映和监督其经营情况和生产过程的会计科目，如“主营业务收入”、“生产成本”；而农业企业就可以设置“消耗性生物资产”、“生产性生物资产”；金融企业则应设置反映和监督吸收和贷出存款相关业务，可以设置“利息收入”、“利息支出”

等科目。此外为了便于发挥会计的管理作用，企业可以根据实际情况自行增设、减少或合并某些会计科目的明细科目。

（三）设置会计科目要全面反映企业经济业务内容。在会计要素的基础上对会计对象的具体内容做进一步分类时，为了全面而概括地反映企业生产经营活动情况，会计科目的设置要保持会计指标体系的完整，企业所有能用货币表现的经济业务，都能通过所设置某一会计科目进行核算。

（四）会计科目名称力求简明扼要，内容确切。每一科目，原则上反映一项内容，各科目之间不能相互混淆。企业可以根据本企业具体情况，在不违背会计科目使用原则的基础上，确定适合本企业的会计科目名称。

三、会计科目的分类

会计科目之间相互联系、相互补充，组成一个完整的会计科目体系。它们之间既有科学的联系，又有严格的区别。所谓联系，在于它们彼此反映着各种经济活动之间的相互关系；所谓区别，在于对每个会计科目都附以特定的经济内容，不能相互混淆。为了进一步认识每个会计科目的性质和作用，以便正确地设置和运用它，必须对会计科目进行分类。

（一）按会计科目反映的经济内容分类

每个会计科目核算的经济内容介不同的，会计科目据此进行分类，可分为五大类：

1）资产类会计科目。根据资产的一般分类及其流动性，将资产科目分为流动资产类、固定资产类、长期投资类、无形资产和其他资产类会计科目。

2）负债类会计科目。根据债务期限的长短和负债的构成，分为流动负债类和长期负债类会计科目。流动负债类科目如短期借款、应付账款、应交税费、其他应付款等科目；非流动负债类科目如长期借款、长期应付款等科目。

3）所有者权益类会计科目。所有者权益类会计科目包括资本类和留存收益类。资本类科目如实收资本（或股本）、资本公积科目；留存收益类科目如盈余公积、利润分配等科目。

4）成本类会计科目。如生产成本科目和制造费用科目。

5）损益类会计科目。损益类会计科目可以分为收益类和费用类两类。收益类如主营业务收入、其他业务收入、营业外收入等科目；费用类科目主要有主营业务成本、管理费用、财务费用、其他业务成本、销售费用、营业外支出、所得税费用等科目。

（二）按会计科目提供核算指标的详细程度分类

会计科目按提供核算指标的详细程度，可分为两类。

1）总分类会计科目。总分类会计科目也称总账科目或一级科目，是对会计对象的具体内容进行总括分类的项目。它提供的核算资料是总括资料，反映会计对象增减变动的概况。图表 2－3 中所列的会计科目均为一级科目。

2）明细分类会计科目。明细分类会计科目也称明细科目或细目，是对总分类科目进行明细分类的项目，所提供的核算资料是详细的、具体的、分散的，反映会计对象变化的详细情况。

表 2－3　　企业常用会计科目表

序号	编号	会计科目名称	序号	编号	会计科目名称
		一、资产类			二、负债类（续）
1	1 001	库存现金	33	2 202	应付账款
2	1 002	银行存款	34	2 203	预收账款
3	1 012	其他货币资金	35	2 211	应付职工薪酬
4	1 101	交易性金融资产	36	2 221	应交税费
5	1 121	应收票据	37	2 232	应付股利
6	1 122	应收账款	38	2 241	其他应付款
7	1 123	预付账款	39	2 501	长期借款
8	1 131	应收股利	40	2 502	应付债券
9	1 132	应收利息	41	2 701	长期应付款
10	1 221	其他应收款			三、所有者权益类
11	1 231	坏账准备	42	4 001	实收资本
12	1 401	材料采购	43	4 002	资本公积
13	1 402	在途物资	44	4 101	盈余公积
14	1 403	原材料	45	4 103	本年利润
15	1 404	材料成本差异	46	4 104	利润分配
16	1 405	库存商品			四、成本类
17	1 471	存货跌价准备	47	5 001	生产成本
18	1 531	长期应收款	48	5 101	制造费用
19	1 601	固定资产			五、损益类
20	1 602	累计折旧	49	6 001	主营业务收入
21	1 603	固定资产减值准备	50	6 011	利息收入
22	1 604	在建工程	51	6 051	其他业务收入
23	1 605	工程物资	52	6 111	投资收益
24	1 606	固定资产清理	53	6 301	营业外收入
25	1 701	无形资产	54	6 401	主营业务成本
26	1 702	累计摊销	55	6 402	其他业务成本
27	1 703	无形资产减值准备	56	6 403	营业税金及附加
28	1 711	商誉	57	6 601	销售费用
29	1 801	长期待摊费用	58	6 602	管理费用
30	1 901	待处理财产损溢	59	6 603	财务费用
		二、负债类	60	6 701	资产减值损失
31	2 001	短期借款	61	6 711	营业外支出
32	2 201	应付票据	62	6 801	所得税费用

在某一总分类科目下面设置的明细科目如果较多，可以增设二级科目，也称子目。在子目下还可以增设三级细目。子目和细目统称为明细科目。例如：在“原材料”总分类科目下，可按材料的类别如原料及主要材料、辅助材料、修理用备件、燃料等设置二级子目，再在二级子目下按材料的品种如甲材料、乙材料、丙材料等设三级细目，这样设置会计科目方便管理与核算。

会计制度通常只规定一级会计科目，对二级科目和明细科目，一般只列示设置原则，除有特殊规定外，不直接规定二级科目和明细科目的名称。企业应按会计制度的规定设置一级科目，也可按实际需要，报经批准或备案后作必要的增、减或合并科目，并根据会计制度规定的设置科目的原则或要求，按本行业、本企业的特点和需要，自行设置二级科目和明细科目。

第三节 账 户

一、账户的意义

会计科目是对会计对象的具体内容进行分类核算的项目，它有明确的含义、特定的核算内容，但它只对核算的范围作出规定，并不对其增减变动情况和结果作出记录。为了完整、系统地反映和监督各项经济业务的发生以及由此而引起的会计要素的增减变动及其结果，为会计信息使用者提供会计核算指标的具体数据资料，就必须设置和运用账户。如图表 2－1 库存商品总账，就能完整、系统地反映库存商品的增减变动及其结果。

设置账户是会计核算的一种专门方法。账户是以会计科目为名称、在账簿中开设的具有一定的结构，用来系统、连续、全面地对经济活动内容进行分类核算的一种会计方法。在会计实务工作中，账户就是账页的内容表现，具体由账户的名称（即会计科目）和账户的结构组成。根据一级会计科目开设的账户，称为一级账户或总分类账户（简称总账）；根据二级会计科目或更明细分类科目开设的账户，统称为明细分类账户（简称明细账）。总分类账户提供总括的核算指标，都以货币为了计量单位；明细分类账户提供详细的核算指标，除了采用货币计量单位外，有的还要采用实物计量单位。总分类账户与明细分类账户结合起来，可以完整、系统地提供各种会计核算资料，满足企业内外会计信息使用者的需要。

库存商品 总账

第 18 页

01 年		凭证		摘要	借方	贷方	借或贷	余额	核对
月	日	种类	号数		亿千百十万千百十元角分	亿千百十万千百十元角分		亿千百十万千百十元角分	
12	1			期初余额			借	21780000	
12	31		11	完工产品入库	21000000			42780000	
12	31		14	结转商品销售成本		13500000		29280000	
				本月合计	21000000	13500000	借	29280000	
				本年合计	21000000	13500000			
				结转下年					

图表 2－1：库存商品总账内容

会计科目与账户是两个既有联系又有区别的概念，它们的联系在于；两者都是对经济业务进行分类的标志，且口径一致，会计科目是设置账户的依据，是账户的名称，账户是会计科目的具体运用，会计科目的内容就是账户应记录、反映的内容。它们的区别在于：账户从属于会计科目而存在，它是根据会计科目开设的，会计科目的性质决定账户的性质，账户是对会计科目所规定的核算内容进行连续、完整地记录的载体；会计科目只规定了核算内容而没有结构，账户则具体记录经济业务内容，有具体的结构，可以提供具体的数据资料，是进行会计核算的一种手段。

二、账户的基本结构

账户的结构就是指用来反映会计要素增减变动的格式。各种经济业务引起的资产、负债、所有者权益、收入、费用、利润的变动，尽管错综复杂，但从数量上看不外乎是增加和减少两种情况。因此，用来记录经济业务的账户在结构上也就相应地分为两个基本部分：一方登记增加，一方登记减少，即将账户的结构分成左方和右方。账户的左方、右方以及账户的名称三个部分共同组成了账户的基本结构。由于我国现行的记账方法是借贷记账法，所以账户的基本结构也就分为“借方”和“贷方”两个方向，其中“左方”即为“借方”；“右方”即为“贷方”。在教学中，账户的这种基本结构一般用“T”型账户表示，如图表 2－2 所示。

表 2－2　　　　　　　　　　**“T”型账户结构图**

借方　　账户名称（会计科目）　　贷方

账户的一方登记增加，另一方登记减少，即账户的借方和贷方登记的增减变动方向相反。但究竟哪一方登记增加，哪一方登记减少则取决于各账户所反映的经济内容的性质和不同的的记账方法。

在账户的基本结构中，可以提供四个指标值：期初余额、本期增加额、本期减少额和期末余额。期初余额是指上一会计期末转到本期的余额。每个特定账户的在一定时期（月、季、年）内所记载的金额合计（借方和贷方分别合计），称为本期发生额（有借方发生额合计和贷方发生额合计）。其中，记载增加额合计的称为本期增加额；记载减少额合计的称为本期减少额。本期发生额是一个动态指标，反映一定时期内各项会计要素内容的增减变动过程。每个新开设账户的本期增加额和本期减少额相抵后的差额称为期末余额。余额是一个静态指标，它反映各项资产、负债及所有者权益在某时点的状况，即在一定时期内增减变动的结果。本期的期末余额转入下一期，就是下一期的期初余额。在通常情况下，期初余额与期末余额在同一方向，而且一般都反映在记载增加额的一方，因为累计增加额通常都大于累计减少额。这四个指标之间的关系，可用公式表示如下：

期末余额＝期初余额＋本期增加额－本期减少额

在借贷记账法下，哪一方登记增加额，哪一方登记减少额，取决于各账户记录的经济内容的性质，而账户记录的经济内容即账户的性质取决于其名称即会计科目。一般情况下，反映资产、成本、费用的账户，用“借”方登记增加额，“贷”方登记减少额，期末如有余额，则余额应在“借”方；反映负债、所有者权益、收入的账户，用“贷”方登记增加额，“借”方登记减少额，期末如有余额应在“贷”方。各期期末可按下列公式计算账户的期末余额：

资产、费用、成本类账户期末余额 = 期初余额 + 本期借方发生额 − 本期贷方发生额

负债、所有者权益、收入类账户期末余额 = 期初余额 + 本期贷方发生额 − 本期借方发生额

上述计算公式也可通过“T”型账户的形式表现如表 2－3 和表 2－4：

表 2－3　资产、成本、费用类账户结构

资产、成本、费用类账户	
期初余额：	
本期借方发生额（增加）：	本期贷方发生额（减少）：
本期借方发生额合计：	本期贷方发生额合计：
期末余额：	

表 2－4　负债、所有者权益、收入类账户结构

负债、所有者权益、收入类账户	
	期初余额：
本期借方发生额（减少）：	本期贷方发生额（增加）：
本期借方发生额合计：	本期贷方发生额合计：
	期末余额：

在实际工作中，账户的内容通常应包括下列项目：

（1）账户的名称；

（2）记账日期；

（3）会计凭证的种类和号数；

（4）摘要（概括地说明经济业务的内容）；

（5）借方金额、贷方金额和余额。

具体结构形式如表 2－5。

表 2－5　　账户名称（会计科目）

年		凭证号数	摘 要	借方金额	贷方金额	借或贷	余 额
月	日						

[本章小结]

本章主要介绍了会计等式的恒等性，及会计科目和账户的作用。

资产 = 负债 + 所有者权益，是会计基本等式，而且是恒等式，企业发生的所有经济业务都不会破坏等式的平衡性。

重点讲述了会计科目的概念、意义、设置的原则以及现行的会计科目，会计科目作为对于会计对象的具体内容进行分类核算的标志或者项目，是会计制度设计中的一项重要工作，设置会计科目要注意结合会计对象的特点、符合经济管理的要求、统一性与灵活性相结合，且会计科目名称力求简明扼要，内容确切。会计科目按会计科目核算的经济内容不同分：资

产类会计科目、负债类会计科目、所有者权益类会计科目、成本类会计科目、损益类会计科目。按会计科目提供核算指标的详细程度分：总分类会计科目和明细分类会计科目。

账户是进行会计科目核算的一种手段，具体提供记录经济业务的地方，所以账户具有结构即增加的金额、减少的金额、增加减少以后的结果记录在账户的什么地方。

[复习题]

一、名词

会计科目　　账户　　总分类科目　　明细分类科目　　账户的结构

二、选择题

1. 会计科目是对（　）的具体内容进行分类核算的项目。

A. 会计账户　　B. 会计对象　　C. 会计主体　　D. 经济业务

2. 下列会计等式中不正确的等式是（　）

A. 资产 = 负债 + 所有者权益

B. 收入 - 费用 = 利润

C. 资产 + 负债 - 费用 = 所有者权益 + 收入

D. 资产 = 负债 + 所有者权益 +（收入 - 费用）

三、判断题

1. 会计科目是由国家统一的会计制度规定的，各单位必须严格执行，不能增减。（　）

2. 账户是按会计科目设置的，因此科目规定的核算内容也就是账户记录反映的内容。（　）

3. 会计科目是设置账户的基础，因此账户与会计科目没有区别。（　）

四、问答题

1. 论区分会计要素增减变动的类型，并分别举例说明。

2. 什么是会计科目？设置会计科目的意义是什么？

3. 试述会计科目的分类？

4. 什么是账户？会计科目与账户之间的异同有哪些？

5. 设置会计科目应遵循哪些原则？

6. 试述账户的基本结构。

五、分析下列业务对企业会计要素的影响

1. 企业接受投资获得设备；

2. 企业从银行获得贷款；

3. 企业以存款归还前期欠下的货款；

4. 企业赊购材料；

5. 企业以高于成本出售产品，但款项未收；

6. 职工出差，借支差旅费，以现金支付；

7. 企业收到客户支付的前欠货款；

8. 企业向慈善基金捐款；

9. 企业归还借款本金并支付利息；

10. 企业以存款购入股票。

第三章　复式记账法

［学习目标］

1. 了解复式记账的基本原理和会计分录的含义
2. 掌握借贷记账法的账户结构
3. 熟练掌握借贷记账法的记账规则和试算平衡

［教学内容］

1. 复式记账法基本概念
2. 借贷记账基本原理
3. 借贷记账法运用

第一节　复式记账原理

一、记账方法的概念和种类

在设置账户的基础上，如何对大量的经济业务在账户中进行记录，需要运用科学的记账方法。记账方法是指根据一定的原理，采用一定的符号，按照一定的记账规则，在账簿中登记各种经济业务的增减变化的技术方法。记账方法按记录方式不同，可分为单式记账法和复式记账法。

（一）单式记账法

单式记账法是指对发生的经济业务只在一个账户中进行登记的记账方法。单式记账法是一种比较简单、不完整的记账方法，一般只适用于现金及债权债务账户的记录。例如以现金1 000元购入生产材料，只在“库存现金”账户中登记减少现金1 000元；销售产品一批5 000元未收到货款，则只在“应收账款”账户中登记增加应收账款5 000元。这种方法，既不能反映现金减少的原因，又不能反映应付账款增加的原因，各账户之间的记录没有直接联系，形不成相互对应的关系，没有一套完整的账户体系，所以不能全面、系统地反映经济业务的来龙去脉，不能提供完整、客观的会计信息。也不便于检查账户记录的正确性，是一种简单且不科学的记账方法。单式记账法已被现代会计所淘汰。

（二）复式记账法

复式记账法，是指对每一笔经济业务，都要用相等的金额，在两个或两个以上相互联系的账户中进行记录的记账方法。这种记账方法可以系统地反映经济活动的过程和结果。如前述例中，以现金 1 000 元购入生产材料，不仅在“库存现金”账户中登记减少现金1 000元，同时在“原材料”账户中登记增加 1 000 元，这说明现金减少的原因是用于购买了原材料；销售产品一批 5 000 元未收到货款，则在“应收账款”账户中登记增加应收账款 5 000 元，同时在“收入”账户登记增加 5 000 元，说明应收账款的增加是销售产品的货款收入尚未收到，形成债权。这样的记录才能全面、系统地反映经济业务的发生过程及结果，满足会计信息输出的需要，复式记账法是一种科学的记账方法，它已成为现代企业会计普遍采用的记账方法。

二、复式记账法的特点

复式记账法是以会计基本等式为理论依据而建立的一种记账方法，与单式记账法相比，具有如下特点：

（1）在两个或两个以上相互联系的账户中记录一项经济业务，以反映资金运动的来龙去脉，尽管经济业务是多种多样的，但每次资金运动都表现为不同来源或不同资产。对于每项经济业务，要在两个或两个以上相互联系的账户中登记，不仅可以反映每项经济业务的来龙去脉，而且可以将某一会计期间发生的全部经济业务作为一个有机的整体在整个账户体系中进行反映。也可以通过账户记录，全面、系统地了解资金运动的过程及其结果。

（2）以相等的金额记入相应的账户，以便于检查账簿记录的正确性。运用复式记账，账户的记录以及账户之间的关系不再孤立，每项经济业务发生时，以相等的金额进行记录，对账户记录的内容及结果可以利用账户之间的相互关系进行试算平衡，以检查账簿记录的正确定。

复式记账法根据记账符号、记账规则等的不同，又可分为借贷记账法、增减记账法和收付记账法等等。其中，借贷记账法是世界各国普遍采用的一种记账方法，在我国也是应用最广泛的一种记账方法。《企业会计准则——基本准则》规定，中国境内的所有企业都应该采用借贷记账法记账。采用借贷记账法在相关账户中记录各项经济业务，可以清晰地表明经济业务的来龙去脉，同时也便于试算平衡和检查账户记录的正确性。下一节我们将重点介绍借贷记账法的记账规则。

第二节　借贷记账法

借贷记账法是以会计基本等式为理论依据、以“借”和“贷”为记账符号，按“有借必有贷，借贷必相等”的记账规则在账户中进行登记的一种复式记账方法。主要内容包括：理论依据、记账符号、账户结构、记账规则、试算平衡等方面。

（一）借贷记账法的理论基础

借贷记账法的核算对象是会计要素的增减变动过程及其结果。这个过程及结果可用会计等式表示为“资产 = 负债 + 所有者权益”。这一等式揭示了三个方面的内容：

第一，会计主体各要素之间的数字平衡关系。任何经济业务的发生所引起的要素增减变动，都不会影响这个等式的平衡。

第二，各会计要素增减变化的相互联系。从上一章可以看出，任何经济业务（四类经济业务）都会引起两个或两个以上相关会计项目发生金额变动，因此当经济业务发生后，在一个账户中记录的同时必然要有另一个或两个以上账户的记录与之对应。

第三，等式有关因素之间是对立统一的。资产在等式的左边，当要移到等式右边时，就以“-”表示，负债和所有者权益也具有同样情况。

这三个方面的内容贯穿了借贷记账法的始终。会计等式对记账方法的要求决定了借贷记账法的账户结构、记账规则、试算平衡的基本理论，因此说会计恒等式是借贷记账法的理论基础。

（二）借贷记账法记账符号

借贷记账法是以“借”、“贷”作为记账符号，将每个会计科目所属账户的账页划分为借方、贷方、余额三栏，所有账户的左方为借方，右方为贷方，余额可以为借方余额，也可以为贷方余额。借和贷只是记账的符号，指明记账的方向，并不具体说明资金增加或减少的含义。

（三）借贷记账法的账户结构

资产类和成本类账户的增加记借方，减少记贷方，余额在借方；负债和所有者权益账户的增加记贷方，减少记借方，余额在贷方；资产负债共同类账户的余额在借方，属资产类科目，按资产类账户的记账规则登记借方和贷方发生额。如余额在贷方，则属负债类账户，按负债账户的记账规则登记借方和贷方发生额。损益类账户，支出、费用的发生在借方，减少记贷方，收入的发生记贷方，减少记借方，平时余额在借方的属于费用，平时余额在贷方的属于收入，期末余额转本年利润后无余额。具体如表 3-1 所示。

表 3-1 账户的结构

借　资产、成本、费用类账户	贷
期初余额	
本期增加额	本期减少额
期末余额	

借　负债、收入及所有者权益类账户	贷
	期初余额
本期减少额	本期增加额
	期末余额

资产类账户期末借方余额 = 期初借方余额 + 本期借方发生额 - 本期贷方发生额

负债及所有者权益类账户期末贷方余额 = 期初贷方余额 + 本期贷方发生额 - 本期借方发生额

另外，需要注意的是，收入及费用类账户（即所有损益类账户）在期末结账后应无余额。

[例 1] 企业将现金 1 000 元存入银行。

分析：该笔业务的发生一方面导致企业“库存现金”减少，同时导致企业“银行存款”增加；因为“库存现金”属于资产类账户，而资产类账户金额的减少是记在贷方的；而“银行存款”也是资产类账户，资产类账户金额的增加是记借方的。因此，该笔业务发生后，企业应分别在“库存现金”账户的贷方登记 1 000 元，同时在“银行存款”账户的借方登记 1 000 元，以表示企业“库存现金”减少了 1 000 元和“银行存款”增加了1 000元。

（四）借贷记账法的记账规则

记账规则，是进行会计记录时应遵循的规则，也是检查账簿记录是否正确的依据。不同的记账方法，具有不同的记账规则。借贷记账法的记账规则可以概括为："有借必有贷，借贷必相等"。也就是说，对于企业发生的每一笔经济业务，在进行会计核算时，都应以相等的金额、相反的方向（借方和贷方），在两个或两个以上的账户中分别进行登记。在具体运用借贷记账法时，必须对所要核算的业务进行分析，判断该业务涉及到哪些会计科目、这些科目分别属于哪一类科目、其金额的变化是增是减，最后，根据这些科目命名的账户的结构来判断应将发生的金额登记在这些账户的借方还是在贷方。

［例2］企业从银行获得一年期借款10 000元。

分析：通过该笔业务，企业的"银行存款"增加10 000元，而银行存款是资产，资产增加应记账户的借方；同时，企业因此欠下一笔债务，这笔所欠银行的债务我们称之为"短期借款"，即企业的负债增加了100 000元，负债增加应记账户的贷方。所以，企业应编制记账凭证如表3－1：

表3－1

记账凭证

2007年4月18日　　凭证编号：123

摘　要	总账科目	借方金额	贷方金额
取得一年期贷款	银行存款	￥10 000	
取得一年期贷款	短期存款		￥10 000
合计：壹万元整		￥10 000	￥10 000

不过，为了教学上的方便，我们通常将所填记账凭证的内容简化成如下形式：

借：银行存款　　10 000

　　贷：短期借款　　10 000

这种标明某项经济业务应借和应贷方向、科目名称及发生金额的记录形式我们称之为会计分录。在书写会计分录时，应注意以下几个书写要求：

（1）先写"借"后写"贷"；

（2）"贷"字相对于"借"字向右错开一个字符开始书写；

（3）金额默认以"元"为单位，分录中不必书写金额的单位"元"字。

从以上举例可以看出，在运用借贷记账法进行核算时，在有关账户之间存在着应借、应贷的相互关系，账户之间的这种相互关系称为账户的对应关系。存在对应关系的账户称为对应账户。例如，用现金500元购买原材料，就要在"原材料"账户的借方和"库存现金"账户的贷方进行记录。这样"原材料"与"库存现金"账户有了对应关系，两个账户也就成了对应账户。掌握账户的对应关系非常重要，因为通过账户的对应关系可以了解经济业务的内容，也可以通过对应关系来检查经济业务的处理是否正确。

根据会计分录所涉及会计科目的多少，会计分录有简单分录和复合分录两种形式。只有一借一贷的会计分录为简单分录；出现多借或多贷的会计分录为复合分录。根据账户的结构特点和经济业务对不同会计要素的变化影响，任何一笔经济业务的发生，都将至少引起一借一贷的两个科目金额发生变动，且借方发生合计与贷方发生合计总是相等的。

第三节　借贷记账法下的试算平衡

企业对日常发生的经济业务都要记入有关账户，内容复杂锁碎，次数频繁。记账工作中若稍有疏忽，便有可能发生记账差错。因此，对全部账户的记录必须定期进行试算，以验证账户记录是否存在差错。试算平衡表就是一种用来验证会计处理数据是否存在差错的一种表格。所谓试算平衡，是指根据会计恒等式“资产＝负债＋所有者权益”以及借贷记账法的记账规则，通过汇总、检查和验算并确定所有账户记录是否正确的过程。它包括发生额试算平衡和余额试算平衡。

一、发生额试算平衡

发生额平衡包括两方面的内容：一是每笔会计分录的发生额平衡，即每笔会计分录的借方发生额必须等于贷方发生额，这是由借贷记账法的记账规则决定的；二是本期发生额的平衡，即本期所有账户的借方发生额合计必须等于所有账户的贷方发生额合计。因为本期所有账户的借方发生额合计，相当于把复式记账的借方发生额相加；所有账户的贷方发生额合计，相当于把复式记账的贷方发生额相加，由于每一次业务所引起的借方发生额都等于其贷发生额。所以可以推定所有业务所引起的借方发生额合计必然等于其贷方发生额合计。这种平衡关系用公式表示为：

第一笔会计分录的借方发生额＝第一笔会计分录的贷方发生额

⋮　　　　　　　　　　⋮

第 n 笔会计分录的借方发生额＝第 n 笔会计分录的贷方发生额

∑所有业务的借方发生额＝∑所有业务的贷方发生额

即：本期全部账户借方发生额合计＝本期全部账户贷方发生额合计

发生额试算平衡是根据上面两种发生额的平衡关系，来检验本期发生额记录是否正确的方法。在实际工作中，本项工作是通过编制发生额试算平衡表进行的。

二、余额试算平衡

余额平衡是指所有账户的借方余额之和与所有账户的贷方余额之和相等。余额试算平衡就是根据这一恒等关系来检验本期记录是否正确的一种方法。这是由“资产＝负债＋所有者权益”的恒等关系决定的。在某一时点上，有借方余额的账户应是资产类账户，有贷方余额的账户应是负债类或权益类账户。若分别合计其金额，即是具有相等关系的资产与权益总额，必然有“资产＝负债＋所有者权益”。根据余额的时间不同，可分为期初余额平衡和期末余额平衡。本期的期末余额平衡，结转到下一期，就成为下一期的期初余额平衡。余额试算平衡可以用公式表示如下：

（1）本期期末资产余额合计＝本期期末负债余额合计＋本期期末所有者权益余额合计

（2）本期期末全部账户的借方余额合计＝本期期末全部账户的贷方余额合计

在实际工作中，试算平衡工作是通过编制余额试算平衡表进行的。也可将发生额及余额试算平衡表合并编表，如案例运用中试算平衡表。

应该注意的是，试算平衡表只是通过借贷金额是否平衡来检查账户记录是否正确，而有些错误对于借贷双方的平衡并不发生影响。因此，在编制试算平衡表时对以下问题引起注意：

（1）必须保证所有账户的余额均已记入试算平衡表。因为会计等式是对六项会计要素整体而言的，缺少任何一个账户的余额，都会造成期初或期末借方与贷方余额合计不相等。

（2）如果借贷不平衡，肯定账户记录有错误，应认真查找，直到实现平衡为止。

（3）如果借贷平衡，并不能说明账户记录绝对正确，因为有些错误对于借贷双方的平衡并不发生影响。这些错误情形可以分成以下几种：

（A）漏记某项经济业务，将使本期借贷双方的发生额减少，借贷仍然平衡；

（B）重记某项经济业务，将使本期借贷双方的发生额发生等额虚增，借贷仍然平衡；

（C）某项经济业务记错有关账户，借贷仍然平衡；

（D）某项经济业务颠倒了记账方向，借贷仍然平衡；

（E）借方或贷方发生额中，一多一少并相互抵消，借贷仍然平衡；

第四节　借贷记账法的应用举例

一、借贷记账法的应用思路

我们在实际运用借贷记账法的记账规则登记经济业务时，一般要按以下三个步骤进行：首先，根据发生的经济业务设置相应的会计科目和账户并判断其增加还是减少。

其次，根据上述分析，确定它所涉及的账户的性质，是资产要素的变化，还是负债或所有者权益的变化；哪些要素增加，哪些要素减少，或都是增加，都是减少等等。

最后，决定该账户的结构，即应记录的方向是借方还是贷方以及各账户应计金额。凡涉及资产及费用成本的增加，负债及所有者权益的减少，收入的减少转出，都应记入各该账户的借方；凡是涉及资产及费用成本的减少，负债及所有者权益的增加，收入的增加，都应记入各该账户的贷方。

二、借贷记账法的应用举例

［例3］中信公司2010年12月31日资产、负债及所有者权益各账户的期末余额如表3－3（金额单位：元）

表3－3　　中信公司2010年12月31日期末余额

资产类账户	金额	负债及所有者权益类账户	金额
库存现金	1 000	短期贷款	150 000
银行存款	49 000	应付账款	100 000
应收账款	80 000	应付职工薪酬	30 000
原材料	220 000	应付利润	40 000
固定资产	230 000	实收资本	180 000
		资本公积	80 000
总计	580 000	总计	580 000

从上表中，我们可以看到资产580 000＝负债320 000＋所有者权益260 000。

假设中信公司2011年1月份，发生以下业务（不考虑增值税）：

［业务1］中信公司2006年1月接受投资者投入货币资金300 000元，款项已转入本公司的存款账户。

分析：中信公司新增投资者投入货币资金300 000元。一方面，这项业务使公司“银行存款”增加300 000元，而银行存款是公司的一项重要资产，即资产增加300 000元；而从新增资产的来源看，是因为接受投资者的投入。“实收资本”账户就是用来反映企业接受收投资者投入资金这一资金来源的账户，属于所有者权益类账户。所以，这项业务也同时导致公司的所有者权益增加300 000元。根据借贷记账法下的账户结构，资产的增加应记资产类账户的借方，所有者权益的增加应计所有者权益类账户的贷方。最后得出结论，该项业务的会计处理是：借记“银行存款”300 000元，贷记“实收资本”300 000元。该业务属于等式两边的资产与所有者权益等额增加的业务。其会计分录如下：

借：银行存款　300 000

　贷：实收资本　300 000

［业务2］中信公司购入材料一批，价款共70 000元，但款项未付。

分析：公司购入的材料，一方面使原材料增加，应记入“原材料”账户。而“原材料”属于资产类账户，应计“原材料”账户的借方，故公司应借记“原材料”账户，金额70 000元；同时，公司购入材料而未付款，产生了一笔负债，而负债的增加应记负债类账户的贷方。我们用“应付账款”账户核算企业所欠的购货款。因此，该项业务的会计处理是，借记“原材料”账户、贷记“应付账款”账户。其会计分录如下：

借：原材料　70 000

　贷：应付账款　70 000

［业务3］中信公司通过银行偿还银行已到期的短期借款（本金）80 000元。

分析：公司以银行存款归还所欠银行的借款，一方面使公司的银行存款这一资产减少，另一方面使公司所欠银行的负债也相应减少，故这是一个资产和负债同减的业务。而“银行存款”属于资产类账户，资产的减少应记其贷方；公司所欠银行的短期借款这项负债通过“短期借款”账户核算，而负债的减少记负债类账户的借方。因此，该项业务的会计分录如下：

借：短期借款　80 000

　贷：银行存款　80 000

［业务4］中信公司同意某外商撤走其投入公司的资本100 000元，以存款支付。

分析：投资者撤走投资，公司以存款支付，表明公司的银行存款这一资产减少，应记“银行存款”这一资产类账户的贷方；同时，公司接受投资者投资的金额也相应减少，即公司的所有者权益这一资产来源减少。企业接受收资者的投资这一资产来源是通过“实收资本”这一所有者权益类账户反映的，所有者权益的减少应记其借方。因此，该项业务的会计分录如下：

借：实收资本　100 000

　贷：银行存款　100 000

［业务5］中信公司开出转账支票40 000元，购买1台电子仪器。

分析：公司以银行存款购买仪器款设备，一方面使公司电子仪器这一“固定资产”增加40 000元，同时使“银行存款”这一资产减少40 000元。“固定资产”和“银行存款”都属于资产类账户，故该业务属于资产内部的一增一减业务。根据借贷记账法下的账户结构，资产的增加通过资产类账户的借方反映，资产的减少通过资产类账户的贷方反映。因此，该项业务的会计分录如下：

借：固定资产　　40 000

　　贷：银行存款　　40 000

［业务6］中信公司开出一张面值为50 000元的商业汇票，以抵偿原欠新乐公司的料款。

分析：付款企业开出或承兑商业汇票，表明企业承诺在未来的特定时期内无条件见票付款。本业务实际上是公司用一项负债去替换另一项负债，或者可以理解为以新债还旧债的行为，是负债的一增一减业务。因此，公司的原来的负债“应付账款”减少、而新的负债“应付票据”增加。根据借贷记账法下的账户结构特点，负债的增加通过负债类账户的贷方反映，负债的减少通过负债类账户的借方反映。这样，该项业务的会计分录如下：

借：应付账款　　50 000

　　贷：应付票据　　50 000

［业务7］中信公司按法定程序将资本公积60 000元转增资本金。

分析：公司的资本公积和资本金都是企业的资产来源，属于所有者权益的组成部分，分别通过“资本公积”和“实收资本”两个账户进行核算。将资本公积转增资本金，一方面使公司的实收资本增加，另一方面使公司的资本公积减少，即所有者权益的一增一减。根据借贷记账法下的账户结构，所有者权益的增加通过所有者权益类账户的贷方反映，所有者权益的减少通过所有者权益类账户的借方反映。因此，本业务的会计分录如下：

借：资本公积　　60 000

　　贷：实收资本　　60 000

［业务8］中信公司按法定程序将本应支付给投资者的利润20 000元转作企业资本金。

分析：由于将“应付利润”转增资本金，一方面使公司“实收资本”这一所有者权益增加。另一方面使“应付利润”这一负债减少20 000元。根据借贷记账法下的账户结构，所有者权益的增加通过所有者权益账户的贷方反映，负债的减少通过负债类账户的借方反映。由此，本业务的会计分录如下：

借：应付利润　　20 000

　　贷：实收资本　　20 000

［业务9］中信公司承诺以天鹰公司在中信公司的资本金偿还天鹰公司前欠乙公司的货款90 000元，已办妥相关减资手续，但款项尚未支付。

分析：中信公司承诺代他人偿债，使中信公司的“应付账款”这一负债增加；同时，减少天鹰公司在本公司的投资，使本公司的“实收资本”这一所有者权益减少。根据借贷记账法下的账户结构，负债的增加通过负债账户的贷方反映，所有者权益的减少通过所有者权益账户的借方反映。因此，本项业务的会计分录如下：

借：实收资本　　90 000

　　贷：应付账款　　90 000

以上举例，已经概括了企业的大部分业务类型，而无论哪种类型的经济业务，都是以相等的金额同时记入有关账户的借方和另一账户的贷方。借贷记账法的“有借必有贷，借贷必相等”这一记账规得到充分验证。

借贷记账法的账户结构要求对发生的任何经济事项，都要按借贷相反的方向进行记录，如果在一个账户中记借方，必然在另一账户中记贷方，即有借必有贷。复式记账要求对发生的任何经济事项，都要等额地在相关账户中进行登记，如果采用“借”和“贷”作为记账符号时，借贷的金额一定是相等的。因此，借贷记账法的记账规则是有一定的理论依据的。

凡涉及两个以上账户的会计分录就是复合分录。在实际工作中，不允许将多项经济业务合并编制为复合会计分录，但若是一项经济业务时可编制复合会计分录。对复合分录举例如下：

［业务 10］某公司购买原材料一批，价值 98 000 元，其中银行存款支付 48 000 元，其余款项尚未支付。

分析：该项业务涉及到“原材料”、“银行存款”两个资产类账户和“应付账款”这一负债类账户，应编制复合会计分录如下：

图 3－2 中信公司 2011 年 1 月部分账户记录

借：原材料　　98 000

　　贷：银行存款　　48 000

　　　　应付账款　　50 000

三、过账

各项经济业务编制会计分录（实际工作中称编制记账凭证）以后，即应记入有关账户（实际工作中称为登记账簿），这个记账步骤通常称为“过账”。过账以后，一般要在月末进行结账，即结算出各账户的本期发生额合计和期末余额，现将中信公司 2011 年 1 月发生济业务的会计分录登记到各个账户如表 3－2。

表 3－2　　**中信公司 2011 年 1 月部分账户记录**

银行存款

期初余额：　49 000	
（1）　300 000	（3）　80 000
	（4）　100 000
	（5）　40 000
	（6）　48 000
本期发生额：300 000	本期发生额：268 000
期末余额：81000	

实收资本

	期初余额：　180 000
（4）　100 000	（1）　300 000
（9）90 000	（7）　60 000
	（8）　20 000
本期发生额：190 000	本期发生额：80 000
	期末余额：370 000

原材料

期初余额：　220 000	
（2）　70 000	
（10）　98 000	
本期发生额：168 000	本期发生额：0
期末余额：388 000	

应付账款

	期初余额：　100 000
	（2）　70 000
（6）　50 000	（9）　90 000
	（10）　50 000
本期发生额：50 000	本期发生额：10 000
	期末余额：260 000

固定资产

期初余额：　230 000	
（5）　40 000	
本期发生额：40 000	本期发生额：0
期末余额：640 000	

短期贷款

	期初余额：　150 000
（3）　80 000	
本期发生额：80 000	本期发生额：0
	期末余额：70 000

库存现金

期初余额：　1 000	
本期发生额：0	本期发生额：0
期末余额：1 000	

应付票据

	期初余额：　0
	（6）　50 000
本期发生额：0	本期发生额：50 000
	期末余额：50 000

应收账款

期初余额：　80 000	
本期发生额：0	本期发生额：0
期末余额：80 000	

应付利润

	期初余额：　40 000
（8）　20 000	
本期发生额：20 000	本期发生额：0
	期末余额：20 000

资本公积

	期初余额：　80 000
（7）　60 000	
本期发生额：60 000	本期发生额：0
	期末余额：20 000

应付职工薪酬

	期初余额：　30 000
本期发生额：0	本期发生额：0
	期末余额：30 000

四、试算平衡

（一）发生额试算平衡表根据上述账户记录结果，可编制表3-2：（单位：元）

表3-2 发生额试算平衡表

会计科目	借方发生	贷方发生
库存现金	0	0
银行存款	300 000	268 000
应收账款	0	0
原材料	168 000	0
固定资产	40 000	0
短期借款	80 000	0
应付票据	0	50 000
应付账款	50 000	210 000
应付利润	20 000	0
应付职工薪酬	0	0
实收资本	190 000	380 000
资本公积	60 000	0
合　计	908 000	908 000

（二）余额试算平衡表，根据上述账户记录结果，可编制表3-3：

表3-3 余额试算平衡表（单位：元）

会计科目	期末余额	
	借方	贷方
库存现金	1 000	
银行存款	81 000	
应收账款	80 000	
原材料	388 000	
固定资产	270 000	
短期借款		70 000
应付票据		50 000
应付账款		260 000
应付利润		20 000
应付职工薪酬		30 000
实收资本		370 000
资本公积		20 000
合　计	820 000	820 000

（三）发生额与余额试算平衡表

在实际工作中也可将发生额试算平衡表与余额试算平衡表合并（见下表3－4）

表3－4　　发生额及余额试算平衡表（单位：元）

会计科目	期初余额		本期发生额		期末余额	
	借方	贷方	借方	贷方	借方	贷方
库存现金	1 000				1 000	
银行存款	49 000		300 000	268 000	81 000	
应收账款	80 000				80 000	
原材料	220 000		168 000	0	388 000	
固定资产	230 000		40 000	0	270 000	
短期借款		150 000	80 000	0		70 000
应付票据		0	0	50 000		50 000
应付账款		100 000	50 000	210 000		260 000
应付利润		40 000	20 000	0		20 000
应付职工薪酬		30 000				30 000
实收资本		180 000	190 000	380 000		370 000
资本公积		80 000	60 000	0		20 000
合　计	580 000	580 000	908 000	908 000	820 000	820 000

［本章小结］

本章主要阐述复式记账的原理和借贷记账法的内容。

复式记账法是在每一项经济业务发生后需要记录时，同时在相互联系的两个或两个以上的账户中，以相等的金额进行登记的一种记账方法。具有如下两个特点：

（1）可以了解每一项经济业务的来龙去脉，而且可以通过会计要素的增减变动全面、系统地了解经济活动的过程和结果；

（2）可以对账户记录的结果进行试算平衡，以检查账户记录的正确性。

借贷记账法是以“借”、“贷”二字作为记账符号，记录会计要素增减变动情况的一种复式记账法。

借贷记账法的内容包括：理论基础、记账符号、账户结构、记账规则、试算平衡。在使用借贷记账法时，不同的账户都有不同的账户结构。

［复习题］

一、名词

复式记账法　借贷记账法　会计分录　过账

二、简答题

1. 简述借贷记账法的记账规则。

2. 试分析借贷记账法的理解基础是什么？

3. 哪些错误不会影响余额的试算平衡？
4. 试算平衡中有哪些平衡关系？
5. 试述编制会计分录的思路。
6. 总分类账与明细分类账有何关系？请简要说明总分类账与明细分类账的平行登记。
7. 如何用试算平衡表的编制结果进行记账错误判断？

三、选择题

1. 在借贷记账法下，账户的哪一方记增加数，哪一方记减少数，是由（ ）决定的。
A. 记账规则
B. 账户性质
C. 业务性质
D. 账户结构
2. 总分类账户余额试算平衡表中的平衡数字有（ ）。
A. 期初借方余额合计数和期末借方余额合计数相等
B. 期初贷方余额合计数和期末借方余额合计数相等
C. 期初借方余额合计数和期初贷方余额合计数相等
D. 期末借方余额合计数和期末贷方余额合计数相等

四、判断题

1. 借贷记账法的试算平衡公式分为发生额平衡和余额平衡公式两种（ ）。
2. 复合分录是几个简单分录合并而成的（ ）。

五、会计实务

（一）宏华公司200×年5月31日有关资产、负债而所有者权益的资料如下：

项　目	金额	资产	负债	所有者权益
1）生产用厂房	190 000			
2）库存产成品	300 000			
3）应收回的货款	50 000			
4）接受外商的资金投入	220 000			
5）库存半成品	150 000			
6）低值易耗品	40 000			
7）库存现金	2 000			
8）货运汽车一辆	60 000			
9）仓库一栋	120 000			
10）尚未偿还的银行借款	186 000			
11）银行存款	278 000			
12）国家投入的资金	500 000			
13）应付购料款	64 000			
14）本年已实现利润	120 000			
15）尚未缴纳的税金	10 000			
16）以前年度的留存利润	90 000			
合　计				

要求：根据所给资料，划分资产、负债和所有者权益，并汇总各类金额，检验其平衡关系。

（二）根据下列资料练习借贷记账法，并对发生额试算平衡：

1）以银行存款偿还短期借款 100 000 元。

2）以银行存款 20 000 购入设备一台。

3）收到购货方归还前欠货款 40 000 元存入银行。

4）从银行提取现金 10 000 元备发工资用。

5）以现金 12 000 元支付职工工资。

6）以银行存款 20 000 元偿还前欠 C 单位货款。

7）经与银行协商并经银行同意，将本企业短期借款 100 000 元转为长期借款。

第四章　工业企业一般经济业务核算

[学习目标]

1. 了解企业主要经济业务核算的内容

2. 掌握企业主要经济业务核算的方法

3. 熟练掌握资金筹集业务、供应过程业务、生产过程业务、销售过程业务、利润形成与分配业务等的基本账务处理

[教学内容]

1. 资金筹集业务的核算

2. 物资采购业务的核算

3. 产品生产业务的核算

4. 产品销售业务的核算

5. 其他交易事项的核算

6. 利润的形成与分配业务的核算

第一节　制造企业的基本经济业务

为了进一步熟练地掌握账户和借贷记账法的运用，本章将以制造企业日常发生的主要经济业务为例，系统地说明在采用借贷记账法的情况下，如何建立一套完整的账户体系，如何利用这套账户体系进行日常的会计账务处理。

制造企业为了完成生产经营任务，实现其经营目标，首先必须拥有一定数量的资金作为生产经营活动的物质基础。为此，企业必须从各种渠道筹集资金，然后据以开展各种经营活动。企业从事的各种经济活动，从其生产经营过程考察，可以分为生产准备业务、产品生产业务和产品销售业务。

企业的生产准备业务是企业日常生产经营活动的第一阶段，在这阶段，企业要运用筹集的资金购买劳动资料和劳动对象，同时要支付采购费用及增值税（进项税额），并与供货单位发生货款结算业务。此外，企业还应及时将材料验收入库，并妥善保管，以供生产部门领用。企业的产品生产业务是企业日常生产经营的中心环节。产品的生产过程，也是物化劳动和活劳动的消耗过程。在这一过程，企业应正确归集和分配各项生产费用，计算产品成本，并认真组织合格产品的验收入库，以供销售部门销售。企业的产品销售业务是企业日常经营活动的最后阶段。企业应及时将制造完工的产品销售出去，收回销货款，实现销售收入，并

及时结转销售成本，支付销售费用，计算并收回增值税（销项税额），最后确定销售成果。产品销售过程中实现的利润（或亏损）是企业生产经营成果的主要部分，企业还应据此计算最终财务成果（即利润总额）以及应交所得税，对于税后净利润，企业还要按国家规定的分配顺序进行分配，并向投资者分配投资所得。

上述内容构成了制造企业的主要经济业务，按其特点可分为筹资业务、生产准备业务、产品生产业务、产品销售及财务成果业务等。

第二节　筹集业务的核算

一、筹资业务核算的主要内容

根据国家有关法律规定，企业可采取国家投资、银行及其他金融机构贷款、企业联营、发行债券及股票、引进外资等多种方式筹措资金。在市场经济体制下，随着资金市场的不断完善，企业筹资渠道也逐渐增多，但归纳起来不外乎有两大类：第一类是投资者投入的资本金，按其投资主体的不同，分为国家投入、企业投入、个人投入和外商投入的资本；按其投资方式分为货币投资、实物投资、证券投资和无形资产投资等。企业对投资者的资本拥有使用权，并应定期向投资者分配收益；投资者对投入的资本拥有所有权，并按投资比例或合同、章程的规定，分享企业利润或分担经营风险。第二类是向债权人借入的资金，包括向银行或其他金融机构以及其他单位借入的资金。企业对借入的资金，只能有偿使用，到期必须还本付息。从资金的筹集方式来看，筹资业务核算的主要内容是投入资本和借入资金的核算。

二、筹资业务核算

为了全面、系统地反映和监督企业的筹资业务，需设置“实收资本”、“短期借款”、“长期借款”、“应付债券”、“财务费用”等有关账户，以便进行核算。

1. 实收资本

“实收资本”账户属于所有者权益类账户，用来核算企业接受投资者投入企业的资本额。企业实收资本的增加贷记本账户；企业实收资本的减少借记本账户；期末贷方余额表示企业接受投资者投入资本（或股本）的余额。另外，本科目应按不同的投资者设置明细账户进行明细核算。

2. 短期借款

“短期借款”账户属负债类账户，核算企业向银行或其他金融机构等借入的期限在1年以下（含1年）的各种借款。企业从银行或其他金融机构借款时，应贷记本科目；企业归还借款时，借记本账户；本账户期末贷方余额反映企业尚未偿还的短期借款的本金。企业应当按照借款种类、贷款人和币种进行明细核算。

3. 长期借款

“长期借款”账户属于负债类账户，用来核算企业向银行或其他金融机构借入的期限在1年以上（不含1年）的各项借款。企业借入长期借款及计提借款利息时，贷记本账户；归还长期借款本金及利息时，借记本账户；本账户期末贷方余额，反映企业尚未偿还的长期借款本金及利息的余额。企业还应当按照贷款单位进行明细核算。

4. 应付债券

“应付债券”账户属于负债类账户，用来核算企业为筹集长期资金而发行的债券的本金及利息。当企业发行债券和分期计提债券的利息时，分别按债券面值和应计提的利息贷记本账户；债券到期，支付债券本息时，借记本账户。该账户期末余额在贷方，表示企业尚未偿还的长期债券摊余成本。“应付债券”账户应按债券种类设置明细账，进行明细分类核算。

5. 固定资产

“固定资产”账户属于资产类账户，核算企业持有固定资产的原始成本。当企业增加固定资产时，按固定资产的原始价值借记本账户；当企业处置固定资产时，按固定资产的原始价值贷记本账户。该账户期末在借方，反映企业期末拥有固定资产的账面原价。企业应设置“固定资产登记簿”和“固定资产卡片”，按固定资产的类别、使用部门和每项固定资产进行明细核算。

6. 财务费用②

“财务费用”账户属于损益类（费用）账户，用来核算企业为筹集生产经营所需资金等而发生的筹资费用，包括利息支出（减利息收入）、汇兑差额以及相关的手续费等。企业确认发生筹资费用时，记本账户的借方；发生利息收入时贷记本账户；期末，企业应将本账户余额转入“本年利润”账户，结转后本账户应无余额。

三、筹资业务核算举例

现以宏华公司发生筹资业务为例

[例4-1] 宏华公司注册成立，接受神龙公司投入资金40万元，款项已通过银行转入。

分析：这项业务的发生，引起资产和所有者权益两个要素发生变化。一方面接受投资者投入资金，使银行存款资产增加400 000元，故借记“银行存款”账户；另一方面确认神龙公司注册资本增加400 000元，即实收资本所有者权益增加，故贷记“实收资本”账户。宏宏华公司会计人员应根据业务内容编制会计分录如下：

借：银行存款　　400 000

　　贷：实收资本——神龙公司　　400 000

[例4-2] 宏华公司收到伟达公司投入全新专用设备一台，价值14万元。同时收到华宇公司投入生产专利技术一项，双方同意以10万元入账。

分析：这项业务的发生，引起资产和所有者权益两个要素发生变化。一方面接受投资者投入固定资产和无形资产投资，要求以双方确认价值入账，因此固定资产增加140 000元，无形资产增加100 000万元，故借记“固定资产”账户和“无形资产”账户；另一方面确认伟达公司及华宇公司注册资本金增加，即“实收资本”所有者权益增加，应贷记“实收资本”。账户宏华公司会计人员应根据上述业务内容编制如下会计分录：

---

② 根据企业会计准则的相关规定，借款利息的核算应采用实际利率法确认当期的利息费用。但在实际利率与名义利率相关不大时，也可以直接按名义利率计算确认利息费用。本教材均假设实际利率与名义利率无重大差异，即按名义利率确认当期的利息费用。

借：固定资产　　140 000
　　无形资产　　100 000
　　贷：实收资本——C 公司　　140 000
　　　　　　　　——D 公司　　100 000

［例4－3］宏华公司从B银行分别借入3个月期借款2万元，借入为期5年的长期借款10万元。借款手续已办妥，款项存入银行。

分析：这项业务的发生，引起资产和负债两个要素发生变化。一方面借入款项存入银行，使银行存款资产增加120 000元，应借记“银行存款”账户；另一方面使短期借款和长期借款分别增加了20 000元和100 000元，即负债增加了，应贷记“短期借款”账户及“长期借款”账户。宏华公司会计人员应根据上述业务内容编制如下会计分录：

借：银行存款　　120 000
　　贷：短期借款——B 银行　　20 000
　　　　长期借款——B 银行　　100 000

［例4－4］宏华公司计提本期应承担短期借款利息5 000元

分析：这项业务的发生，引起费用和负债两个要素发生变化。一方面按权责发生制要求，当期虽然没有支付短期借款利息，但应承担利息费用，即导致“财务费用”费用增加，故借记“财务费用”；账户另一方面由于利息未来到期一次支付，对于当期而言，就形成应付而未付“应付利息”的现实义务，即负债增加了，故贷记“应付利息”账户。宏华公司会计人员应根据上述业务内容编制如下会计分录：

借：财务费用　　5 000
　　贷：应付利息　　5 000

［例4－5］为筹措资金，委托证券公司代理发行债券，债券面值80万元，期限为3年，到期一次还本付息，已收到证券公司转来的款项，存入银行。

分析：这项业务的发生，引起费用和负债两个要素发生变化。一方面一方面银行存款资产增加，故借记“银行存款”账户；同时，发行的债券导致现实“应付债券”的义务，即负债增加，应贷记“应付债券”账户。宏华公司会计人员应根据上述业务内容编制如下会计分录：

借：银行存款　　800 000
　　贷：应付债券　　800 000

第二节　生产准备业务的核算

一、生产准备业务核算的主要内容

生产准备过程是为企业生产经营活动准备劳动资料和劳动对象等物质的过程，其主要业务包括固定资产购建业务和材料物质采购业务等。因此，生产准备业务核算的主要内容是固定资产购建业务的核算和材料物质采购业务的核算及其材料采购成本的计算。

固定资产是指使用期限较长、单位价值较高、并且在使用过程中保持原有实物形态的资产。如房屋、建筑物、机器设备、运输设备等。固定资产的购建环节较多，一般需经过购入或建造、安装调试、计价及付款结算等环节。固定资产的确认和计价涉及的因素较多，会计核算也较复杂，需采用一定的计价方法，设置专门账户进行核算。

材料是企业产品生产不可缺少的物质要素。材料物质的采购应根据采购计划及采购合同进行，一般需经过订货采购、运输装卸、验收入库、结算付款等业务环节。因此材料物质采购业务的核算主要包括材料购入和货款结算的核算。当购入的材料运达企业并验收入库时，表明企业对该材料拥有了所有权，该材料即可确认为企业的资产，应按历史成本计价原则确认该项资产的价值即采购成本，材料的采购成本包括材料的买价和各种采购费用。现行会计制度规定各种采购费用主要包括运杂费、运输途中的合理损耗、入库前的挑选整理费用以及材料采购业务有关的其他费用。在采购费用中，对同一批购入的多种材料所发生的共同性采购费用，凡能分清由哪一种材料负担的，应直接记入该材料的采购成本；不能分清对象的，应按材料的重量或买价等比例，分摊计入各种材料的采购成本。材料采购的货款结算一般有三种情况：第一，购入的材料已验收入库，货款已付清；第二，购入的材料已验收入库，而货款尚未支付；第三，购料的货款已支付，而购入的材料尚未验收入库。企业应区别不同情况，采用不同的方法，对货款结算进行会计核算。

二、生产准备业务核算

对生产准备业务的核算，在此只说明材料采购业务的核算，固定资产购建业务核算由专业会计中予以介绍。为了全面、系统地反映和监督企业的生产准备业务，需设置以下账户：

1. 在途物质③

“在途物资”账户属于资产类账户，用来核算实际成本法下企业在途物资的实际采购成本。其借方核算在途物资买价和采购费用，贷方核算因在途物资被验收入库而转入“原材料”账户的在途物资成本，其借方余额表示尚未到达或尚未验收入库的在途物资的实际采购成本。“在途物质”账户应按材料的品种设置明细账，进行明细分类核算。

在途物资，是指企业购入尚在途中或虽已运达企业但尚未验收入库的购入材料。

2. 原材料

“原材料”账户属于资产类账户，核算企业库存的各种材料（包括原料及主要材料、辅助材料、外购半成品、修理用备件、包装材料、燃料等）的计划成本或实际成本。原材料验收入库而增加时，借记本账户；领用等原因使原材料减少时，贷记本账户；本账户的期末借方余额，反映企业库存材料的计划成本或实际成本。企业应当按照材料的保管地点（仓库）、材料的类别、品种和规格等进行明细核算。

3. 应付账款

“应付账款”账户属于负债类账户，核算企业因购买材料、商品和接受劳务供应等经营活动应支付的款项。企业赊购货物时负债增加，贷记本账户；偿还货款时该笔负债减少，借记本账户；其贷方余额表示尚未归还的货款。本账户应当按照不同的债权人进行明细核算。

---

③ “在途物质”和“材料采购”两个账户均用来核算在途材料的成本。但前者用于实际成本法，后者用于计划成本法。本教材以实际成本法为教学内容。

4. 应付票据

"应付票据"账户属于负债类账户，核算企业购买材料、商品和接受劳务供应等而承付的商业汇票，包括银行承兑汇票和商业承兑汇票。企业新增承付的商业汇票时，贷记本账户；以存款支付汇票款时，借记本账户；本账户期末贷方余额，反映企业尚未到期的商业汇票的票面金额。支付银行承兑汇票的手续费记入"财务费用"账户。

企业应当设置"应付票据备查簿"，详细登记每一商业汇票的种类、号数和出票日期、到期日、票面余额、交易合同号和收款人姓名或单位名称以及付款日期和金额等资料。应付票据到期结清时，应当在备查簿内逐笔注销。

5. 预付账款

"预付账款"账户属于资产类账户，核算企业按照购货合同规定预付的款项。当企业预付或补付购货款时，借记本账户；当企业收到所购货物及退回多付货款时，根据发票账单等有关凭证，贷记本账户。该账户期末余额在借方，表示已预付的款项余额。如为贷方余额，反映企业尚未补付的款项。"预付账款"账户应按供货单位名称设置明细账进行明细核算。

6. 应交税费

"应交税费"属于负债类账户，核算企业按照税法规定计算应缴纳的各种税费，包括增值税、消费税、营业税、所得税、资源税、土地增值税、城市维护建设税、房产税、土地使用税、车船使用税、教育费附加、矿产资源补偿费等。新增应交而未交的税费时，负债增加，记本账户的贷方；实际支付税费时，负债减少，借记本账户；本账户期末贷方余额，反映企业应交而未交的税费；期末如为借方余额，反映企业已支付并可在下期继续抵扣的税金。本账户应当按照应交税费的税种进行明细核算。

对于应交增值税，还应设置"进项税额"、"销项税额"、"出口退税"、"进项税额转出"、"已交税金"等专栏核算。企业因购货支付的可抵扣增值进项税额时，借记本账户及其明细账户；企业因销售商品或提供劳务而收取增值税销项税额时，贷记本账户及其明细账户；企业向税务机关上缴增值税时，借记本账户及其明细账户。

生产准备业务核算图如图4－1：

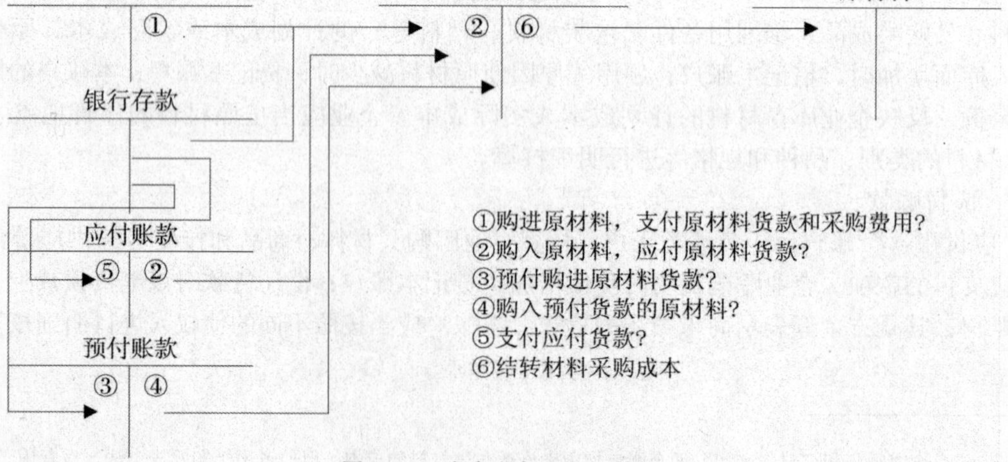

图4－1 生产准备业务核算图

三、生产准备业务核算举例

以宏华公司某年12月份发生的生产准备业务为例：

[例4-6]：宏华公司从A单位购入甲材料2 500千克，每千克2元，材料尚未到达，增值税率17%，款项已用银行存款支付。

分析：宏华公司作为一般纳税人企业④购入材料业务的发生，引起资产和负债两个要素的发生变化。一方面企业支付的材料价款计入材料的采购成本，使"在途物质"资产增加5 000元，借记"在途物质"账户；支付的增值税（进项税额）850（5 000×17%=850）元作为已交（可抵扣）税金理解，视同企业负债的减少，记入"应交税费—应交增值税（进项税额）"账户的借方。另一方面，引起银行存款资产的减少5 850元，故贷记"银行存款"账户。本业务应编制会计分录如下：

借：在途物资——甲材料　　5 000

　　应交税费——应交增值税（进项税额）　　850

　　贷：银行存款　　5 850

[例4-7]：宏华公司从A单位购入乙材料5 500千克，每千克1.1元。材料尚未到达，增值税率17%，款项尚未支付。

分析：此业务的发生，引起资产和负债两个要素的发生变化。一方面企业支付的材料价款计入材料的采购成本，使"在途物质"资产增加6 050元，记入"在途物质"账户的借方；支付的增值税（进项税额）1 028.5（6 050×17%=1 028.5）元作为已交（可抵扣）税金理解，视同企业负债的减少，记入"应交税费—应交增值税（进项税额）"账户的借方。另一方面款项未支付，反映"应付账款"负债的增加7 078.5元，故贷记"应付账款"账户。本业务应编制会计分录如下：

借：在途物资——乙材料　　6 050

　　应交税费——应交增值税（进项税额）　　1 028.5

　　贷：应付账款　　7 078.5

[例4-8] 宏华公司偿还前欠（例4-7）A单位购入乙材料的货款，价税合计7 078.5元，用银行存款支付。

分析：此业务的发生，引起资产和负债两个要素的发生变化。一方面使银行存款减少7 078.5元，即资产减少，故贷记"银行存款"账户；同时偿还欠款使"应付账款"这项负债减少，应借记"应付账款"账户。

借：应付账款　　7 078.5

　　贷：银行存款　　7 078.5

[例4-9] 宏华公司从C单位购入丙材料1 000千克，每千克40元。C单位代垫运杂费200元，材料尚未到达，增值税率17%，款项采用商业承兑汇票结算，2011年12月10日宏华公司开出并承兑4个月期限的商业承兑汇票一张。

---

④ 增值税的纳税人按规模和会计核算制度是否健全，分为小规模纳税人和一般纳税人。税务机关对小规模纳税人采取简易征收办法，对一般纳税人采用购进扣除法（即应纳增值税额=销项税额-进项税额）。此书中如没特别说明，都以增值税一般纳税人企业的会计核算为例。

分析：此业务的发生，引起资产和负债两个要素的发生变化。一方面企业支付的材料价款计入材料的采购成本，使“在途物质”资产增加 40 200（40 000 + 200 = 40 200）元，记入“在途物质”账户的借方；支付的增值税（进项税额）6 800（40 000 × 17% = 6 800）元作为已交（可抵扣）税金理解，视同企业负债的减少，记入“应交税费—应交增值税（进项税额）”账户的借方。另一方面由于开出商业承兑汇票，反映“应付票据”负债的增加，故贷记“应付票据”账户。

借：在途物资——丙材料　40 200

　　应交税费——应交增值税（进项税额）　6 800

　　贷：应付票据　47 000

［例 4 – 10］宏华公司根据购销合同以银行存款 20 000 元预付货款给 D 单位，用于购买丁材料。

分析：此业务发生，引起资产要素之间的此增彼减。一方面是企业“预付账款”资产增加 20 000 元，借记“预付账款”账户；另一方面使“银行存款”资产减少 20 000 元，需贷记“银行存款”账户。

借：预付账款　20 000

　　贷：银行存款　20 000

［例 4 – 11］宏华公司收到 D 单位发来的企业已预付款的丁材料 1 000 千克，材料尚未验收入库。该批材料的货款 20 000 元，增值税率 17%，同时以现金支付材料运输费 600 元。

分析：此业务的发生，引起资产和负债两个要素的发生变化。一方面企业支付的材料价款及运输费用计入材料的采购成本，使“在途物质”资产增加 20 558（20 000 + 600 ×（1 – 7%））元，记入“在途物质”账户的借方；根据增值税条例规定“增值税一般纳税人外购货物所支付的运输费用，根据运输结算单据（普通发票）所列运费金额依 7% 的扣除率计算进项税额准以予抵扣”，则支付的增值税（进项税额）3 442（20 000 × 17% + 600 × 7%）元作为已交（可抵扣）税金理解，视同企业负债的减少，记入“应交税费—应交增值税（进项税额）”账户的借方。另一方面根据发票列明的金额 23 400 元，结算核销前期预付款项，记入“预付账款”账户贷方，同时使库存现金资产减少 600 元，记入“库存现金”账户贷方。

借：在途物资——丁材料　20 558

　　应交税费——应交增值税（进项税额）　3 442

　　贷：库存现金　600

　　　　预付账款　23 400

［例 4 – 12］宏华公司以银行存款 3 400 元补付采购 D 单位丁材料的货款。

分析：此业务的发生，引起资产要素的一增一减。一方面，补付款项 3 400 元，使银行存款减少 3 400 元，即资产减少，需贷记“银行存款”账户。两一方面使预付账款增加了 3 400 元，即资产增加，应记入“预付账款”账户的借方。这项业务应编制如下会计分录：

借：预付账款　3 400

　　贷：银行存款　3 400

［例 4 – 13］宏华公司同时收到 A 单位发来的甲、乙两种材料，以银行存款支付甲、乙两种材料的运杂费 400 元，以库存现金支付甲乙两种材料的搬运费 40 元，运杂费和搬运费

按照甲、乙材料的重量比例进行分配。

分析：这项业务的发生，引起资产要素内部发生变化。一方面使企业材料（甲、乙材料共同承担）的采购成本增加440元，即资产增加，应记入“在途物质”账户的借方；另一方面使银行存款和库存现金分别减少400元和40元，即资产减少，应记入“银行存款”和“库存现金”账户的贷方。

费用分配率 =（400 +40）÷（2 500 +5 500）=0. 055（元/千克）

甲材料负担的运输费和搬运费 =2 500 ×0. 055 =137. 5（元）

乙材料负担的运输费和搬运费 =5 500 ×0. 055 =302. 5（元）

借：在途物资——甲材料　　137. 5

　　　　　　——乙材料　　302. 5

　贷：银行存款　　400

　　　库存现金　　40

［例4 -14］月末，宏华公司本月采购的甲、乙、丙、丁四种材料已经验收入库，结转这四种材料的采购成本。

分析：此项业务的发生，说明本月采购的材料全部验收入库，应根据材料采购明细账，计算和确定各类材料采购成本后进行转账。此业务，一方面使库存原材料资产增加，应记入“原材料”账户的借方；另一方面又使在途材料的采购成本减少，即资产减少，应记入“在途物质”账户的贷方。这业务的成本计算表如表4 -1所示：

表4 -1　　**材料采购成本计算表**　　单位：元

项目	甲材料		乙材料		丙材料		丁材料	
	总成本	单位成本	总成本	单位成本	总成本	单位成本	总成本	单位成本
买价	5 000	2	6 050	1. 1	40 000	40	20 000	20
采购费用	137. 5	0. 055	302. 5	0. 055	200	0. 2	558	0. 558
采购成本	5 137. 5	2. 055	6 352. 5	1. 155	40 200	40. 2	20 558	20. 558

计算本月采购的各种材料的实际采购成本（买价 + 采购费用）：

甲材料实际采购成本 =5 000 +137. 5 =5 137. 5（元）

乙材料实际采购成本 =6 050 +302. 5 =6 352. 5（元）

丙材料实际采购成本 =40 200（元）

丁材料实际采购成本 =20 558（元）

借：原材料——甲材料　　5 137. 5

　　　　　——乙材料　　6 352. 5

　　　　　——丙材料　　40 200

　　　　　——丁材料　　20 558

　贷：在途物资——甲材料　　5 137. 5

　　　　　　　——乙材料　　6 352. 5

　　　　　　　——丙材料　　40 200

　　　　　　　——丁材料　　20 558

生产准备业务的总分类核算（为简化账户之间对应关系，暂不考虑增值税问题），如图4－2所示：

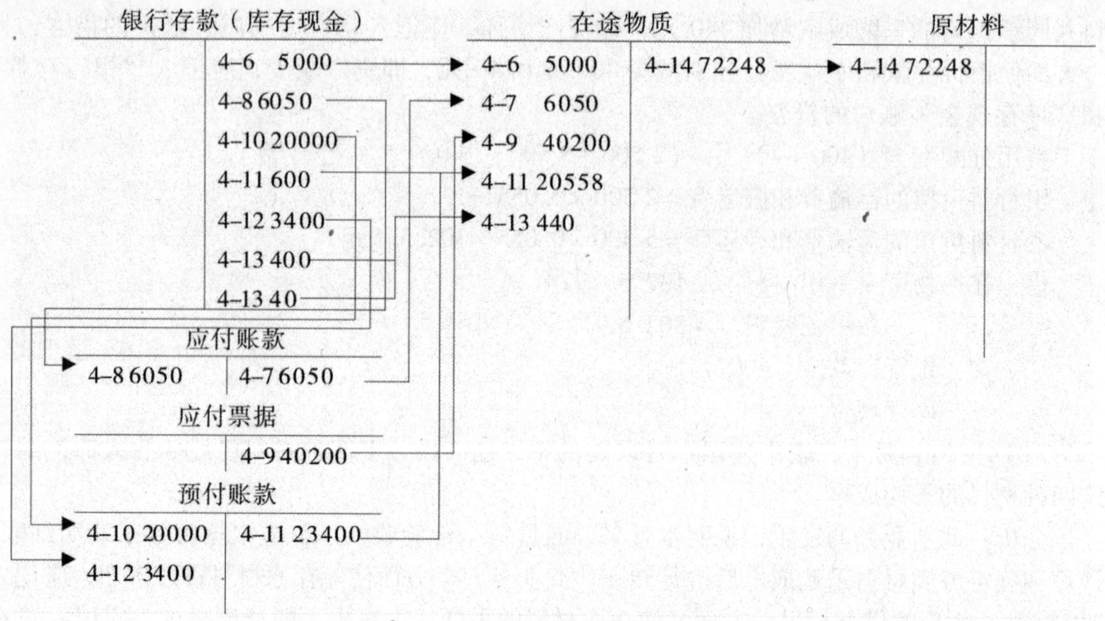

图4－2 宏华公司生产准备业务核算示意图

第四节 产品生产业务的核算

一、产品生产业务核算的主要内容

产品生产过程是从材料投入到产品完工验收入库的全过程。这一过程是制造业经营活动的主要过程，是连接购进和销售的中心环节。在这一过程中，劳动者通过利用机器设备等劳动工具对各种材料进行加工，生产出符合社会需要的产品。这就要发生材料、人工和机器设备等固定资产的磨损耗费。产品完工后，随着产成品的验收入库，要正确计算完工产品成本。可以说，企业的生产过程一方面是产品制造的过程；另一方面也是各种耗费发生的过程。

企业的生产费用分为直接费用和间接费用。直接费用是企业为生产产品所发生的直接材料、直接工资和其他直接费用，这些费用发生时，可直接记入产品的制造成本；间接费用是企业为生产产品所发生的不能直接记入制造成本的费用，这些费用必须按照一定的分配标准（如工时或生产工人工资等）分配记入各产品的制造成本。由此可见，企业的生产费用按一定种类和数量的产品进行归属以后，便形成了产品的制造成本，即产品的生产成本。

生产业务核算的主要内容就是：根据历史成本原则，对生产过程发生的费用与成本进行确认和计量；为正确计算产品的生产成本，必须划清各项费用的界限，以产品为对象，对各种直接或间接费用进行归集与分配；对完工产品，应采用一定的方法计算其总成本与单位成本并结转成本。

此外，在生产过程中还会发生为组织和管理生产活动而支付的各项费用，这些费用不构成产品的制造成本，形成期间费用的一部分，计入管理费用等期间费用。

二、产品生产业务核算设置的账户

为了核算企业生产经营过程中所发生的各项生产费用，制造企业一般应设置账户是：

1. 生产成本

“生产成本”账户是成本类账户，核算企业进行工业性生产发生的各项生产费用，包括生产各种产品（包括产成品、自制半成品等）、自制材料、自制工具、自制设备等。企业应当按照基本生产成本和辅助生产成本进行明细核算。基本生产成本应当分别按照基本生产车间和成本核算对象（如产品的品种、类别、定单、批别、生产阶段等）设置明细账（或成本计算单，下同），并按照规定的成本项目设置专栏。当企业发生各项直接的生产制造成本，即生产成本增加，应借记本账户；因产品完工入库，在产品减少时，应将完工产品的“生产成本”结转入“库存商品”账户；本账户期末借方余额，反映企业尚未加工完成的在产品的成本或生产性生物资产尚未收获的农产品成本。

2. 制造费用

“制造费用”账户是成本类账户，核算企业生产车间、部门为生产产品和提供劳务而发生的各项间接费用，如固定资产折旧、职工薪酬、物料消耗、水电支出、停工损失等，可按不同的生产车间、部门和费用项目进行明细核算。当企业产品生产间接费用发生或增加时，借记本账户；期末，将产品生产的间接费用在受益产品间分配并结转入“生产成本”账户时，贷记本账户；除季节性的生产性企业外，本账户期末应无余额。

3. 累计折旧

“累计折旧”账户是资产类（备抵）账户，用来核算企业固定资产的累计折旧，企业应按固定资产的类别或项目进行明细核算。企业按月计提固定资产折旧时，贷记本账户；待固定资产因报废等原因而被注销时，转销相应的累计折旧，借记本账户；本账户期末贷方余额，反映企业固定资产的累计折旧余额。

对固定资产计提了折旧后，固定资产的账面价值为固定资产的账面原价减去相应的累计折旧之后的余额。对固定资产计提的折旧越多，其账面价值就越少。同时，通过每期计提固定资产折旧，将固定资产的购置成本分期地计入产品的生产成本，体现了会计核算的权责发生制原则和收入与费用的配比原则。

4. 应付职工薪酬

“应付职工薪酬”账户属于负债类账户，核算企业根据有关规定应付给职工的各种薪酬。企业（外商）按规定从净利润中提取的职工奖励及福利基金，也在本账户核算。本科目可按“工资”、“职工福利”、“社会保险费”、“住房公积金”、“工会经费”、“职工教育经费”、“非货币性福利”、“辞退福利”、“股份支付”等进行明细核算。当企业计算确认应付的职工薪酬时，贷记本账户；当企业实际支付职工薪酬时，借记本账户；本账户期末贷方余额，反映企业应付未付的职工薪酬。

5. 管理费用

“管理费用”账户属于损益类（费用）账户，用来核算企业为组织和管理企业生产经营所发生的管理费用，包括企业在筹建期间内发生的开办费、董事会和行政管理部门在企业的经营管理中发生的或者应由企业统一负担的公司经费（包括行政管理部门职工工资及福利费、物料消耗、低值易耗品摊销、办公费和差旅费等）、工会经费、董事会费（包括董事会成员津贴、会议费和差旅费等）、聘请中介机构费、咨询费（含顾问费）、诉讼费、业务招待费、房产税、车船使用税、土地使用税、印花税、技术转让费、矿产资源补偿费、研究费用、排污费等。企业（商品流通）管理费用不多的，可不设置本账户，本账户的核算内容可并入“销售费用”账户核算。企业生产车间（部门）和行政管理部门等发生的固定资产修理费用等后续支出，也在本账户核算。本账户可按费用项目进行明细核算。企业确认发生管理费用时，借记本账户；期末将本账户余额结转入“本年利润”账户时，贷记本账户；结转后应无余额。

6. 库存商品

“库存商品”账户属于资产类账户，用来核算企业库存的各种商品的实际成本（或进价）或计划成本（或售价），包括库存产成品、外购商品、存放在门市部准备出售的商品、发出展览的商品以及寄存在外的商品等。接受来料加工制造的代制品和为外单位加工修理的代修品，在制造和修理完成验收入库后，视同企业的产成品，也通过本账户核算。本账户可按库存商品的种类、品种和规格等进行明细核算。企业产品完工入库时，借记本账户；因出售等原因而减少库存商品时，贷记本账户；本账户期末借方余额，反映企业库存商品的实际成本（或进价）或计划成本（或售价）。

产品生产业务核算示意图4－3：

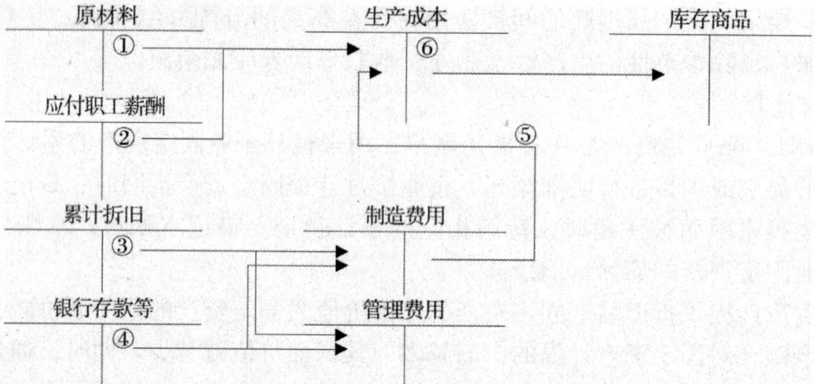

①领用原材料

②结算应付职工薪酬

③计提折旧

④支付其他费用

⑤结转制造费用

⑥结转完工入库产品的制造成本

图4－3　产品生产业务核算示意图

三、产品生产业务核算举例

仍以宏华公司某年12月份发生的产品生产业务为例：

[例4－15] 宏华公司根据当月领料凭证，编制发料凭证汇总表如表4－2。

图表4－5 发料汇总表

材料品种 / 领用部门	甲材料	乙材料	合计
生产A产品领用	1 200	800	2 000
生产B产品领用	1 000	3 400	4 400
车间一般耗用	200	460	660
行政管理部门耗用	540	400	940
合计	2 940	5 060	8 000

分析：材料从仓库领出，一方面使则库存的“原材料”减少，即资产减少，应记入“原材料”账户的贷方；另一方面，根据材料消耗的用途确认收益性支出，投入车间的在产品直接制造成本增加，根据具体产品对象借记“生产成本”账户，投入车间在产品生产的间接费用增加，借记“制造费用”账户，行政管理发生一般耗费费用增加，借记“管理费用”账户。故企业应编制分录如下：

借：生产成本——A产品　　2 000
　　　　　　——B产品　　4 400
　　制造费用　　660
　　管理费用　　940
　　贷：原材料——甲材料　　2 940
　　　　　　　——乙材料　　5 060

[例4－16] 开出现金支票，从银行提取现金49 500元，以备发工资

分析：这项业务的发生，引起资产项目之间此增彼减。一方面使现金增加49 500元，即资产增加，应记入“库存现金”账户的借方；另一方面使银行存款减少49 500元，即资产减少，应记入“银行存款”账户的贷方。这项业务应编制如下会计分录：

借：库存现金　　49 500
　　贷：银行存款　　49 500

[例4－17] 月中，宏华公司以库存现金发放员工上月工资49 500元。

分析：企业以现金支付职工薪酬，引起资产和负债同减。一方面引起企业库存现金减少49 500元，即资产减少，应记入“库存现金”账户的贷方；同时企业已兑现应付职工薪酬义务49 500元，即负债减少，应记入“应付职工薪酬”账户的借方。故应编制分录如下：

借：应付职工薪酬——工资　　49 500
　　贷：库存现金　　49 500

[例4－18] 期末，宏华公司根据当月的考勤记录、产量记录等，编制工资结算表。其中：生产A产品工人工资17 700元，生产B产品工人工资20 300元，车间管理人员工资5 500元，行政管理人员工资5 700元。

分析：企业计算确认应付职工薪酬时，引起费用与负债要素发生变化。一方面根据人工

费用用途，表明企业产品生产直接人工费、产品生产间接人工费及行政管理人工费耗费费用增加，即借记“生产成本”、“制造费用”、“管理费用”账户；另一方面表明企业应付给职工的薪金义务增加，即负债增加，记入“应付职工薪酬”账户的贷方。故应编制分录如下：

借：生产成本——A 产品　　17 700

　　　　　——B 产品　　20 300

　　制造费用　　5 500

　　管理费用　　5 700

　　贷：应付职工薪酬——工资　　49 200

［例 4 - 19］宏华公司以银行存款支付职工医药费、困难补助等各种福利费共计 5 000 元，其中车间生产工人福利费 3 800 元（A 产品生产工人 1 770 元，B 产品生产工人 2 030 元），车间管理人员福利费 550 元，行政管理人员福利费 650 元。

分析：根据新准则对福利费据实列支的要求，此业务要从两个角度做分录。

首先列支福利费，此业务导致费用和负债两个要素发生变化。一方面根据福利费用用途，表明企业产品生产直接人工费、产品生产间接人工费及行政管理人工费耗费费用增加，即借记“生产成本”、“制造费用”、“管理费用”账户；另一方面表明企业应付给职工的薪金（福利费）增加，即负债增加，记入“应付职工薪酬”账户的贷方。

其次实际支付福利费，此业务导致资产和负债两个要素发生变化。一方面银行存款资产减少，记入“银行存款”贷方；另一方面应付的福利费已实际支付，即负债的减少，应记入“应付职工薪酬”账户的借方。故应编制分录如下：

①企业列支福利费时：

借：生产成本——A 产品　　1 770

　　　　　——B 产品　　2 030

　　制造费用　　550

　　管理费用　　650

　　贷：应付职工薪酬——职工福利　　5 000

②企业实际支付福利费时：

借：应付职工薪酬——职工福利　　5 000

　　贷：银行存款　　5 000

［例 4 - 20］期末，宏华公司根据月初固定资产的原值计提本月固定资产折旧 30 000 元：其中生产用固定资产折旧 22 000 元，非生产用固定资产折旧 8 000 元。

分析：固定资产是一项价值很高的财产物资，且可以连续多年使用。其成本也应在可供使用的年限内分摊。计提累计折旧就是将固定资产成本分期转入成本或费用。而固定资产在使用过程中可以保持原有的实物形态和数量，所以固定资产因使用等原因而出现的价值减少并不直接冲减固定资产的原价，而是通过“累计折旧”来反映。这项业务发生，一方面使企业产品生产间接费用和行政管理一般耗费费用分别增加 22 000 元和 8 000 元，即成本费用增加，记入“制造费用”账户和“管理费用”账户借方；另一方面反映机器的磨损或损耗增加 30 000 元，即累计折旧增加，累计折旧是资产抵减账户抵减账户的账户结构与被抵减账户的账户结构相反），故记入“累计折旧”账户贷方。故应编制分录如下：

借：制造费用　　22 000

管理费用　　8 000

贷：累计折旧　　30 000

［例4-21］期末，宏华公司分配本月企业应负担的水电费5 400元（其中车间负担4 500元，厂部负担900元）（不考虑水电费的增值税）。

分析：这项业务发生，一方面使企业产品生产间接费用和行政管理一般耗费费用分别增加4 500元和900元，即成本费用增加，记入“制造费用”账户和“管理费用”账户借方；另一方面反映应付水电部门负债的增加，故记入“应付账款”账户贷方。故应编制分录如下：

借：制造费用　　4 500

管理费用　　900

贷：应付账款　　5 400

［例4-22］期末，宏华公司支付生产车间的劳动保护费1 200元，保险费400元，办公费1 100元，共计2 700元。款项用银行存款支付。

分析：业务导致费用和资产两个要素发生变化。一方面生产车间发生的劳动保护费1 200元，保险费400元，办公费1 100元，都属于企业产品生产间接费用增加，记入“制造费用”账户借方；另一方面，款项用银行存款支付2 700元，即资产减少，故记入“银行存款”账户贷方。故应编制分录如下：

借：制造费用　　2 700

贷：银行存款　　2 700

［例4-23］期末，宏华公司将本月发生的制造费用按机器工时比例分配转入A、B产品生产成本。其中：生产A产品为20 000机器工时，生产B产品为30 000机器工时。

分析：这项经济业务的发生，应根据制造费用明细账归集的制造费用总额如表4-3，按规定的分配标准计算并确定A、B产品应负担的制造费用，然后进行转账。一方面使企业产品承担制造成本增加35 910元，应记入“生产成本”账户的借方；另一方面使制造费用减少35 910元，应记入“制造费用”账户的贷方。制造费用的分配方法如下：

表4-3　　制造费用明细

年		凭证号数	摘要	借方	贷方	借或贷	余额
月	日						
略	略	略	车间一般耗用材料	660			
			车间管理人员工资	5 500			
			车间管理人员福利费	550			
			生产用固定资产折旧	22 000			
			车间水电费	4 500			
			车间劳保费等	2 700			
			本月合计	35 910		借	35 910

制造费用分配率＝制造费用总额÷机器工时总和

＝35 910÷（20 000＋30 000）

＝0.7182

A 产品应负担的制造费用 = 生产 A 产品机器工时 × 制造费用分配率
= 20 000 × 0.7 182 = 14 364（元）

B 产品应负担的制造费用 = 生产 B 产品机器工时 × 制造费用分配率
= 30 000 × 0.7 182 = 21 546（元）

根据上述计算结果编制”制造费用分配表”如表 4 - 4 所示：

表 4 - 7 **制造费用分配表**

产品名称	分配标准（生产机器工时）	制造费用	
		分配率	分配额
A 产品	20 000	0.7 182	14 364
B 产品	30 000	0.7 182	21 546
合计			35 910

根据“制造费用分配表”编制会计分录如下：

借：生产成本—A 产品　　14 364
　　　　　　—B 产品　　21 546
　　贷：制造费用　　35 910

［例 4 - 24］期末，宏华公司生产的 200 件 A 产品和 100 件 B 产品于当月全部完工并已验收入库，月末计算并结转 A、B 两种产品成本（假定 A、B 产品均没有期初在产品）。

生产成本明细账如表 4 - 5、表 4 - 6 所示。

表 4 - 5 **A 产品生产成本明细账**

产品名称：A 产品　　　　完工产品数量：200 件
　　　　　　　　　　　　在产品数量：0 件

年		凭证号数	摘要	借方				贷方	余额
月	日			直接材料	直接人工	制造费用	合计		
略	略	略	耗用材料	2 000			2 000		2 000
			生产工人工资		17 700		17 700		17 700
			生产工人福利费		1 770		1 770		1 770
			分配制造费用			14 364	14 364		14 364
	31		结转完工产品成本					35 834	0
			本月合计	2 000	19 470	14 364	35 834	35 834	0

表 4－6　　　　B 产品生产成本明细账

产品名称：B 产品　　　　完工产品数量：100 件

在产品数量：0 件

年		凭证号数	摘　要	借　方				贷方	余额
月	日			直接材料	直接人工	制造费用	合　计		
略	略	略	耗用材料	4 400			4 400		4 400
			生产工人工资		20 300		20 300		20 300
			生产工人福利费		2 030		2 030		2 030
			分配制造费用			21 546	21 546		21 546
	31		结转完工产品成本					48 276	0
			本月合计	4 400	22 330	21 546	48 276	48 276	0

这项业务的发生，说明 A、B 两种产品已全部生产完工并验收存入产成品仓库，按其实际发生的直接费用和间接费用计算并确定两种产品的制造成本，并按其制造成本进行转账。一方面使企业的产成品增加，即资产增加，应记入“库存商品”账户的借方；另一方面使企业的生产成本减少，应记入“生产成本”账户的贷方。这项业务应编制如下会计分录：

借：库存商品——A 产品　　35 834

　　　　　　——B 产品　　48 276

　　贷：生产成本——A 产品　　35 834

　　　　　　　　——B 产品　　48 276

产品生产业务的总分类核算，如图 4－3 所示：

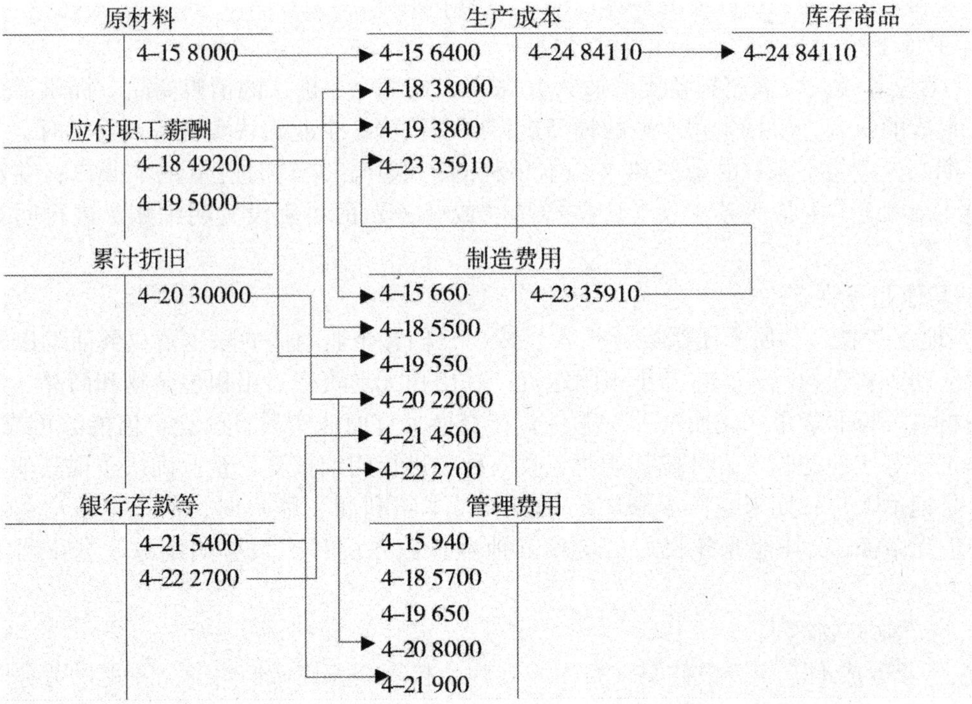

图 4－3　宏华公司产品生产业务核算示意图

第五节　产品销售业务的核算

一、产品销售业务核算的主要内容

产品销售过程是产品价值和使用价值的实现过程。在这一过程中，企业应对生产完工验收入库的合格产品积极组织销售，收取货款，实现产品销售收入。产品销售收入，是指企业因销售产品所取得的、按产品销售数量和销售单价计算的收入。为取得产品销售收入，必定会发生一些与销售产品相关的支出。如为生产这些销售产品而发生的制造成本，即产品销售成本；为销售产品而发生的有关费用，如运输费、包装费、广告费等。

产品销售业务核算的主要内容是：按权责发生制核算基础确认销售收入的实现；按收入费用配比原则确定销售成本和期间费用；正确计算产品销售收入、成本、费用、税金及附加，以便正确计算并确定销售成果；反映和监督企业销售计划的完成情况及货款的计算情况。

工业制造企业除发生产品销售等主营业务收入外，有时还会发生一些其他收入，如出售多余材料、转让无形资产使用权（出租）、固定资产出租、包装物出租等，我们统称其他销售。

二、产品销售业务核算设置的账户

企业为了组织销售过程业务核算，应设置如下账户

1. 主营业务收入

“主营业务收入”属于损益类（收入）账户，核算企业确认的销售商品、提供劳务等主营业务形成的收入，可按主营业务的种类进行明细核算。企业确认实现营业收入时，贷记本账户；期末，应将本账户的余额转入“本年利润”账户，结转时应借记本账户；结转后本科目应无余额。“主营业务收入”应按产品（或劳务）的类别设置明细账，进行明细分类核算。

2. 其他业务收入

“其他业务收入”属于损益类（收入）账户，核算企业确认的除主营业务活动以外的其他经营活动所实现的收入，包括出租固定资产、出租无形资产、出租包装物和商品、销售材料、用材料进行非货币性交换（非货币性资产交换具有商业实质且公允价值能够可靠计量）或债务重组等实现的收入，可按其他业务收入种类进行明细核算。企业确认实现其他业务收入时，贷记本账户；期末，将本账户余额转入“本年利润”账户时，借记本账户；结转后本账户应无余额。“其他业务收入”应按其他业务收入的种类设置明细账，进行明细分类核算。

3. 主营业务成本

“主营业务成本”属于损益类（费用）账户，核算企业确认销售商品、提供劳务时应结转的商品成本或劳务成本，可按主营业务的种类进行明细核算。企业确认发生的主营业务成本时，借记本账户；期末，将本账户的余额转入“本年利润”账户时，贷记本账户；结转

后本账户应无余额。“主营业务成本”应按产品（或劳务）的类别设置明细账，进行明细分类核算。

4. 其他业务成本

“其他业务成本”属于损益类（费用）账户，核算企业确认的除主营业务活动以外的其他经营活动所发生的支出，包括销售材料的成本、出租固定资产的折旧额、出租无形资产的摊销额、出租包装物的成本或摊销额等，可按其他业务成本的种类进行明细核算。企业确认发生其他业务成本时，借记本账户；期末，将本账户余额转入“本年利润”账户时，贷记本账户；结转后本账户无余额。“其他业务成本”应按其他业务收入的种类设置明细账，进行明细分类核算。

5. 营业税金及附加

“营业税金及附加”属于损益类（费用）账户，核算企业经营活动发生的营业税、消费税、城市维护建设税、资源税和教育费附加等相关税费。房产税、车船使用税、土地使用税、印花税在“管理费用”账户核算，但与投资性房地产相关的房产税、土地使用税在本账户核算。企业按规定计算确定与经营活动相关的上述税费时，借记本账户；期末，将本账户余额转入“本年利润”账户时，贷记本账户；结转后本账户应无余额。

6. 销售费用

“销售费用”属于损益类（费用）账户，核算企业销售商品和材料、提供劳务的过程中发生的各种费用，包括保险费、包装费、展览费和广告费、商品维修费、预计产品质量保证损失、运输费、装卸费等以及为销售本企业商品而专设的销售机构（含销售网点、售后服务网点等）的职工薪酬、业务费、折旧费等经营费用。企业发生的与专设销售机构相关的固定资产修理费用等后续支出，也在本账户核算，本账户可按费用项目进行明细核算。企业在销售商品过程中发生各种经营费用时，借记本账户；期末，将本账户余额转入“本年利润”账户，结转后本账户无余额。“销售费用”应按费用项目设置明细账，进行明细分类核算。

7. 应收账款

“应收账款”属于资产类账户，用来核算企业因销售商品、提供劳务等经营活动应收取的款项。当企业在销售过程中新增应收账款时，借记本账户；当企业收到应收账款及核销应收款项时，贷记本账户。该账户期末余额在借方，表示企业期末尚未收回的应收款项。“应收账款”账户应按债务人设置明细账，进行明细分类核算。

8. 预收账款

“预收账款”属于负债类账户，用来核算企业按照合同规定预收的款项。当企业向购货单位预收货款及购货单位补付货款时，贷记本账户；当企业产品销售实现时，借记本账户，该账户期末余额在贷方，表示尚未向购货单位提供产品的预收账款。“预收账款”账户应按购货单位设置明细账，进行明细分类核算。

产品销售业务核算示意图如图 4－4：

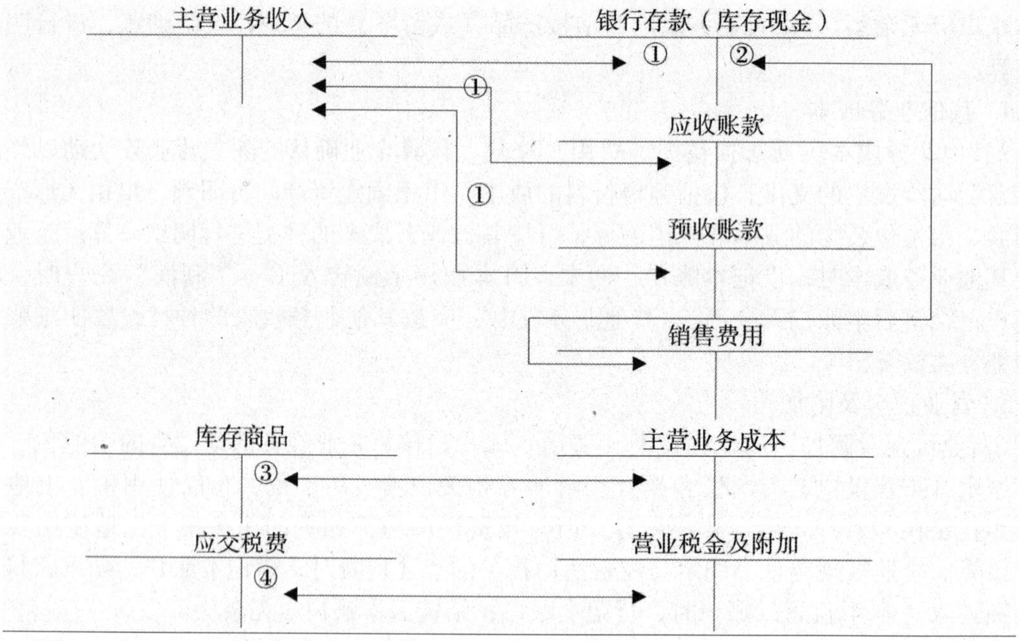

①销售产品货款未收回、货款存入银行或销售预收货款的产品
②以银行存款支付销售费用
③结转销售产品的制造费用
④结转应交纳的税金

图4－4　产品销售业务核算示意图

三、产品销售业务核算举例

仍以宏华公司某年12月份发生的产品销售业务为例：

［例4－25］宏华公司向X公司销售A产品150件，每件售价300元，产品已发出，货款收到存入银行，增值税率为17%。

分析：这项现销业务，一方面使银行存款增加52 650元，即资产增加，应记入“银行存款”账户的借方。另一方面因为实现了产品销售，使企业的主营业务收入增加了45 000元，应记入“主营业务收入”账户的贷方；同时一般纳税企业在销售商品时，不仅要向客户收取货款，还应按适用的税率计算并代收增值税（销项税额）7 650元（52 650×17%＝7 650），所以企业在确认收入的同时，还应确认一笔应交增值税负债，应记入“应交税费”账户的贷方。

借：银行存款　　52 650

　　贷：主营业务收入　　45 000

　　　　应交税费——应交增值税（销项税额）　　7 650

［例4－26］期末，宏华公司向Y公司销售B产品25件，每件售价600元，产品已发出，货款尚未收到，增值税率为17%。

分析：这项赊销业务，一方面使应收商业承兑汇票增加17 550元，即资产增加，应记入“应收账款”账户的借方。另一方面因为实现了产品销售，使企业的主营业务收入增加了15 000元，应记入“主营业务收入”账户的贷方；同时一般纳税企业在销售商品时，不仅要向客户收取货款，还应按适用的税率计算并代收增值税（销项税额）2 550（15 000 × 17% = 2 550 元），所以企业在确认收入的同时，还应确认一笔应交增值税负债，应记入“应交税费”账户的贷方。

借：应收账款　17 550

　贷：主营业务收入　15 000

　　应交税费——应交增值税（销项税额）　2 550

［例4－27］期中，宏华公司向XY公司销售B产品25件，每件售价600元，产品已发出，收到XY公司签发的面值为17 550元的商业汇票一张，增值税率为17%。

分析：这项赊销业务，一方面使应收票据增加17 550元，即资产增加，应记入“应收票据”账户的借方。另一方面因为实现了产品销售，使企业的主营业务收入增加了15 000元，应记入“主营业务收入”账户的贷方；同时一般纳税企业在销售商品时，不仅要向客户收取货款，还应按适用的税率计算并代收增值税（销项税额）2 550（15 000 × 17% = 2 550 元），所以企业在确认收入的同时，还应确认一笔应交增值税负债，应记入“应交税费”账户的贷方。

借：应收票据　17 550

　贷：主营业务收入　15 000

　　应交税费——应交增值税（销项税额）　2 550

［例4－28］期中，宏华公司按合同规定收到Z公司预付货款20 000元，存入银行。

分析：这项经济业务的发生，一方面使企业的银行存款增加20 000元，即资产增加，应记入“银行存款”账户的借方；另一方面使企业的预收账款增加，即负债增加，应记入“预收账款”账户的贷方。这项业务应编制如下会计分录：

借：银行存款　20 000

　贷：预收账款　20 000

［例4－29］期中，宏华公司按合同约定向Z公司发出已预收货款的B产品50件，每件售价600元，计30 000元，增值税率为17%。

分析：这项预销业务，一方面因为发出预订的B产品，实现了产品销售，使企业的主营业务收入增加了30 000元，应记入“主营业务收入”账户的贷方；同时一般纳税企业在销售商品时，还应按适用的税率计算并代收增值税（销项税额）5 100（30 000 × 17% = 5 100 元），所以企业在确认收入的同时，还应确认一笔应交增值税负债，应记入“应交税费”账户的贷方。另一方面冲销企业预收账款35 100元，应记入“预收账款”账户的借方。这项业务应编制如下会计分录：

借：预收账款　35 100

　贷：主营业务收入　30 000

　　应交税费——应交增值税（销项税额）5 100

［例4－30］宏华公司收到Z公司补付的货款15 100元，存入银行。

分析：补收货款经济业务，一方面使企业的银行存款增加15 100元，应记入“银行存款”账户的借方；另一方面使企业的预收账款增加15 100元，应记入“预收账款”账户的贷方。这项业务应编制如下会计分录：

借：银行存款　　15 100

　　贷：预收账款　　15 100

［例4－31］宏华公司用现金支付销售产品广告宣传费1 000元。

分析：销售产品和材料发生的销售费用均应通过“销售费用”科目核算。一方面企业的产品销售费用增加1 000元，应记入“销售费用”账户借方；另一方面使企业库存现金减少1 000元，即资产减少，应记入“库存现金”账户的贷方。这项业务应编制如下会计分录：

借：销售费用　　1 000

　　贷：库存现金　　1 000

［例4－32］期末，宏华公司计算销售上述A、B产品应交纳的消费税，假定消费税税率为5%。应交消费税＝销售收入×消费税税率

分析：企业因销售商品及材料必须承担相应的纳税义务，由此而产生的费用应通过“营业税金及附加”账户进行核算。此经济业务一方面使企业税费增加5 250元，应记入“营业税金及附加”账户的借方；另一方面，由于只是产生的纳税义务，税款并未实际缴纳，故产生了纳税债务5 250元，应记入“应交税费”账户的贷方。

表4－7　　主营业务收入总账

年		凭证号数	摘要	借方	贷方	借或贷	余额
月	日						
略	略	例4－25	销售A产品150件		45 000		
		例4－26	销售B产品25件		15 000		
		例4－27	销售B产品25件		15 000		
		例4－29	销售B产品50件		30 000		
	31		结转收入	105 000		平	0
			本月合计	105 000	105 000	平	0

根据表4－7，得出宏华公司当月销售产品收入为105000元，因此：

应交消费税＝销售收入×消费税税率

　　　　＝105 000×5%＝5 250元

借：营业税金及附加　　5 250

　　贷：应交税费——应交消费税　　5 250

［例4－33］宏华公司出售材料一批，价款30 000元，增值税率17%。款项收到，存入银行。

分析：出售材料业务属于日常经营活动，但与企业销售产品业务相区别，出售材料归为其他销售行为，一方面因为实现了产品销售，使企业的其他业务收入增加了30 000元，应记入“其他业务收入”账户的贷方；同时一般纳税企业在销售商品时，不仅要向客户收取货款，还应按适用的税率计算并代收增值税（销项税额）5 100（30 000×17%＝5 100元），

所以企业在确认收入的同时，还应确认一笔应交增值税负债，应记入“应交税费”账户的贷方。另一方面使银行存款增加35 100元，即资产增加，应记入“银行存款”账户的借方。

借：银行存款　　35 100

　贷：其他业务收入　　30 000

　　　应交税费——应交增值税（销项税额）　　5 100

［例4－34］宏华公司没收逾期未退出租包装物押金20 000元。

分析：原收取押金时会计分录为：

借：银行存款　　20 000

　贷：其他应付款　　20 000

注意本题不作此分录。

根据国家税务总局规定，对因逾期未收回包装物不再退还的押金，应该按照包装货物的适用税率征收增值税。因此，没收包装物押金的收入是含增值税收入。此业务一方面因为视同销售包装物，实现了包装物销售收入（为与销售产品区分，属于其他销售），使企业的其他业务收入增加了17 094（20 000 ÷ （1 + 17%） ＝17 094）元，应记入“其他业务收入”账户的贷方；同时一般纳税企业在销售商品时，不仅要向客户收取货款，还应按适用的税率计算并代收增值税（销项税额）2 906（17 094 × 17% ＝2 906）元，所以企业在确认收入的同时，还应确认一笔应交增值税负债，应记入“应交税费”账户的贷方。另一方面使前期应付的其他负债减少20 000元，应记入“其他应付款”账户的借方。

借：其他应付款　　20 000

　贷：其他业务收入　　17 094

　　　应交税费－应交增值税　　2 906

［例4－35］期末，汇总结转12月已售A产品150件，B产品100件的生产成本（A、B两种产品的生产成本见［例4－24］）。

分析：企业通过销售商品，一方面要确认销售商品而实现的收入；另一方面，还要将所销售商品的生产成本转入费用。在确认销售收入和销售成本时，应以权责发生制为判断基础。对因同一事项或在同一期间实现的收入和发生的费用必须计入相同的会计期间，以确保收入与费用在计算口径上的一致性，使当期确认的收入与费用具有配比性，以确保会计信息的可靠与有用。企业为获得收入，将库存商品的所有权出让、并交付了商品，表明企业库存商品减少75 151.50元，即资产减少，应记入“库存商品”账户的贷方；同时形成获得收入的代价，即主营业务成本增加75151．50元，应记入“主营业务成本”账户的借方。

产品销售成本＝已销售产品数量×该产品单位生产成本

A产品销售成本＝35 834÷200×150＝26 875.5（元）

B产品销售成本＝48 276÷100×100＝48 276（元）

借：主营业务成本　　75 151.50

　贷：库存商品——A产品　　26 875.50

　　　　　　　——B产品　　48 276

［例4－36］期末，宏华公司结转已售材料的成本20 000元。

分析：企业为获得收入，将库存材料的所有权出让、并交付了材料，表明企业库存材料减少20 000元，即资产减少，应记入“原材料”账户的贷方；同时形成获得收入的代价，即其他成本增加20 000元，应记入“其他业务成本”账户的借方。

借：其他业务成本　　20 000

　　贷：原材料　　20 000

产品销售业务的总分类核算（为简化账户对应关系，暂不考虑增值税问题），如图4－5所示：

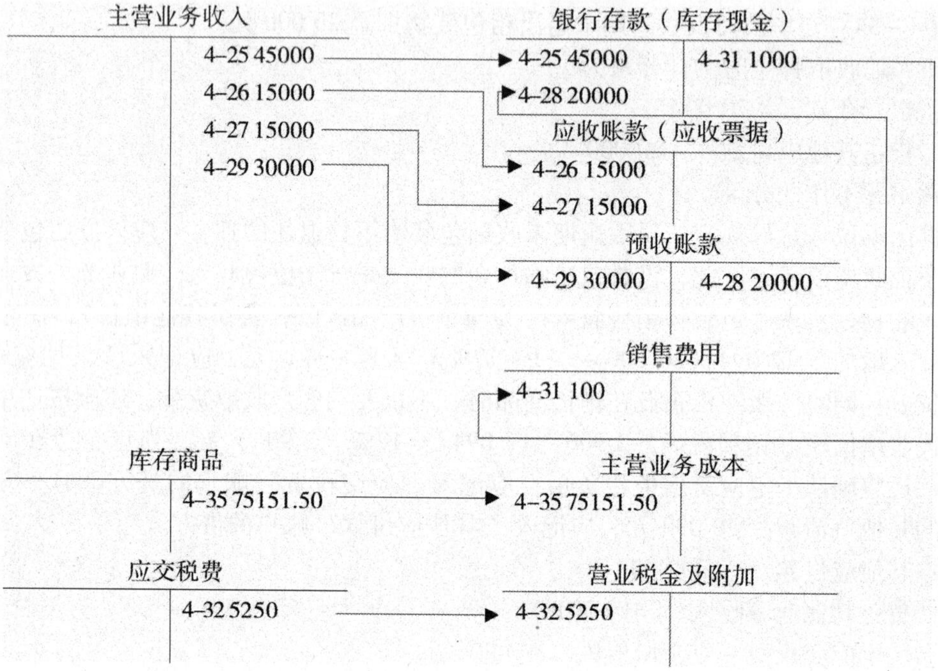

图4－5　销售业务核算示意图

第六节　财务成果的核算

一、财务成果核算的主要内容

财务成果，是指企业在一定时期内生产经营活动的最终成果，表现为利润或亏损。它是衡量和评价企业生产经营活动的一个重要财务指标，也是反映企业经济效益高低的重要标志。

在实际工作中，企业在一定时期内实现的利润是通过净利润指标反映的。净利润是利润总额扣减所得税费用后的余额，也称税后利润。一般企业在一定会计期间的利润包括营业利润、利润总额和净利润。具体构成情况如下：

营业利润＝营业收入－营业成本－营业税金及附加－销售费用－管理费用－财务费用－资产减值损失＋公允价值变动净收益（或减净损失）＋投资净收益（减净损失）

营业收入＝主营业务收入＋其他业务收入

营业成本＝主营业务成本＋其他业务成本

利润总额 = 营业利润 + 营业外收入 − 营业外支出

净利润 = 利润总额 − 所得税费用

从上述计算公式可看出，净利润形成核算的主要内容是：正确地核算各损益类账户的发生额，并在会计期末如实结转“本年利润”账户，确定本期利润总额；根据实现的利润总额按国家规定进行相应调整后，计算企业应交所得税，并在此基础上计算企业的净利润。

企业实现的净利润，在投资者和企业之间进行合理、有序的分配。首先，按税后利润及规定的比例计提盈余公积金和公益金；其次，根据有关协议或章程规定，向投资者分配利润；剩余利润以未分配利润形式留待以后年度分配。

二、财务成果核算设置的账户

为了全面、系统地反映和监督企业的财务成果业务，需设置以下账户：

1. 本年利润

“本年利润”属于所有者权益类账户，核算企业当期实现的净利润（或发生的净亏损）。企业期（月）末结转利润时，应将各损益类账户的金额转入本账户，结平各损益类账户。结转后本账户的贷方余额为当期实现的净利润；借方余额为当期发生的净亏损。年度终了，将“本年利润”账户的贷方余额转入“利润分配”账户时借记本账户；或将“本年利润”账户的借方余额转入“利润分配”账户时贷记“本年利润”账户；结转后本账户应无余额。

2. 利润分配

“利润分配”属于所有者权益类账户，核算企业利润的分配（或亏损的弥补）和历年分配（或弥补）后的余额。本账户应当分别“提取法定盈余公积”、“提取任意盈余公积”、“应付现金股利或利润”、“转作股本的股利”、“盈余公积补亏”和“未分配利润”等进行明细核算。年度终了，企业应将本年实现的净利润，自“本年利润”账户转入本账户，若为净亏损则做相反的会计分录。企业按规定提取盈余公积、向股东或投资者分配现金股利或利润等时，应借记本账户；用盈余公积弥补亏损时，则贷记本账户（盈余公积补亏）；进行利润分配后，再将“利润分配”账户所属其他明细账户的余额转入本账户的“未分配利润”明细账户。结转后，本账户除“未分配利润”明细账户外，其他明细账户应无余额。若“未分配利润”明细账户余额在贷方表示留待以后年度分配的利润；若在借方，则表示尚未弥补的亏损。

3. 所得税费用

“所得税费用”属于损益类（费用）账户，核算企业确认的应从当期利润总额中扣除的所得税费用。资产负债表日，企业按照税法规定计算确定当期的应交所得税时，借记本账户；期末，将本账户的余额转入“本年利润”账户时，贷记本账户；结转后本账户应无余额。

4. 财务费用

“财务费用”账户属于损益类账户，用来核算企业为筹集生产经营所需资金而发生的筹资费用，包括利息支出（减利息收入）、汇兑损益、负债的溢折价摊销及相关的手续等。当企业发生各项财务费用时，借记本账户；期末结转财务费用时，贷记本账户，该账户期末无余额。“财务费用”账户应按费用项目设置明细账，进行明细分类核算。

5. 资产减值损失

“资产减值损失”账户属于损益类账户，用来核算企业计提各项资产减值准备所形成的损失。企业的应收款项、存货、长期股权投资、持有至到期投资、固定资产、无形资产、贷款等资产发生减值的，按应减记的金额，借记本账户，贷记“坏账准备”、“存货跌价准备”、“长期股权投资减值准备”、“持有至到期投资减值准备”、“固定资产减值准备”、“无形资产减值准备”、“贷款损失准备”等账户。企业计提坏账准备、存货跌价准备、持有至到期投资减值准备、贷款损失准备等，相关资产的价值又得以恢复的，应在原已计提的减值准备金额内，按恢复增加的金额，借记“坏账准备”、“存货跌价准备”、“持有至到期投资减值准备”、“贷款损失准备”等账户，贷记本账户。期末，应将本账户余额转入“本年利润”账户，结转后本账户无余额。本账户可按资产减值损失的项目进行明细核算。

6. 坏账准备

“坏账准备”属于资产类（备抵）账户，核算企业应收款项的坏账准备，可按应收款项的类别进行明细核算。资产负债表日（期末），若有应收款项发生减值的，按应减记的金额，贷记本账户。本期应计提的坏账准备大于“坏账准备”账面余额的，应按其差额计提；应计提的坏账准备小于“坏账准备”账面余额的差额做相反的会计分录。对于确实无法收回的应收款项，按管理权限报经批准后确认为坏账，转销应收款项时，应借记本账户。本账户期末贷方余额，反映企业已计提但尚未转销的坏账准备。

7. 营业外收入

“营业外收入”属于损益类（利得）账户，核算企业发生的各项营业外收入，主要包括非流动资产处置利得、非货币性资产交换利得、债务重组利得、政府补助、盘盈利得、捐赠利得等，本账户可按营业外收入项目进行明细核算。企业确认实现营业外收入时，贷记本账户；期末将本账户余额转入“本年利润”账户时，借记本账户；结转后本账户应无余额。“营业外收入”账户应按收入项目设置明细账，进行明细分类核算。

8. 营业外支出

“营业外支出”属于损益类（损失）账户，本账户核算企业发生的各项营业外支出，包括非流动资产处置损失、非货币性资产交换损失、债务重组损失、公益性捐赠支出、非常损失、盘亏损失等，本账户可按支出项目进行明细核算。企业确认发生营业外支出时，借记本账户；期末，将本账户余额转入“本年利润”账户时，贷记本账户；结转后本账户应无余额。“营业外支出”账户应按支出项目设置明细账，进行明细分类核算。

9. 投资收益

“投资收益”属于损益类账户，核算企业确认的投资收益或投资损失，可按投资项目进行明细核算。企业持有交易性金融资产期间取得股利或利息及出售持有的交易性金融资产获得的溢价收入时，贷记本账户；若出售交易性金融资产产生折价损失的，则借记本账户；期末，将本账户余额转入“本年利润”账户时，借或贷记本账户；结转后本账户无余额。“投资收益”账户应按投资收益种类设置明细账，进行明细分类核算。

10. 盈余公积

“盈余公积”属于所有者权益类账户，核算企业从净利润中提取的盈余公积。企业应当分别设置“法定盈余公积”、“任意盈余公积”进行明细核算；外商投资企业还应分别“储备基金”、“企业发展基金”进行明细核算；中外合作经营在合作期间归还投资者的投资，应在本账户设置“利润归还投资”明细账户进行核算。企业按规定提取盈余公积时，贷记本账户；用盈余公积弥补亏损、转增资本、分配股利或利润、归还投资者投资时，借记本账户；本账户期末贷方余额，反映企业的盈余公积余额。

提取盈余公积，目的是将企业的盈利留存在企业，避免盈利被全部分配掉，从而壮大企业经营规模。另外，特殊情况下，企业也可以用盈余公积转增资本、弥补亏损、甚至发放股利。

11. 应付利润（应付股利）

“应付利润”（“应付股利”）属于负债类账户，核算企业分配的现金股利或利润，可按投资者进行明细核算。企业根据股东大会或类似机构审议批准的利润分配方案确认应支付的现金股利或利润时，贷记本账户；实际支付现金股利或利润时，借记本账户。董事会或类似机构通过的利润分配方案中拟分配的现金股利或利润，不做账务处理，但应在附注中披露。本账户期末贷方余额，反映企业应付未付的现金股利或利润。“应付利润”账户可按投资者设置明细账，进行明细分类核算。

12. 交易性金融资产

“交易性金融资产”属于资产类账户，本账户核算企业所持有的以交易为目的债券、股票、基金等金融资产的公允价值。企业取得交易性金融资产时，按其公允价值借记本账户；出售交易性金融资产时按账面余额贷记本账户，按其差额，贷记或借记“投资收益”账户。本账户期末借方余额反映企业持有的交易性金融资产的公允价值。“交易性金融资产”账户可按投资项目设置明细账，进行明细分类核算。

利润形成及分配核算示意图4－6：

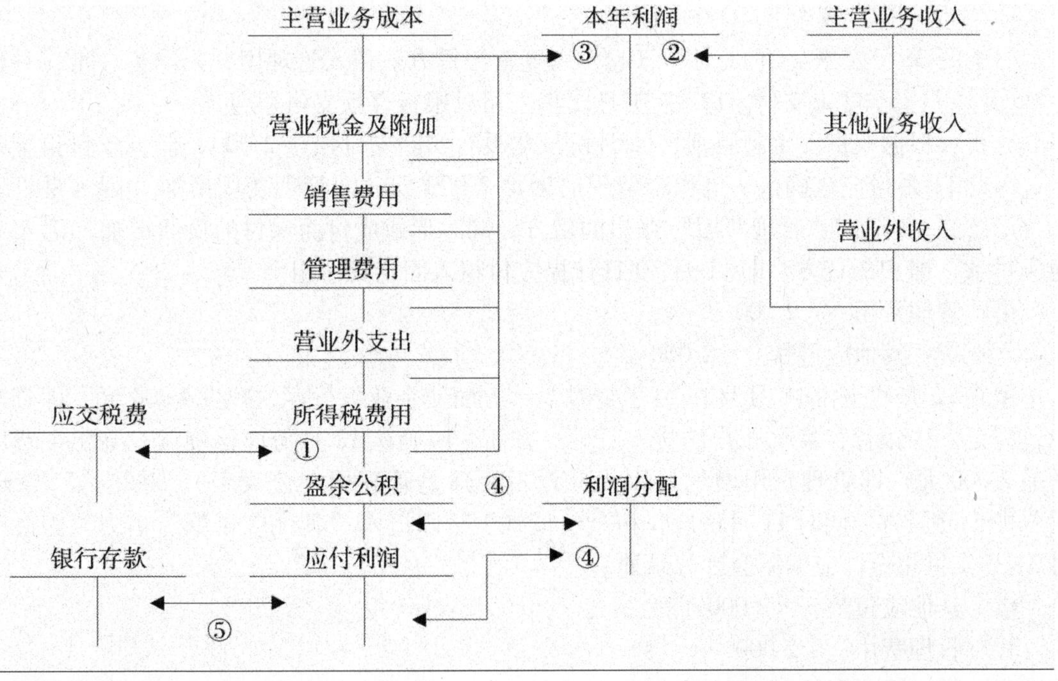

①计算应纳所得税

②期末结转本期各项收入

③期末结转本期的各项成本费用

④结转应付利润和提取公积金

⑤支付利润

图 4－6　利润形成及分配核算示意图

三、财务成果核算举例

仍以宏华公司某年 12 月份财务成果核算业务为例：

［例 4－36］宏华公司支付管理部门业务招待费、办公费等 39 060 元。

分析：此业务发生的支出，属于企业为组织和管理企业生产经营所发生的行政管理费用。一方面使企业银行存款减少 39 060 元，即资产减少，应记入“银行存款”账户的贷方；另一方面使企业的管理费用增加 39 060 元，应记入“管理费用”账户的借方。这项经济业务应编制会计分录如下：

借：管理费用　　39 060

　　贷：银行存款　　39 060

［例 4－37］宏华公司张明出差预借差旅费 3 000 元。

分析：预支差旅费是一种暂付性质的款项，会引起资产要素的一增一减。一方面预支时尚未构成费用，但形成了一项债权 3 000 元，因此应借记“其他应收款”账户；另一方面使企业库存现金减少 3 000 元，即资产减少，应记入“库存现金”账户的贷方。这项经济业务应编制会计分录如下：

借：其他应收款　　3 000

　　贷：库存现金　　3 000

［例 4－38］宏华公司 11 月 1 日起，以经营租赁方式租入管理用办公设备一批，月租金 2 000 元，租金季度末支付。12 月 31 日宏华公司以银行存款支付租金

分析：根据权责发生制原则，11 月份虽然没有实际支付租金 2 000，但有支付租金的义务，因此 11 月份应该确认一笔租金费用的增加 2 000 元，即管理费用增加（因为是管理用办公设备），并记入“管理费用”账户的借方，同时形成应付而未付的负债增加，记入“其他应付款”账户的贷方，即 11 月 30 日计提应付租入固定资产租金

借：管理费用　　2 000

　　贷：其他应付款　　2 000

但在 12 月底支付 11 月及 12 月租金时，一方面使企业银行存款减少 4 000 元，即资产减少，应记入“银行存款”账户的贷方。另一方面，应确认 12 月份应该确认一笔租金费用的增加 2 000 元，即管理费用增加（因为此设备用途是管理用办公设备），并记入“管理费用”账户的借方。同时 11 月份应付租金负债减少，即记入“其他应付款”借方。因此，12 月 31 日支付租金，应编制会计分录如下：

借：其他应付款　　2 000

　　管理费用　　2 000

　　贷：银行存款　　4 000

［例 4－39］期末，宏华公司计提本月应付短期借款利息 300 元。

分析：一方面按权责发生制确认本月应付而未付利息费用，应记入“财务费用”账户的借方；另一方面形成应付财务费用义务增加，记入“应付利息”账户的贷方。应编制会

计分录如下：

借：财务费用　　300

　贷：应付利息　　300

[例4-40] 31日宏华公司采用应收账款余额百分比法计提坏账准备金，其年末应收款项的余额为100 000元，坏账计提比例为3%，计提坏账准备前“坏账准备”账户的余额为0。

分析：因预计应收账款的可变现净值低于其原值，表明应收账款很可能发生减值，预计减值损失3 000元。根据谨慎性原则，对于很可能产生的资产减值损失，在符合相关确认条件时，企业应通过计提资产减值准备的方式确认该笔预计的损失。本例则通过计提相应的“坏账准备”（“坏账准备”的增加意味着“应收账款”价值的减少）的方式，确认相应的资产减值损失。一方面企业出于谨慎性，充分估计当期可能发生的坏账损失3 000元，即费用增加，应记入“资产减值损失”账户的借方；另一方面不是真正的坏账，只是减值准备增加3 000元，即形成对应收账款的抵减，应记入“坏账准备”账户的贷方。应编制会计分录如下：

年末应计提坏账的金额为：100 000×3% = 3 000（元）

借：资产减值损失　　3 000

　贷：坏账准备　　3 000

[例4-41] 期末宏华公司用银行存款支付税收滞纳金2 000元。

分析：支付税收滞纳金，一方面使企业的银行存款减少2 000元，即资产减少，应记入“银行存款”账户的贷方；另一方面税收滞纳金支出，与日常经营业务无关，是偶然发生的损失2 000元，应记入“营业外支出”账户的借方。应编制的会计分录如下：

借：营业外支出　　2 000

　贷：银行存款　　2 000

[例4-42] 12月30日宏华公司张明出差归来，报销差旅费2 500元，交回剩余现金500元。

分析：差旅费报销业务，一方面形成公司差旅费支出2 500元，即费用增加，应记入“管理费用”账户的借方，同时退回多余现金500元，即资产增加，应记入“库存现金”账户的借方；另一方面冲销企业对张明应收债权，即资产减少，应记入“其他应收款”账户的贷方。应编制的会计分录如下：

借：管理费用　　2 500

　　库存现金　　500

　贷：其他应收款　　3 000

[例4-43] 宏华公司出售上月为了交易目的而持有的股票，股票原买价为210 000元，售价为327 732.5元，所得款项存入开户银行。

分析：此经济业务发生，一方面使公司银行存款增加327 732.5元，即资产增加，应记入“银行存款”账户的借方；另一方面出售了为了交易目的而持有的股票210 000元，即交易性金融资产减少，应记入“交易性金融资产”账户的贷方；此时公司形成买卖差价117 732.5元，是由于公司日常投资业务而形成的差价，而且是收益增加（卖价 > 买价），应记入“投资收益”账户的贷方。应编制的会计分录如下：

借：银行存款　　327 732.5

　　贷：交易性金融资产　　210 000

　　　　投资收益　　117 732.5

［例4－44］期末，结转各损益类账户的余额。

分析：这项业务的发生，应编制两笔会计分录；首先结转损益类账户的各项收入，一方面是企业的本年利润增加　元，应记入“本年利润”账户的贷方；另一方面使损益类帐户的各项收入减少，应记入这些损益类账户的借方；其次结转损益类账户的各项支出，一方面使企业的本年利润减少　元，应记入“本年利润”账户的借方；另一方面使损益类帐户的各项支出减少，应记入这些损益类账户的贷方。这项业务应编制如下会计分录：

此处以T型账户代替各总分类账户账页，结转前各损益类账户发生额为：

主营业务收入

	4－25　45 000 4－26　15 000 4－27　15 000 4－29　30 000
本期发生额：	本期贷方发生额合计：105000
期末余额：	

其他业务收入

	4－33　30 000 3－34　17 094
本期发生额：	本期发生额：47 094
	期末余额：

主营业务成本

4－35　75 151.5	
本期发生额：75 151.5	本期发生额：　0
期末余额：	

其他业务成本

4－36　20 000	
本期发生额：20 000	本期发生额：
	期末余额：

销售费用

4－35　75 151.5	
本期发生额：1 000	本期发生额：　0
期末余额：	

营业税金及附加

4－32　5 250	
本期发生额：5 250	本期发生额：
	期末余额：

财务费用

4－4　5 000 4－39　300	
本期发生额：5 300	本期发生额：　0
期末余额：	

投资收益

	4－43　117 732.5
本期发生额：	本期发生额：117 732.5
	期末余额：

资产减值损失

借方	贷方
4－40　3 000	
本期发生额：3 000	本期发生额：　0
期末余额：	

营业外支出

借方	贷方
4－41　2 000	
本期发生额：2 000	本期发生额：
	期末余额：

管理费用

借方	贷方
4－15　940	
4－18　5 700	
4－19　650	
4－20　8 000	
4－21　900	
4－36　39 060	
4－38　2 000	
4－42　2 500	
本期发生额：59 750	本期发生额：0
期末余额：	

借：主营业务收入　　105 000
　　其他业务收入　　47 094
　　投资收益　　117 732.5
　　贷：本年利润　　269 826.5
借：本年利润　　171 451.5
　　贷：主营业务成本　　75 151.5
　　　　其他业务成本　　20 000
　　　　营业税金及附加　　5 250
　　　　管理费用　　59 750
　　　　销售费用　　1 000
　　　　财务费用　　5 300
　　　　资产减值损失　　3 000
　　　　营业外支出　　2 000

由此形成利润总额

利润总额＝269 826.5－171 451.5＝98 375 元

[例 4－45] 宏华公司计算并结转本月应交所得税，所得税税率为25%。假定该公司无纳税调整项目。

分析：所得税费用＝98 375 ×25% ＝24 593.75（元）

这项经济业务的发生，一方面使企业的所得税费用增加 24 593.75 元，应记入“所得税费用”账户的借方；另一方面使企业应交纳的所得税增加 24 593.75 元，即负债增加，应记入“应交税费—应交所得税”账户的贷方。这项业务应编制如下会计分录：

借：所得税费用　　24 593.75

　　贷：应交税费——应交所得税　　24 593.75

［例4－46］月末，结转所得税账户的余额。

分析：这项经济业务的发生，一方面使企业的本年利润减少了24 593.75元，应记入“本年利润”账户的借方；另一方面因为结转所得税费用的余额，使企业所得税费用减少24 593.75元，应记入“所得税费用”账户的贷方。这项业务应编制如下会计分录：

借：本年利润 24 593.75

　　贷：所得税费用　　24 593.75

由上可知，20××年12月宏华公司实现净利润73 781.25元（98 375－24 593.75）。

［例4－47］12月31日宏华公司将本年利润账户余额转入利润分配账户。假设12月初，“本年利润”账户期初贷方余额为826 218.75。

分析：根据账户的核算内容，“本年利润”是用来核算利润的形成，“利润分配”是用来核算利润分配过程的，因此当结算出当年净利润后，需要将“本年利润”账户余额转入“本年利润”账户。此业务发生，一方面使企业年度未分配利润增加900 000元，应记入“利润分配—未分配利润”明细账户的贷方；另一方面，因为净利润已结转，应减少“本年利润”账户中登记的净利润，必须记入“本年利润”账户的借方。、

结转前本年利润的T型账户为：

本年利润

借方	贷方
	期初余额　826 218.75
4－44b　171 451.5	4－44a　269 826.5
4－46　24 593.75	
本期发生额：196 045.25	本期发生额：269 826.5
	余额　900 000

结转前此账户为贷方余额900 000元，说明全年累计实现盈利900 000元，则结转分录为：

借：本年利润　　900 000

　　贷：利润分配——未分配利润　　900 000

结转后本年利润的T型账户为：

本年利润

借方	贷方
	期初余额　826 218.75
4－44b　171 451.5	4－44a　269 826.5
4－46　24 593.75	
4－47　900 000	
本期发生额：1 096 045.25	本期发生额：269 826.5
	期末余额　0

［例4－48］12月31日宏华公司按全年净利润（假定无以前年度尚未弥补的亏损）的10%提取法定盈余公积金．

分析：提取的法定盈余公积金金额为900 000×10% ＝ 90 000元

这项经济业务的发生，一方面提取公积金是对实现利润的一种分配形式，使利润分配数增加90 000元，应记入“利润分配——提取法定盈余公积”明细账户的借方；另一个方面使企业的盈余公积金增加90 000元，应记入“盈余公积”账户的贷方。这项业务应编制如下会计分录：

借：利润分配——提取法定盈余公积　　90 000

　　贷：盈余公积　　90 000

［例4－49］12月31日宏华公司经研究决定按全年净利润的20%向投资者分配现金股利。

分析：投资者分配现金股利为900 000×20% ＝180 000元。

这项经济业务的发生，一方面分配股利是对实现利润的一种分配形式，使利润分配数增加180 000元，应记入“利润分配——应付股利”明细账户的借方；另一个方面使企业的应付利润增加180 000元，应记入“应付股利”账户的贷方。这项业务应编制如下会计分录：

借：利润分配——应付股利　　180 000

　　贷：应付股利　　180 000

［例4－50］年终决算时，宏华公司将“利润分配”账户所属的各明细分类账户的借方合计数270 000元（其中：提取盈余公积金90 000元、应付现金股利180 000元）结转到“利润分配——未分配利润”明细分类账户的借方。

分析：结转前利润分配总账及各明细账户内容为：

利润分配

	期初余额：100 000
	4－47　900 000
4－48　90 000	
4－49　180 000	
本期发生额：270000	本期发生额：900000
	期末余额：

利润分配—未分配利润

	期初余额：100 000
	4－47　900 000
本期发生额：	本期发生额：900000
	期末余额：

利润分配—提取盈余公积

	期初余额：0
4－48　90 000	
本期发生额：90000	本期发生额：
	期末余额：

利润分配—应付股利

	期初余额：0
4－49　180 000	
本期发生额：180000	本期发生额：
	期末余额：

此时“利润分配——未分配利润”明细账户不能反映真实尚未分配利润金额，因此必须做结转分录：

借：利润分配——未分配利润　270 000

　贷：利润分配——提取法定盈余公积金　90 000

　　　　　　——应付股利　180 000

结转后利润分配总账及各明细账户内容为：

利润分配

	期初余额：0
	4－47　900 000
4－48　90 000	
4－49　180 000	
4－50　270 000	4－50　270 000
本期发生额：540 000	本期发生额：1170 000
	期末余额：630 000

利润分配——未分配利润

	期初余额：0
	4－47 900 000
4－50　270 000	
本期发生额：270 000：	本期发生额：900 000
	期末余额：630 000

利润分配——提取盈余公积

	期初余额：0
4－48　90 000	4－50　90 000
本期发生额：90 000	本期发生额：90 000
	期末余额：0

利润分配——应付股利

	期初余额：0
4－49　180 000	4－50 180 000
本期发生额：180 000：	本期发生额：180 000
	期末余额：0

此时“利润分配——未分配利润”明细账户能反映真实尚未分配利润金额630 000元，同时“利润分配——提取盈余公积”和“利润分配——应付股利”两个明细账户期末无余额。

利润形成及分配核算示意图：

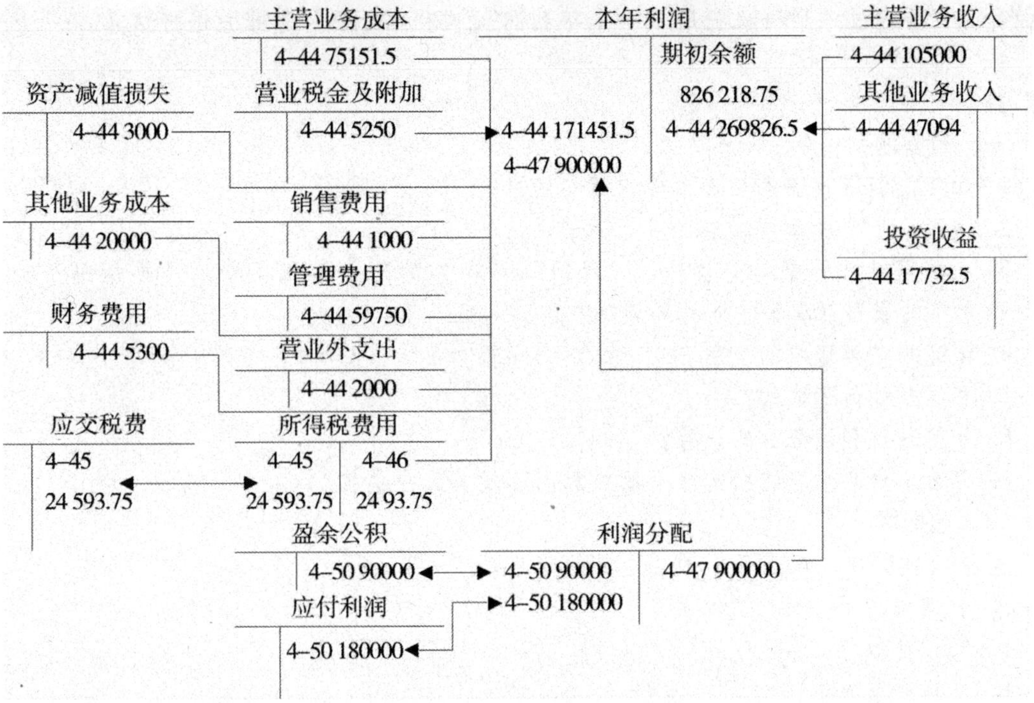

图 4-7　宏华公司利润形成及分配核算示意图

[本章小结]

本章主要是以工业企业主要经营活动产生的资金运用为例，进一步阐明在借贷记账法下主要经济业务的账户运用。企业要进行生产经营活动，首先必须有个筹集资金的过程，包括借款和接受投资。有了资金才能进行生产，企业将资金投入生产后，随着生产经营活动进行，资金以货币资金—储备资金—生产资金—成品资金—货币资金的形式不断运动，依次通过了采购、生产、销售阶段。另外，企业除进行产品生产以外，还会发生一些其他经营业务。最后，企业还要计算全部生产经营的财务成果以及对财务成果进行分析。因此资金筹集业务、物资采购业务、产品生产业务、产品销售业务、利润的形成与分配业务及其他事项，都构成工业企业主要经营过程的核算内容。

资金筹集业务主要包括借款业务和接受投资业务，主要通过“实收资本”和“短期（长期）借款”账户进行核算。

物资采购业务主要核算采购过程采购成本实际支出。通过“固定资产”、“在途物资”、“原材料”等账户进行核算。

产品生产业务的核算主要涉及材料的领用、薪酬的确认与支付、生产费用的摊销与分配、生产设备等定资产的折旧、完工产品成本的计算与入库等内容。主要通过“生产成本”、“制造费用”、“库存商品”等账户进行核算。

产品销售业务的核算主要核算销售产品形成的收入、销售产品成本和费用、及销售产品形成税费。主要通过“主营业务收入”、“主营业务成本”、“销售费用”、“营业税金及附加”等账户进行核算。

利润的形成与分配业务的核算主要核算企业净利润的形成业务及对净利润的分配过程业

务核算。主要通过“所得税费用”、“本年利润”、“利润分配”等账户进行核算。

[复习题]

一、简答题

1. 如何区别实收资本和资本公积两个账户?

2. 试区分生产成本与制造费用两个账户;

3. 从核算对象上看,名称中含“费用”两个字的账户都属于费用类要素吗?带“收入”两个字的账户都属于收入类要素吗?

4. 试述损益类账户的应用。

5. 利润是如何形成的?

6. 如何进行利润分配的核算?

7. 弄清本章所涉及的所有账户的核算内容及其账户结构。

二、选择题

1. 下列账户中,其余额一般在贷方的账户是( )。

A. 管理费用

B. 实收资本

C. 主营业务成本

D. 生产成本

2. 预提职工福利费,在会计处理上应贷记( )账户。

A. 应付职工薪酬

B. 应付股利

C. 其他应付款

D. 盈余公积

3. 车间管理部门使用的固定资产提取折旧费时,借记( ),贷记“累计折旧”。

A. 管理费用

B. 制造费用

C. 生产成本

D. 折旧费用

4. 下列属于损益类(费用)会计账户的是( )。

A. 生产成本

B. 制造费用

C. 管理费用

D. 销售费用

5. 期间费用是指( )。

A. 管理费用

B. 制造费用

C. 财务费用

D. 销售费用

6. 下列属于资产类账户的是( )。

A. 累计折旧
B. 应收账款
C. 实收资本
D. 原材料

三、判断题

1. 企业接受投资者投入的资金记入“资本公积”。( )
2. 车间领用原材料，在会计处理上应属于“管理费用”。( )
3. 企业销售原材料应记入“营业外收入”。( )
4. “财务费用”是一种期间费用，期末全部转入“本年利润”账户。( )
5. “利润分配”的期末借方余额表示企业的累计未弥补亏损额。
6. 年末，“本年利润”账户结转后应无余额。( )

四、业务题

根据下列经济业务编制会计分录。

1. 购入材料一批，货款20 000元，增值税率17%，款项未付，材料尚未验收入库（按实际成本法核算）。
2. 以现金支付上述材料运费700元。
3. 上述材料验收入库。
4. 开出转账支票，购买办公用品一批，共计1 000元。
5. 生产车间为制造A产品领用甲材料6 000元，为制造B产品领用乙材料8 000元，管理部门一般耗用乙材料2 000元。
6. 公司报销办公用品费500元，以现金支付。
7. 车间技术员刘芳出差借款3 000元，以开出现金支票。
8. 刘芳出差回来，报销差旅费2 000元，余款退回现金。
9. 结算本月应付职工工资10 000元，其中生产A产品的工人工资4 000元，生产B产品的工人工资3 000元，车间管理人员工资1 000元，企业管理部门人员工资2 000元。
10. 计提固定资产折旧，其中生产车间3 300元，管理部门1 200元。
11. 从银行提取现金800元备用。
12. 偿还短期借款本金100 000元及利息10 000元（借款期间未预提利息）
13. 结转本月发生的制造费用6 300元。其中：A产品应负担4 300元，B产品应负担2 000元。
14. 以银行存款预缴企业所得税10 000元。
15. 持有的一张商业汇票到期，收到票款234 000元。
16. 一批A产品完工入库，完工产品的生产成本共计100 000元。
17. 现金支付车间设备修理费500元。
18. 存款支付本月产品销售广告费10 000元。
19. 销售A产品一批，售价50 000元，该批A产品生产成本为20 000元。
20. 接受捐赠获得全新设备，凭证标明其价值为50 000元。
21. 因出租包装物收到本月的租金10 000元。
22. 按照规定，本月补提坏账准备5 000元。

23. 将从二级市场购入的股票（交易目的）抛售，获得价款50 000元，其账面成本为30 000元。

24. 出售甲材料一批，材料成本20 000元，售价30 000元，增值税率17%，收到商业汇票。

25. 支付上述出售材料的运费1 000元，开出转账支票。

26. 因违法排污，企业以存款支付罚款5 000元。

27. 存款支付上月欠下的购货款23 400元。

28. 月末，结转所有损益类账户的余额。

29. 按利润总额的25%计提应交所得税。

30. 结转所得税费用。

31. 将净利润从“本年利润”转入“利润分配”。

32. 根据利润分配方案进行账务处理：按净利润的10%计提法定盈余公积、按净利润的50%向投资者分配现金股利。

33. 以存款支付现金股利。

34. 结转已分配利润（利润分配的二级账户余额）。

第五章　会计凭证

[学习目标]

1. 了解会计凭证的意义、会计凭证的传递与保管
2. 掌握会计凭证的种类、原始凭证、记账凭证的填制内容
3. 熟练掌握原始凭证和记账凭证的审核和填制方法

[教学内容]

1. 会计凭证的概念、作用及种类
2. 原始凭证的基本内容、种类、填制及审核
3. 记账凭证的基本内容、种类、填制及审核
4. 会计凭证的传递与保管

第一节　会计凭证概述

一、会计凭证的概念

会计凭证是记录经济业务、明确经济责任的书面证明，也是登记账簿的依据。会计管理要求会计核算提供真实的会计资料，强调记录的经济业务必须有根有据。因此，任何企业、事业和行政单位，每发生一笔经济业务，都必须由执行或完成该项经济业务的有关人员取得或填制会计凭证，并在凭证上签名或盖章，以对凭证上所记载的内容负责。例如，购买商品、材料由供货方开出发票；支出款项由收款方开出收据；接收商品、材料入库要有收货单；发出商品要有发货单；发出材料要有领料单等。这些发票、收据、收货单、发货单、领料单都是会计凭证。

对于所有的会计凭证都必须认真填制，并经过财会部门严格审核。只有经审核无误的会计凭证才能作为经济业务发生或完成的证明，并进一步作为编制记账凭证或登记账簿的依据。

二、会计凭证的作用

填制和审核会计凭证是会计核算方法之一，也是会计核算工作的基础。填制和审核会计凭证在经济管理中具有重要作用。

（一）为会计核算提供原始依据

任何经济业务发生都必须取得或填制会计凭证，如实地反映经济业务发生或完成情况。会计凭证上记载了经济业务发生的时间和内容，从而为会计核算提供了原始凭据，保证了会计核算的客观性与真实性，克服了主观随意性，使会计信息的质量得到了可靠保障。

（二）发挥会计监督作用

经济业务是否合法、合理，是否客观真实，在记账前都必须经过财会部门审核。通过审核会计凭证，可以充分发挥会计监督作用。通过检查每笔经济业务是否符合有关政策、法令、制度、计划和预算的规定，有无铺张浪费和违纪行为，从而促进各单位和经办人树立遵纪守法的观念，促使各单位建立健全各项规章制度，确保财产安全完整。

（三）加强岗位责任制

每一笔经济业务发生或完成都要填制和取得会计凭证，并由相关单位和人员在凭证上签名盖章，这样能促使经办人员严格按照规章制度办事。一旦出现问题，便于分清责任，及时采取措施，有利于岗位责任制的落实。

三、会计凭证的种类

经济业务的纷繁复杂决定了会计凭证是多种多样的。为了正确地使用和填制会计凭证，必须对会计凭证进行分类。会计凭证按照填制的程序和用途不同，可分为原始凭证和记账凭证。

（一）原始凭证

原始凭证是在经济业务发生或完成时由相关人员取得或填制的，用以记录或证明经济业务发生或完成情况并明确有关经济责任的一种原始凭据。任何经济业务发生都必须填制和取得原始凭证，原始凭证是会计核算的原始依据。

（二）记账凭证

记账凭证是财会部门根据审核无误的原始凭证进行归类、整理，记载经济业务简要内容，确定会计分录的会计凭证。记账凭证是登记会计账簿的直接依据。

第二节　原始凭证

一、原始凭证的基本内容

原始凭证是在经济业务发生或完成时由相关人员取得或填制的，用以记录或证明经济业务发生或完成情况并明确有关经济责任的一种原始凭据。原始凭证是证明经济业务发生的原始依据，具有较强的法律效力，是一种很重要的会计凭证。

企业发生的经济业务纷繁复杂，反映其具体内容的原始凭证也品种繁多。虽然每种原始凭证反映经济业务的内容不同，但无论哪一种原始凭证，都应该说明有关经济业务的执行和完成情况，都应该明确有关经办人员和经办单位的经济责任。因此，各种原始凭证，尽管名称和格式不同，但都应该具备一些共同的基本内容。这些基本内容就是每一张原始凭证所应该具备的要素。原始凭证必须具备以下基本内容：

1）原始凭证的名称；

2）填制原始凭证的日期和凭证编号；

3）接受凭证的单位名称；

4）经济业务内容，如品名、数量、单价、金额大小写；

5）填制原始凭证的单位名称和填制人姓名；

6）经办人员的签名或盖章。

有些原始凭证，不仅要满足会计工作的需要，还应满足其他管理工作的需要。因此，在有些凭证上，除具备上述内容外，还应具备其他一些项目，如与业务有关的经济合同、结算方式、费用预算等，以更加完整、清晰地反映经济业务。

在实际工作中，各单位根据会计核算和管理的需要，可自行设计印制适合本单位需要的各种原始凭证。但是对于在一个地区范围内经常发生大量同类经济业务，应由各主管部门统一设计印制原始凭证。如银行统一印制的银行汇票、转账支票和现金支票等，由铁路部门统一印制的火车票，由税务部门统一印制的有税务登记的发票，财政部门统一印制的收款收据等。这样，不但可以使原始凭证的内容格式统一，而且便于加强监督管理。

二、原始凭证的种类

纷繁复杂的经济业务导致原始凭证的品种繁多，为了更好地认识和利用原始凭证，必须按照一定标准对原始凭证进行分类。原始凭证按照不同的分类标准，可以属于不同的种类。

（一）原始凭证按其来源不同分类

原始凭证按其来源不同分类，可以分为外来原始凭证和自制原始凭证两种。

外来原始凭证是在经济业务活动发生或完成时，从其他单位或个人直接取得的原始凭证。如增值税专用发票（图 5－1）、铁路运输部门的火车票、银行收付款结算凭证（图 5－2）以及外来收据等。

1400102620　山西增值税普通发票　№00954188

开票日期：2010年12月20日

校验码 43218 32180 46399 21980

纳税人识别号：110111102757725

地址、电话 北京市房山区大石网 010-89340523

开户行及账号 中国工商银行北京新中街支行 0200242419020140523

密码区 <3008-7-21-32>0><4*+< -4<+6>0466/35>4+170<5 -*39>32-47205>9*3777* 5<8>++76/46038*>/<5<>　加密版本:01　1400102620　00954188

货物或应税劳务名称	规格型号	单位	数量	单价	金额	税率	税额
	发热量 20.908MJ/KG	吨	12980	580	7543931.62	17%	1282468.38
合计					¥7543931.62		¥1282468.38

价税合计（大写） ⊗ （小写）

销货单位 名称 山西华晟荣煤矿有限公司

纳税人识别号：140400538915790

地址、电话 山西长治市长子东旺7827148

开户行及账号 中国农业银行长治市城区支行04-716001040126365

备注　140400538915790 发票专用章

收款人：　复核：刘建　开票人：　销货单位：（章）

第二联：发票联 购货方记账凭证

图 5－1　增值税专用发票

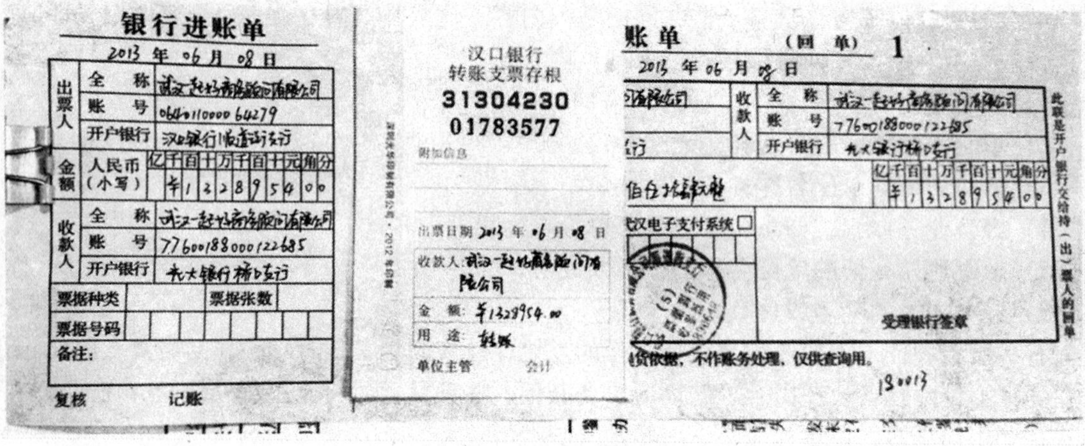

银行进账单
2013 年 06 月 08 日
出票人 全称 武汉一起好商务顾问有限公司
账号 0642011000064279
开户银行 汉口银行支行
金额 人民币（小写） 亿千百十万千百十元角分 ￥1328954 00
收款人 全称 武汉一起好商务顾问有限公司
账号 77600188000122685
开户银行 光大银行支行
票据种类 票据张数
票据号码
备注：
复核 记账

汉口银行
转账支票存根
31304230
01783577
附加信息
出票日期 2013 年 06 月 08 日
收款人：武汉一起好商务顾问有限公司
金 额：￥1328954.00
用 途：转账
单位主管 会计

账单 （回 单） 1
2013 年 06 月 08 日
收款人 全称 武汉一起好商务顾问有限公司
账号 77600188000122685
开户银行 光大银行支行
亿千百十万千百十元角分 ￥1328954 00
武汉电子支付系统
受理银行签章
凭据，不作账务处理，仅供查询用。
此联是开户银行交给持（出）票人的回单

图 5－2 银行进账单

自制原始凭证，是指本单位内部具体经办业务的部门和人员，在执行或完成某项经济业务时所填制的原始凭证。如“收料单”、“领料单”（表 5－3）、“销货发票”、“产品入库单”（表 5－4）、“工资结算表”、“差旅费”报销单（图 5－5）等。

表 5－3 领料单

领料部门： 凭证编号：

用 途： 年 月 日 收料仓库：

材料编号	材料规格及名称	计量单位	数量		价格	
			请领	实领	单价	金额（元）
备 注：					合 计	

记账： 发料： 审批： 领料：

表 5－4 产品入库单

凭证编号：

交库单位： 年 月 日 收料仓库：

产品编号	产品名称	规格	计量单位	交付数量	检验结果		实收数量	单价	金额
					合格	不合格			
备 注：							合 计		

图 5－4 产品入库单

差 旅 费 报 销 单

部门________　　　　　年　月　日　　　　　金额单位：元

<table>
<tr><td colspan="3">出差人</td><td colspan="3"></td><td colspan="3">出差事由</td><td colspan="5"></td></tr>
<tr><td colspan="3">出发</td><td colspan="3">出达</td><td rowspan="2">交通工具</td><td colspan="2">车船费</td><td colspan="2">出差补贴</td><td>项目</td><td>单据张数</td><td>金额</td></tr>
<tr><td>月</td><td>日</td><td>地点</td><td>月</td><td>日</td><td>地点</td><td>单据张数</td><td>金额</td><td>天数</td><td>金额</td><td>车船费和出差补贴</td><td></td><td></td></tr>
<tr><td></td><td></td><td></td><td></td><td></td><td></td><td></td><td></td><td></td><td></td><td></td><td>住宿费</td><td></td><td></td></tr>
<tr><td></td><td></td><td></td><td></td><td></td><td></td><td></td><td></td><td></td><td></td><td></td><td>市内车费</td><td></td><td></td></tr>
<tr><td></td><td></td><td></td><td></td><td></td><td></td><td></td><td></td><td></td><td></td><td></td><td>邮电办公用品费</td><td></td><td></td></tr>
<tr><td></td><td></td><td></td><td></td><td></td><td></td><td></td><td></td><td></td><td></td><td></td><td>其他</td><td></td><td></td></tr>
<tr><td colspan="5">小计</td><td></td><td></td><td></td><td></td><td></td><td></td><td>不买卧铺补贴</td><td></td><td></td></tr>
<tr><td colspan="2">报销金额</td><td colspan="9">人民币　万　仟　佰　拾　元　角　分</td><td>金额合计</td><td></td><td></td></tr>
</table>

部门负责人　　　　　稽核　　　　　报销人

图5－5　差旅费报销单

无论是外来原始凭证还是自制原始凭证，都是用来证明经济业务已经发生或完成的情况，并作为会计核算原始资料的凭证。因此，凡是不能证明经济业务发生或完成情况的凭证或文件都不能称其为原始凭证，如材料请购单、购销合同、派工单。

（二）原始凭证按其填制手续不同分类

原始凭证按其填制手续不同分类，可以分为一次凭证、累计凭证和汇总凭证。

一次凭证是指一次填制手续完成的原始凭证，用以记录一项经济业务或若干同类经济业务的原始凭证。外来原始凭证一般均属一次凭证，自制原始凭证中大多数也是一次凭证。日常的原始凭证多属此类，如“现金收据”、“发票”、“收料单”等。一次凭证能够清晰地反映经济业务活动情况，使用方便灵活，但数量较多。

累计凭证，是指在一定时期内连续记录若干不断重复发生的同类经济业务的原始凭证。累计凭证可以连续登记相同性质的经济业务，随时计算出累计数及结余数，期末按实际发生额记账。如“费用限额卡”、“限额领料单”（表5－6）等。

表5－6　　　　　**限额领料单**

年　月　日

领料部门：　　　　　产 品 名称：　　　　　凭证编号：

计划产量：　　　　　单位消耗定额：　　　　　编　　号：

<table>
<tr><td rowspan="2">材料编号</td><td rowspan="2">材料名称</td><td rowspan="2">规格</td><td rowspan="2">计量单位</td><td rowspan="2" colspan="2">计划单位</td><td rowspan="2">领料限额</td><td colspan="2">全月实用</td></tr>
<tr><td>数量</td><td>金额</td></tr>
<tr><td></td><td></td><td></td><td></td><td colspan="2"></td><td></td><td></td><td></td></tr>
<tr><td>领料日期</td><td>请领数量</td><td>实发数量</td><td>领料人签章</td><td colspan="3">发料人签章</td><td colspan="2">限额结余</td></tr>
<tr><td></td><td></td><td></td><td></td><td></td><td colspan="2"></td><td></td><td></td></tr>
<tr><td></td><td></td><td></td><td></td><td></td><td colspan="2"></td><td></td><td></td></tr>
<tr><td>合计</td><td></td><td></td><td></td><td></td><td colspan="2"></td><td></td><td></td></tr>
</table>

供应部门负责人：　　　　　生产部门负责人：　　　　　仓库管理员：

汇总凭证，也叫原始凭证汇总表，是根据许多同类经济业务的原始凭证或会计核算资料定期加以汇总而重新编制的原始凭证。如“发出材料汇总表（表5－7）”、“差旅费报销单”等。汇总凭证既可以提供经营管理所需要的总量指标，又可以大大简化核算手续。

表5－7　　　　　　　　　　**发出材料汇总表**

年　月　日

<table>
<tr><th colspan="2">会计科目</th><th>领料部门</th><th>原材料</th><th>燃料</th><th>合　计</th></tr>
<tr><td rowspan="6">生产成本</td><td rowspan="3">基本生产车间</td><td>一车间</td><td></td><td></td><td></td></tr>
<tr><td>二车间</td><td></td><td></td><td></td></tr>
<tr><td>小计</td><td></td><td></td><td></td></tr>
<tr><td rowspan="3">辅助生产车间</td><td>供电车间</td><td></td><td></td><td></td></tr>
<tr><td>供气车间</td><td></td><td></td><td></td></tr>
<tr><td>小计</td><td></td><td></td><td></td></tr>
<tr><td colspan="2" rowspan="3">制造费用</td><td>一车间</td><td></td><td></td><td></td></tr>
<tr><td>二车间</td><td></td><td></td><td></td></tr>
<tr><td>小计</td><td></td><td></td><td></td></tr>
<tr><td colspan="2">管理费用</td><td>行政部门</td><td></td><td></td><td></td></tr>
<tr><td colspan="2">合　计</td><td></td><td></td><td></td><td></td></tr>
</table>

财会负责人：　　　　　　　　　复核：　　　　　　　　　制表：

（三）原始凭证按用途不同分类

原始凭证按其用途不同分类，可以分为通知凭证、执行凭证和计算凭证三种。

通知凭证是指要求、指示或命令企业进行某项经济业务的原始凭证，如“罚款通知书”、“付款通知单”等。

执行凭证是用来证明某项经济业务发生或已经完成的原始凭证，如“销货发票”、“材料验收单”、“领料单”等。

计算凭证是指根据原始凭证和有关会计核算资料而编制的原始凭证。计算凭证一般是为了便于以后记账和了解各项数据来源和产生的情况而编制的。如“制造费用分配表”、“产品成本计算单”、“工资结算表”等。

（四）原始凭证按其格式不同分类

原始凭证按其格式不同分类，可以分为通用凭证和专用凭证两种。

通用凭证是指全国或某一地区、某一部门统一格式的原始凭证。如由银行统一印制的结算凭证、税务部门统一印制的发票等。

专用凭证是指一些单位具有特定内容、格式和专门用途的原始凭证。如高速公路通过费收据、养路费缴款单等。

以上是按不同的标志对原始凭证进行的分类。它们之间是相互依存密切联系的，有些原始凭证按照不同的分类标准分别属于不同的种类。如现金收据对出具收据的单位来说是自制原始凭证；面对接收收据的单位来说则是外来原始凭证；同时，它既是一次凭证，又是执行凭证，也是专用凭证。外来的凭证大多为一次凭证，计算凭证、累计凭证大多为自制原始凭证。

原始凭证具体分类见图5－8

- 原始凭证
  - 按来源划分
    - 外来原始凭证
    - 自制原始凭证
  - 按填制方法划分
    - 一次凭证
    - 累计凭证
    - 汇总凭证
  - 按用途划分
    - 通知凭证
    - 执行凭证
    - 计算凭证
  - 按格式划分
    - 通用凭证
    - 专用凭证

图5－8 原始凭证的分类

三、原始凭证的填制

填制原始凭证，要由填制人员将各项原始凭证要素按规定方法填写齐全，办妥签章手续，明确经济责任。

由于各种凭证的内容和格式千差万别，原始凭证的具体填制方法也不同。一般来说，自制原始凭证通常有三种形式。一是根据经济业务的执行和完成的实际情况直接填列，如根据实际领用的材料品名和数量填制领料单等；二是根据账簿记录对某项经济业务进行加工整理填列，如月末计算产品成本时，先要根据“制造费用”账户本月借方发生额填制“制造费用分配表”，将本月发生的制造费用按照一定的分配标准分配到有关产品成本中去，然后再计算出某种产品的生产成本；三是根据若干张反映同类业务的原始凭证定期汇总填列，如发出材料汇总表。外来原始凭证是由其他单位或个人填制的。它同自制原始凭证一样，也必须具备能证明经济业务完成情况和明确经济责任所必要的内容。

原始凭证是具有法律效力的证明文件，是进行会计核算的依据，必须认真填制。为了保证原始凭证能清晰地反映各项经济业务的真实情况，原始凭证的填制必须符合以下要求：

1. 记录要真实。原始凭证上填制的日期、经济业务内容和数字必须是经济业务发生或完成的实际情况，不得弄虚作假，不得以匡算数或估计数填入，不得涂改、挖补。

2. 内容要完整。原始凭证中应该填写的项目要逐项填写，不可缺漏；名称要写全，不要简化；品名和用途要填写明确，不能含糊不清；有关部门和人员的签名和盖章必须齐全。

3. 手续要完备。单位自制的原始凭证必须有经办业务的部门和人员签名盖章；对外开出的凭证必须加盖本单位的公章或财务专用章；从外部取得的原始凭证必须有填制单位公章或财务专用章。总之，取得的原始凭证必须符合手续完备的要求，以明确经济责任，确保凭证的合法性、真实性。

4. 填制要及时。所有业务的有关部门和人员，在经济业务实际发生或完成时，必须及时填写原始凭证，做到不拖延、不积压，不事后补填，并按规定的程序审核。

5. 编号要连续。原始凭证要顺序连续或分类编号，在填制时要按照编号的顺序使用，跳号的凭证要加盖“作废”戳记，连同存根一起保管，不得撕毁。

6. 书写要规范。原始凭证中的文字、数字的书写都要清晰、工整、规范，做到字迹端正、易于辨认，不潦草、不乱涂乱画。大小写金额要一致。复写的凭证不串行、不串格，不模糊，一式几联的原始凭证，应当注明各联的用途。数字、货币符号及日期的填写要符合下列要求：

（1）数字要一个一个地写，不得连笔写。特别是在要连写几个"0"时，也一定要单个的写，不能将几个"0"连在一起一笔写完。数字排列要整齐，数字之间的空隔要均匀，不宜过大。此外阿拉伯数字的书写还应有高度的标准，一般要求数字的高度占凭证横格的1/2为宜。书写时还要注意紧靠横格底线，使上方能有一定的空位，以便需要进行更正时可以再次书写。

（2）阿拉伯数字前面应该书写货币币种或者货币名称简写和币种符号。币种符号与阿拉伯数字之间不得留有空白。凡阿拉伯金额数字前写有货币币种符号的，数字后面不再写货币单位。所有以元为单位（其他货币种类为货币基本单位，下同）的阿拉伯数字，除表示单价等情况外，一律填写到角分；无角分的，角位和分位写"00"或者符号"—"；有角无分的，分位应写"0"，不得用符号"—"代替。在发票等须填写大写金额数字的原始凭证上，如果大写金额数字前未印有货币名称，应当加填货币名称，然后在其后紧接着填写大写金额数字，货币名称和金额数字之间不得留有空白。

（3）汉字填写金额如零、壹、贰、叁、肆、伍、陆、柒、捌、玖、拾、佰、仟、万、亿等，应一律用正楷或行书体填写，不得用0、一、二、三、四、五、六、七、八、九、十等简化字代替。不得任意自造简化字。大写金额数字到元或角为止的，在"元"或"角"之后应当写"整"或"正"字。阿拉伯金额数字之间有"0"时，汉字大写金额应写"零"字；阿拉伯金额数字中间连续有几个"0"时，大写金额中可以只有一个"零"；阿拉伯金额数字元位为"0"或者数字中间连续有几个"0"，元位也是"0"，但角位不是"0"时，汉字大写金额可以只写一个"零"字，也可以不写"零"字。

（4）原始凭证的填制时间要求。从原始凭证填制的时间来看，可以区别为三种情况：一种是在业务发生前根据要求或需要来填制的，如领料单；第二种是在业务发生时，根据执行或完成情况填制的，如收料单；最后一种是在业务完成后根据有关记录整理编制的，如发料汇总表、收料汇总表、产品成本计算单等等。但是，不论何种情况，凭证上的日期一律以实际填制的当日日期为准。而业务发生日期，如有必要，可以填写在业务摘要栏中。

四、原始凭证的审核

为了正确反映和监督各项经济业务，财务部门对取得的原始凭证，必须进行严格审核和核对，保证核算资料的真实、合法、完整。只有经过审查无误的凭证，方可作为编制记账凭证和登记账簿的依据。原始凭证的审核，是会计监督工作的一个重要环节，一般应从以下两方面进行：

1. 审查原始凭证所反映经济业务的合理、合法性和真实性。这种审查是以有关政策、法规、制度和计划合同等为依据，审查凭证所记录的经济业务是否符合有关规定，有无贪污盗窃、虚报冒领、伪造凭证等违法乱纪现象，有无不经济、违反计划和标准的要求等等。对于不合理、不合法及不真实的原始凭证，财会人员应拒绝受理。如发现伪造或涂改凭证弄虚作假、虚报冒领等不法行为，除拒绝办理外，还应立即报告有关部门，提请严肃处理。

2. 审核原始凭证的填制是否符合规定的要求。首先审查所用的凭证格式是否符合规定，凭证的要素是否齐全，是否有经办单位和经办人员签章；其次审查凭证上的数字是否完整，大、小写金额是否一致；最后审查凭证上数字和文字是否有涂改、污损等不符合规定之处。如果通过审查发现凭证不符合上述要求，那么凭证本身就失去作为记账依据的资格，会计部门应把那些不符合规定的凭证退还给原编制凭证的单位或个人，要求重新补办手续。

原始凭证的审核，是一项很细致而且十分严肃的工作。要做好原始凭证的审核，充分发挥会计的监督作用，会计人员应该做到精通会计业务；熟悉有关的政策、法令和各项财务规章制度；对本单位的生产经营活动有深入的了解；同时还要求会计人员具有维护国家法令、制度和本单位财务管理的高度责任感，敢于坚持原则，才能在审核原始凭证时正确掌握标准，及时发现问题。

原始凭证经过审核后，对于符合要求的原始凭证，及时编制记账凭证并登记账簿；并对于手续不完备、内容记载不全或数字计算不正确的原始凭证，应退回有关经办部门或人员补办手续或更正；对于伪造、涂改或经济业务不合法的凭证，应拒绝受理，并向本单位领导汇报，提出拒绝执行的意见；对于弄虚作假、徇私舞弊、伪造涂改凭证等违法乱纪行为，必须及时揭露并严肃处理。

第三节　记账凭证

一、记账凭证的基本内容

记账凭证是会计人员根据审核后的原始凭证进行归类、整理，并确定会计分录而编制的会计凭证，是登记账簿的依据。由于原始凭证只表明经济业务的内容，而且种类繁多、数量庞大、格式不一，因而不能直接记账。为了分类反映经济业务的内容，必须按会计核算方法的要求，将其归类、整理、编制记账凭证，标明经济业务应记入的账户名称及应借应贷的金额，作为记账的直接依据。所以，记账凭证必须具备以下内容：

1）记账凭证的名称；

2）填制凭证的日期、凭证编号；

3）经济业务的内容摘要；

4）经济业务应记入账户的名称、记账方向和金额；

5）所附原始凭证的张数和其他附件资料。

6）会计主管、记账、复核、出纳、制单等有关人员签名或盖章。

记账凭证和原始凭证同属于会计凭证，但二者存在以下不同：原始凭证是由经办人员填制，记账凭证一律由会计人员填制；原始凭证根据发生或完成的经济业务填制，记账凭证根据审核后的原始凭证填制；原始凭证仅用以记录、证明经济业务已经发生或完成，记账凭证要依据会计科目对已经发生或完成的经济业务进行归类、整理；原始凭证是填制记账凭证的依据，记账凭证是登记账簿的依据。

二、记账凭证的种类

由于会计凭证记录和反映的经济业务多种多样，因此，记账凭证也是多种多样的。记账凭证按不同的标志分类，可以分为不同的种类。

（一）记账凭证按其反映的经济内容不同，可分为收款凭证、付款凭证和转账凭证三种。

1）收款凭证。是指专门用于记录现金和银行存款收款业务的会计凭证，收款凭证是出纳人员收讫款项的依据，也是登记总账、现金日记账和银行存款日记账以及有关明细账的依据，一般按现金和银行存款分别编制，具体格式图5-9。

收款凭证

借方科目	

年　月　日　　　　　　　　　收字______号

摘　要	贷方科目		金　额										记账
	一级科目	明细科目	千	百	十	万	千	百	十	元	角	分	
金额合计													

会计主管　　　　记账　　　　制单　　　　出纳

图5-9　收款凭证

2）付款凭证。是指专门用于记录现金和银行存款付款业务的会计凭证。付款凭证是出纳人员支付款项的依据，也是登记总账、现金日记账和银行存款日记账以及有关明细账的依据，一般按现金和银行存款分别编制，具体格式见图5-10。

付款凭证

贷方科目	

年　月　日　　　　　　　　　付字______号

摘　要	借方科目		金　额										记账
	一级科目	明细科目	千	百	十	万	千	百	十	元	角	分	
金额合计													

会计主管　　　　记账　　　　制单　　　　出纳

图5-10　付款凭证

3）转账凭证。是指专门用于记录不涉及现金和银行存款收付款业务的会计凭证。它是登记总账和有关明细账的依据，具体格式见图5－11。

转 账 凭 证

年 月 日 转字______号

摘要	会计科目	明细科目	借方金额									贷方金额									记账
			百	十	万	千	百	十	元	角	分	百	十	万	千	百	十	元	角	分	
合计：	（附件	张）																			

会计主管 审核 制证 记账

图5－11 转账凭证

收款凭证、付款凭证和转账凭证分别用以记录收款业务（现金、银行存款收入）、付款业务和转账业务（与现金、银行存款收支无关的业务），为了便于识别，各种凭证印制成不同的颜色。在会计实务中，对于现金和银行存款之间的收付款业务，为了避免重复记账，一般只编制付款凭证，不编制收款凭证。

（二）记账凭证按其填制方式不同，可分为单式记账凭证和复式记账凭证两种。

1）单式记账凭证。单式记账凭证是在每张凭证上只填列经济业务事项所涉及的一个会计科目及其金额的记账凭证。填列借方科目的称为借项记账凭证，填列贷方科目的称为贷项记账凭证。一项经济业务涉及到几个科目，就分别填制几张凭证，并采用一定的编号方法将它们联系起来。单式凭证的优点是内容单一，便于记账工作的分工，也便于按科目汇总，并可加速凭证的传递。其缺点是凭证张数多，内容分散，在一张凭证上不能完整地反映一笔经济业务的全貌，不便于检验会计分录的正确性，故需加强凭证的复核、装订和保管工作，具体格式见图5－12。

借项记账凭证

对应科目： 年 月 日 第 号

摘 要	总账科目	明细科目	金 额	账 页
合 计				

会计主管 记账 出纳 审核 制单

图5－12 借项记账凭证

2）复式记账凭证。复式记账凭证是指将每一笔经济业务事项所涉及的全部会计科目及其发生额均在同一张凭证中反映的一种记账凭证。即一张记账凭证上登记一项经济业务所涉及的两个或者两个以上的会计科目，既有“借方”，又有“贷方”。复式记账凭证优点是可以集中反映账户的对应关系，有利于了解经济业务的全貌；同时还可以减少凭证的数量，减轻编制记账凭证的工作量，便于检验会计分录的正确性。其缺点是不便于汇总计算每一会计科目的发生额和进行分工记账。在实际工作中，普遍使用的是复式记账凭证。上述介绍的收款凭证，付款凭证，转账凭证都是复式记账凭证。

（三）记账凭证按汇总方法不同，可分为分类汇总凭证和全部汇总凭证两种。

1）分类汇总凭证。它是指定期按现金、银行存款及转账业务进行分类汇总，也可以按科目进行汇总。如可以将一定时期的收款凭证、付款凭证、转账凭证分别汇总，编制汇总收款凭证、汇总付款凭证、汇总转账凭证。

2）全部汇总凭证。它是指将单位一定时期内编制的会计分录，全部汇总在一张记账凭证上。将一定时期的所有记账凭证按相同会计科目的借方和贷方分别汇总，编制记账凭证汇总表（或称科目汇总表）。

汇总凭证是将许多同类记账凭证逐日或定期（3 天、5 天、10 天等）加以汇总后编制的记账凭证，有利于简化总分类账的登记工作。

收款凭证、付款凭证和转账凭证，称为专用记账凭证。实际工作中，货币资金的管理是财会人员的一项重要工作。为了单独反映货币资金收付情况，在货币资金收付业务量较多的单位，往往对货币资金的收付业务编制专用的收、付款凭证。有些经济业务简单或收、付款业务不多的单位，可以使用一种通用格式的记账凭证。这种通用记账凭证既可用于收、付款业务，又可用于转账业务，所以称为通用记账凭证，通用记账凭证格式见图 5－13。

记账凭证

年 月 日　　　　凭证编号：

摘要	总账科目	明细科目	√	借方金额										√	贷方金额									附件
				千	百	十	万	千	百	十	元	角	分		千	百	十	万	千	百	十	元	角	分	
																									张
合计（大写）																								

会计主管　　审核　　记账　　制单

图 5－13　通用记账凭证

记账凭证的分类见图 5－14。

- 记账凭证
  - 按经济内容不同划分
    - 收款凭证
    - 付款凭证
    - 转账凭证
  - 按填制方式不同划分
    - 单式记账凭证
    - 复式记账凭证
  - 按汇总方法不同划分
    - 分类汇总凭证
    - 全部汇总凭证

图 5－14　记账凭证的分类

三、记账凭证的填制

（一）记账凭证的填制要求

填制记账凭证是一项重要的会计工作，为了便于登记账簿，保证账簿记录的正确性，填制记账凭证应符合以下要求：

1）依据真实。除结账和更正错误外，记账凭证应根据审核无误的原始凭证及有关资料填制，记账凭证必须附有原始凭证并如实填写所附原始凭证的张数。记账凭证所附原始凭证张数的计算一般应以原始凭证的自然张数为准。如果记账凭证中附有原始凭证汇总表，则应该把所附的原始凭证和原始凭证汇总表的张数一起记入附件的张数之内。但报销差旅费等零散票券，可以粘贴在一张纸上，作为一张原始凭证。一张原始凭证如果涉及到几张记账凭证的，可以将原始凭证附在一张主要的记账凭证后面，在该主要记账凭证摘要栏注明“本凭证附件包括××号记账凭证业务”字样，并在其他记账凭证上注明该主要记账凭证的编号或者附上该原始凭证的复印件，以便复核查阅。

2）内容完整。记账凭证应具备的内容都要按照记账凭证上所列项目逐一填写清楚，有关人员的签名或者盖章要齐全不可缺漏。如有以自制的原始凭证或者原始凭证汇总表代替记账凭证使用的，也必须具备记账凭证应有的内容。金额栏数字的填写必须规范、准确，与所附原始凭证的金额相符。金额登记方向、数字必须正确，角分位不留空格。

3）分类正确。填制记账凭证，要根据经济业务的内容，区别不同类型的原始凭证，正确应用会计科目和记账凭证。记账凭证可以根据每一张原始凭证填制，或者根据若干张同类原始凭证汇总填制，也可以根据原始凭证汇总表填制，但不得将不同内容或类别的原始凭证汇总填制在一张记账凭证上，会计科目要保持正确的对应关系。一般情况下，现金或银行存款的收、付款业务，应使用收款凭证或付款凭证；不涉及现金或银行存款收付的业务，应使用转账凭证。对于只涉及现金和银行存款之间的业务，如将现金送存银行，或者从银行提取现金，通常只填制付款凭证，以避免重复记账。在一笔经济业务中，如果既涉及到现金或银行存款收、付业务，又涉及到转账业务，则应分别填制收款或付款凭证和转账凭证。例如，单位职工出差归来报销差旅费并交回剩余现金时，就应根据有关原始凭证按实际报销的金额填制一张转账凭证，同时按收回的现金数额填制一张收款凭证。各种记账凭证的使用格式应相对稳定，特别是在同一会计年度内，不宜随意更换，以免引起编号、装订、保管方面的不便与混乱。

4）日期正确。记账凭证的填制日期一般应填制记账凭证当天的日期，不得提前或拖后；按权责发生制原则计算收益、分配费用、结转成本利润等调整分录和结账分录的记账凭证，虽然需要到下月才能填制，但为了便于在当月的账内进行登记，仍应填写当月月末的日期。

5）连续编号。为了分清会计事项处理的先后顺序，以便记账凭证与会计账簿之间的核对，确保记账凭证完整无缺，填制记账凭证时，应当对记账凭证连续编号。记账凭证编号的方法有多种：一种是将全部记账凭证作为一类统一编号；另一种是分别按现金和银行存款收入业务、现金和银行付出业务、转账业务三类进行编号，这样记账凭证的编号应分为收字第×号、付字第×号、转字第×号；还有一种是分别按现金收入、现金支出、银行存款收入、银行存款支出和转账业务五类进行编号，这种情况下，记账凭证的编号应分为现收字第×

号、现付字第×号、银收字第×号、银付字第×号和转字第×号，或者将转账业务按照具体内容再分成几类编号。各单位应当根据本单位业务繁简程度、会计人员多寡和分工情况来选择便于记账、查账、内部稽核、简单严密的编号方法。无论采用哪一种编号方法，都应该按月顺序编号，即每月都从一号编起，按自然数1、2、3、4、5……顺序编至月末，不得跳号、重号。一笔经济业务需要填制两张或两张以上记账凭证的，可以采用分数编号法进行编号，例如有一笔经济业务需要填制两张记账凭证，凭证顺序号为6，就可以编成$6\frac{1}{2}$、$6\frac{2}{2}$，前面的数表示凭证顺序，后面分数的分母表示该号凭证共有两张，分子表示两张凭证中的第一张、第二张，常见编号示意图见图5－15。

<table>
<tr><th rowspan="2">项目</th><th rowspan="2">方法</th><th colspan="4">实例</th></tr>
<tr><th>实例一</th><th>编号</th><th>实例二</th><th>编号</th></tr>
<tr><td>方法一</td><td>按照“现收”、“现付”、“银收”、“转账”五类编字号</td><td rowspan="3">本月发生的第一笔业务，现金收款业务</td><td>现收字第1号</td><td rowspan="3">本月发生的第二笔业务，现金付款业务</td><td>现付字第1号</td></tr>
<tr><td>方法二</td><td>按照收、付、转三类编字号</td><td>收字第1号</td><td>付字第1号</td></tr>
<tr><td>方法三</td><td>按“银”、“现”、“转”三类编字号</td><td>现字第1号</td><td>现字第8号</td></tr>
</table>

图5－15　常见编号示意图

6）简明扼要。记账凭证的摘要栏是填写经济业务简要说明的，摘要应与原始凭证内容一致，能正确反映经济业务的主要内容，既要防止简而不明，又要防止过于繁琐。应能使阅读者通过摘要就能了解该项经济业务的性质、特征，判断出会计分录的正确与否，一般不需要再去翻阅原始凭证或询问有关人员。

7）分录正确。会计分录是记账凭证中重要的组成部分，在记账凭证中，要正确编制会计分录并保持借贷平衡，就必须根据国家统一会计制度的规定和经济业务的内容，正确使用会计科目，不得任意简化或改动。应填写会计科目的名称，或者同时填写会计科目的名称和会计科目编号，不应只填编号，不填会计名称。应填明总账科目和明细科目，以便于登记总账和明细账。会计科目的对应关系要填写清楚，应先借后贷，一般填制一借一贷，一借多贷或者多借一贷的会计分录。但如果某项经济业务本身就需要编制一个多借多贷的会计分录时，也可以填制多借多贷的会计分录，以集中反映该项经济业务的全过程。填入金额数字后，要在记账凭证的合计行计算填写合计金额。记账凭证中借、贷方的金额必须相等，合计数必须计算正确。

8）注销空行。填制记账凭证时，应按行次逐行填写，不得跳行或留有空行。记账凭证填完经济业务后，如有空行，应当在金额栏自最后一笔金额数字下的空行至合计数上的空行处划斜线或“～”行线注销。

9）更正填错。填制记账凭证时如果发生错误，应当重新填制。已经登记入账的记账凭证在当年内发生错误的，如果是使用的会计科目或记账凭证方向有错误，可以用红字金额填制一张与原始凭证内容相同的记账凭证，在摘要栏注明“注销某月某日某号凭证”字样，同时再用蓝字重新填制一张正确的记账凭证，在摘要栏注明“更正某月某日某号凭证”字样；如果会计科目和记账方向都没有错误，只是金额错误，可以按正确数字和错误数字之间的差额，另编一张调整的记账凭证，调增金额用蓝数字，调减金额用红数字。发现以前年度的金额有错误时，应当用蓝字填制一张更正的记账凭证。

记账凭证中，文字、数字和货币符号的书写要求，与原始凭证相同。实行会计电算化的单位，其机制记账凭证应当符合对记账凭证的基本要求，打印出来的机制凭证上，要加盖制单人员、审核人员、记账人员和会计主管人员印章或者签字，以明确责任。

（二）记账凭证的填制方法

1. 单式记账凭证的填制

单式记账凭证，就是在一张凭证上只填列一个会计科目。一项经济业务的会计分录涉及几个会计科目，就填几张记账凭证。为了保持会计科目间的对应关系，便于核对，在填制一个会计分录时编一个总号，再按凭证张数编几个分号，如第 4 笔经济业务涉及三个会计科目，编号则为 $4\frac{1}{3}$，$4\frac{2}{3}$，$4\frac{3}{3}$。

单式记账凭证中，填列借方账户名称的称为借项记账凭证，填列贷方账户名称的称为贷项记账凭证。为了便于区别，两者常用不同的颜色印制。

2. 复式记账凭证的填制。

复式记账凭证就是在一张记账凭证上记载一笔完整的经济业务所涉及的全部会计科目。为了清晰地反映经济业务的来龙去脉，不应将不同的经济业务合并填制。

（1）收款凭证的填制

收款凭证是根据审核无误的现金和银行存款收款业务的原始凭证编制的。收款凭证左上角的“借方科目”，按收款的性质填写“库存现金”或者“银行存款”；日期填写的是编制本凭证的日期；右上角填写编制收款凭证顺序号：“摘要栏”简明扼要地填写经济业务的内容梗概；“贷方科目”栏内填写与收入“库存现金”或“银行存款”科目相对应的总账科目及所属明细科目；“金额”栏内填写实际收到的现金或银行存款的数额，各总账科目与所属明细科目的应贷金额，应分别填写与总账科目或明细科目同一行的“总账科目”或“明细科目”金额栏内；“金额栏”的合计数，只合计“总账科目”金额，表示借方科目“现金”或“银行存款”的金额；“记账栏”供记账人员在根据收款凭证登记有关账簿后作记号用，表示已经记账，防止经济业务的事项的重记或漏记；该凭证右边“附件张”根据所附原始凭证的张数填写；凭证最下方有关人员签章处供有关人员在履行了责任后签名或签章，以明确经济责任。

（2）付款凭证的填制

付款凭证是根据审核无误的现金和银行付款业务的原始凭证编制的。付款凭证的左上角“贷方科目”栏，应填列“库存现金”或者“银行存款”，“借方科目”栏应填写与“库存现金”或“银行存款”科目相对应的总账科目及所属的明细科目。其余各部分的填制方法与收款凭证基本相同，不再述及。

（3）转账凭证的填制

转账凭证是根据审核无误的不涉及现金和银行存款收付的转账业务的原始凭证编制的。转账凭证的“会计科目”栏应按照先借后贷的顺序分别填写应借应贷的总账科目及所属的明细科目；借方总账科目及所属明细科目的应记金额，应在与科目同一行的“借方金额”

栏内相应栏次填写，贷方总账科目及所属明细科目的应记金额，应在与科目同一行的“贷方金额”栏内相应栏次填写；“合计”行只合计借方总账科目金额或贷方总账科目金额，借方总账科目金额合计数与贷方总账金额合计数应相等。

四、记账凭证的审核

记账凭证编制以后，必须由专人进行审核，借以监督经济业务的真实性、合法性和合理性，并检查记账凭证的编制是否符合要求。特别要审核最初证明经济业务实际发生、完成的原始凭证。因此，对记账凭证的审核是一项严肃细致、政策性很强的工作。只有做好这项工作才能正确地发挥会计反映和监督的作用。记账凭证审核的基本内容包括以下几项：

1. 内容是否真实。审核记账凭证是否有原始凭证为依据，所附原始凭证的内容是否与记账凭证的内容一致，记账凭证汇总表的内容与其所依据的记账凭证的内容是否一致等。

2. 项目是否齐全。审核记账凭证各项目的填写是否齐全，如日期、凭证编号、摘要、金额、所附原始凭证张数及有关人员签章等。

3. 科目是否准确。审核记账凭证的应借、应贷科目是否正确，是否有明确的账户对应关系，所使用的会计科目是否符合国家统一的会计制度的规定等。

4. 金额是否正确。审核记账凭证所记录的金额与原始凭证的有关金额是否一致、计算是否正确，记账凭证汇总表的金额与记账凭证的金额合计是否相符等。

5. 书写是否规范。审核记账凭证中的记录是否文字工整、数字清晰，是否按规定进行更正等。

在审核过程中，如果发现不符合要求的地方，应要求有关人员采取正确的方法进行更正。只有经过审核无误的记账凭证，才能作为登记账簿的依据。

第四节　会计凭证的传递与保管

一、会计凭证的传递

会计凭证的传递，是指从会计凭证取得或填制起至归档保管时止，在单位内部有关部门和人员之间按照规定的时间、程序进行处理的过程。各种会计凭证，他们所记载的经济业务不同，涉及的部门和人员不同，办理的业务手续也不同，因此，应当为各种会计凭证规定一个合理的传递程序，即一张会计凭证填制后应交到哪个部门，哪个岗位，由谁办理业务手续等，直到归档保管为止。

（一）会计凭证传递的意义

正确组织会计凭证的传递，对于提高会计核算资料的及时性、正确组织经济活动、加强经济责任、实行会计监督、具有重要意义。

1. 正确组织会计凭证的传递，有利于提高工作效率

正确组织会计凭证的传递，能够及时、真实反映和监督各项经济业务的发生和完成情况，为经济管理提供可靠的经济信息。同时，也例如，材料运到企业后，仓库保管员应在规定的时间内将材料验收入库，填制“收料单”，注明实收数量等情况，并将“收料单”及时

送到财会部门及其他有关部门。财会部门接到“收料单”，经审核无误，就应及时编制记账凭证和登记账簿，生产部门得到该批材料已验收入库凭证后，便可办理有关领料手续，用于产品生产等。如果仓库保管员未按时填写“收料单”或虽填写“收料单”，但没有及时送到有关部门，就会给人以材料尚未入库的假象，影响企业生产正常进行。

2. 正确组织会计凭证的传递，能更好地发挥会计监督作用

正确组织会计凭证的传递，便于有关部门和个人分工协作，相互牵制，加强岗位责任制，更好地发挥会计监督作用。例如，从材料运到企业验收入库，需要多少时间，有谁填制“收料单”，何时将“收料单”送到供应部门和财会部门，会计部门收到“收料单”后由谁进行审核，并同供应部门的发货票进行核对，由谁何时编制记账凭证和登记账簿，由谁负责整理保管凭证等。这样，就把材料收入业务验收入库到登记入账的全部工作，在本单位内部进行分工合作，共同完成。同时可以考核经办业务的有关部门和人员是否按规定的会计手续办理，从而加强经营管理，提高工作质量。

（二）会计凭证传递的基本要求

各单位的经营业务性质是多种多样的，各种经营业务又有各自的特点，所以，办理各项经济业务的部门和人员以及办理凭证所需要的时间、传递程序也必然各不相同。这就要求每个单位都必须根据自己的业务特点和管理特点，由单位领导会同会计部门及有关部门共同设计制订出一套会计凭证的传递程序，使各个部门保证有序、及时地按规定的程序处理凭证传递。各单位在设计制定会计凭证传递时，应注意以下几个问题：

1. 根据经济业务的特点、机构设置和人员分工情况，明确会计凭证的传递程序

由于企业生产经营业务的内容不同，企业管理的要求也不尽相同。在会计凭证的传递过程中，要根据具体情况，确定每一种凭证的传递程序和方法。合理制订会计凭证所经过的环节，规定每个环节负责传递的相关责任人员，规定会计凭证的联数以及每一联凭证的用途。做到既可使各有关部门和人员了解经济活动情况、及时办理手续，又可避免凭证经过不必要的环节，以提高工作效率。

2. 规定会计凭证经过每个环节所需要的时间，以保证凭证传递的及时性

会计凭证的传递时间，应考虑各部门和有关人员的工作内容和工作量在正常情况下完成的时间，明确规定各种凭证在各个环节上停留的最长时间，不能拖延和积压会计凭证，以免影响会计工作的正常程序。一切会计凭证的传递和处理，都应在报告期内完成，不允许跨期，否则将影响会计核算的准确性和及时性。

会计凭证在传递过程中的衔接手续，应该做到既完备、严密，又简单易行。凭证的收发、交接都应当按一定的手续制度办理，以保证会计凭证的安全和完整。会计凭证的传递程序、传递时间和衔接手续明确后，制定凭证传递程序，规定凭证传递路线、环节及在各个环节上的时间、处理内容及交接手续，使凭证传递工作有条不紊、迅速而有效进行。

二、会计凭证的保管

会计凭证的保管是指会计凭证记账后的整理、装订、归档和存查工作。

会计凭证是记录经济业务、明确经济责任、具有法律效力的证明文件，又是登记账簿的依据，所以，它是重要的经济档案和历史资料。任何企业在完成经济业务手续和记账之后，必须按规定立卷归档，形成会计档案资料，妥善保管，以便日后随时查阅。

会计凭证整理保管的要求有：

1. 各种记账凭证，连同所附原始凭证和原始凭证汇总表，要分类按顺序编号，定期（一天、五天、十天或一个月）装订成册，并加具封面、封底，注明单位名称、凭证种类、所属年月和起讫日期、起止号码、凭证张数等。为防止任意拆装，应在装订处贴上封签，并由经办人员在封签处加盖骑缝章。

2. 对一些性质相同、数量很多或各种随时需要查阅的原始凭证，可以单独装订保管，在封面上写明记账凭证的时间、编号、种类，同时在记账凭证上注明“附件另订”。

3. 各种经济合同和重要的涉外文件等凭证，应另编目录，单独登记保管，并在有关原始凭证和记账凭证上注明。

4. 其他单位因有特殊原因需要使用原始凭证时，经本单位领导批准，可以复制，但应在专门的登记簿上进行登记，并由提供人员和收取人员共同签章。

5. 会计凭证装订成册后，应有专人负责分类保管，年终应登记归档。会计凭证的保管期限和销毁手续，应严格按照《会计档案管理办法》进行管理。各种会计账册保管期限见表5－16。

6. 会计凭证在归档后，应按年月日顺序排列，以便查阅。对已归档凭证的查阅、调用和复制，都应得到批准，并办理一定的手续。会计凭证在保管中应防止霉烂破损和鼠咬虫蛀，以确保其安全和完整。

表5－16　各种会计账册保管期限

序号	档案名称	保管期限	备注
一	会计凭证类		
1	原始凭证	15年	
2	记账凭证	15年	
3	汇总凭证	15年	
二	会计账簿类		
4	总账	15年	包括日记总账
5	明细账	15年	
6	日记账	15年	现金和银行存款日记账保管25年
7	固定资产卡片		固定资产报废清理后保管5年
8	辅助账簿	15年	
三	财务报告类		包括各级主管部门汇总财务报告
9	月、季度财务报告	3年	包括文字分析
10	年度财务报告（决算）	永久	包括文字分析
四	其他类		
11	会计移交清册	15年	
12	会计档案保管清册	永久	
13	会计档案销毁清册	永久	
14	银行余额调节表	5年	
15	银行对账单	5年	

[本章小结]

本章主要阐述了设置、填制、审核会计凭证的意义，会计凭证的分类，各类会计凭证的填制、审核，会计凭证的传递。

填制和审核会计凭证是会计核算的专门方法之一。会计凭证的填制和审核，对于如实反映经济业务的内容，有效监督经济业务的合理性和合法性，保证会计核算资料的真实性、可靠性、合理性，发挥会计在经济管理中的作用，具有重要意义。会计凭证可以按照不同的标志进行分类，但主要是按其用途和填制程序，分为原始凭证和记账凭证两类。

原始凭证按其来源可分为：外来原始凭证和自制原始凭证；按填制方法划分：一次凭证、累计凭证和汇总凭证。会计部门的经办人员为确保会计核算资料的真实、合法、准确，应对各项原始凭证进行审核的工作。原始凭证的审核主要包括三个方面的内容：合理合法性审核、合规性审核。

记账凭证按按经济内容不同划分为：收款凭证、付款凭证和转账凭证；按按填制方式不同划分为单式记账凭证和复式记账凭证；按汇总方法不同划分为分类汇总凭证和全部汇总凭证。记账凭证的审核主要包括内容是否真实、项目是否齐全、科目是否准确、金额是否正确和书写是否规范。

正确组织会计凭证的传递，对于及时处理和登记经济业务，明确经济责任，实行会计监督，具有重要作用。会计凭证传递的实质是在单位内部经营管理各部门之间、各环节之间起着协调和组织的作用。会计凭证传递是企业管理规章制度的重要的组成部分，传递的科学与否，说明该企业管理的科学程度。组织会计凭证传递，必须遵循内部牵制原则，力求做到及时反映并记录经济业务。内部牵制原则是建立内部牵制制度的基本准则，主要是指办理经济业务的各项手续制度要相互制约、相互监督。

[复习题]

一、名词

会计凭证　　原始凭证　　记账凭证　　收款凭证　　付款凭证　　转账凭证

二、简答题

1. 取得、填制和审核会计凭证有何意义？
2. 谈谈会计凭证的分类。
3. 原始凭证与记账凭证的基本内容各有哪些？
4. 会计凭证的传递有何意义？
5. 会计凭证的保管有何要求？
6. 怎样审核原始凭证和记账凭证？
7. 谈谈凭证的书写规范。

三、选择题

1. （　）是会计核算工作开始阶段。

A. 设置会计科目和账户

B. 填制和审核会计凭证

C. 登记会计账簿

D. 编制财务报表

2. 记账凭证是根据合法的（ ）填列的。

A. 原始凭证

B. 收款凭证

C. 付款凭证

D. 转账凭证

3. 从银行提取现金，应填制（ ）。

A. 收款凭证

B. 付款凭证

C. 转账凭证

D. 单式凭证

4. 原始凭证按其填制方法，可以分为（ ）。

A. 转账业务原始凭证

B. 一次性原始凭证

C. 累计原始凭证

D. 汇总原始凭证

5. 记账凭证应具备的基本内容有（ ）等。

A. 经济业务的内容摘要

B. 接受凭证单位的全称

C. 应记会计科目、方向及金额

D. 所附原始凭证张数

四、判断题

1. 原始凭证按其来源可分为外来原始凭证和自制原始凭证。（ ）

2. 记账凭证按用途可分为收款凭证、付款凭证和转账凭证。（ ）

3. “限额领料单”属于累计凭证。（ ）

4. 从银行提现应填制现金收款凭证。（ ）

5. 会计凭证是登记账簿的依据。（ ）

第六章　会计账簿

［学习目标］

1. 了解会计账簿的意义和分类
2. 掌握登记会计账簿的规则
3. 熟练掌握会计账簿的种类、设置、登记以及更正错账的方法、期末账项调整、对账与结账要点

［教学内容］

1. 会计账簿的意义和分类
2. 会计账簿的设置
3. 登账规则与错账更正
4. 对账和结账
5. 会计账簿的更换和保管

第一节　会计账簿概述

会计账簿，是指由一定格式账页组成的，以经过审核的会计凭证为依据，全面系统连续地记录各项经济业务的账簿。在形式上，会计账簿是由若干账页的组合；在实质上，会计账簿是会计信息形成的重要环节，是会计资料的主要载体之一，也是会计资料的重要组成部分。

会计账簿是账户的表现形式，两者既有区别又有联系。账户是在账簿中以规定的会计科目开设户头，用以规定不同的账簿所记录的内容，账户存在于账簿之中，账簿中的每一账页就是账户的存在形式和信息载体。如果没有账户也就没有所谓的账簿；如果没有账簿，账户也成了一种抽象的东西，无法存在。但是账簿只是一种外在形式，账户才是它的真实内容。账簿序时分类地记载经济业务，是在个别账户中完成的，也可以说，账簿是由若干张账页组成的一个整体，而开设于账页上的账户则是这个整体上的个别部分。因此，账簿和账户的关系，是形式和内容的关系。

一、会计账簿的意义

各单位每发生一项经济业务，都必须取得或填制原始凭证，并根据审核无误的原始凭证及有关资料填制记账凭证。通过记账凭证的填制和审核，可以反映和监督单位每一项经济业

务的发生和完成情况。但是由于会计凭证数量多，格式不一，所提供的资料比较分散，缺乏系统性，每张凭证一般只能反映个别经济业务的内容。为了连续、系统、全面地反映单位在一定时期内的某一类和全部经济业务及其引起的资产与权益的增减变化情况，给经济管理提供完整而系统的会计核算资料，并为编制财务报表提供依据，就需要设置会计账簿，把分散在会计凭证中的大量核算资料加以集中和归类整理，分门别类地记录在账簿中。因此，每一单位都应按照国家统一的会计制度和会计业务的需要设置和登记会计账簿。通过账簿记录，既能对经济活动进行序时核算，又能进行分类核算；既可提供各项总括的核算资料，又可提供明细核算资料。

合理的设置和登记账簿，能系统地记录和提供企业经济活动的各种数据。它对加强企业经济核算，改善和提高经营水平有着重要意义，主要表现在以下三个方面：

（1）通过设置和登记账簿，可以系统地归纳和积累反映经济活动的会计核算资料，为改善企业经营管理，合理使用资金提供决策依据。通过账簿的序时核算和分类核算，把企业承包经营情况，收入的构成和支出的情况，财物的购置、使用、保管情况，全面、系统地反映出来，用于监督计划、预算的执行和资金的使用，促进企业改善经营管理。

（2）通过设置和登记账簿，可以为计算财务成果编制财务报表提供依据。根据账簿记录的费用、成本和收入、成果资料，可以计算一定时期的财务成果，检查费用、成本、利润计划的完成情况。经核对无误的账簿资料，及其加工的数据为编制财务报表提供总括和具体的资料，是编制财务报表的主要依据。

（3）通过设置和登记账簿，利用账簿的核算资料，为开展财务分析和会计检查提供依据。通过对账簿资料的检查、分析，可以了解企业贯彻有关方针、政策、制度的情况，用以考核各项计划的完成情况。另外，对资金使用是否合理，费用开支是否符合标准，经济效益有无提高，利润的形成与分配是否符合规定等作出分析、评价，从而找出差距，挖掘潜力，提出改进措施。

二、会计账簿的分类

在会计账簿体系中，有各种不同功能和作用的账簿，它们各自独立，又互为补充。为了便于理解和使用，可以从不同的角度对会计账簿进行分类。

（一）会计账簿按用途分类

会计账簿按其用途不同，可分为序时账簿、分类账簿和备查账簿。

1. 序时账簿。又称日记账，是按经济业务发生或完成时间的先后顺序进行登记的账簿。按其记录的内容不同，序时日记账又分为普通日记账和特种日记账。

1）普通日记账是指用来逐笔记录全部经济业务的序时账簿。即把每天发生的各项经济业务逐日逐笔地登记在日记账中，并确定会计分录，然后据以登记分类账。

2）特种日记账是用来逐笔记录某一经济业务的序时账簿。目前在我国，大多数单位一般只设现金日记账和银行存款日记账。

2. 分类账账簿。是对全部经济业务按照会计要素的具体类别而设置的分类账户进行分类登记的账簿。按照总分类账户分类登记经济业务事项的是总分类账簿，简称总账；按照明细分类账户分类登记经济业务事项的是明细分类账簿，简称明细账。分类账簿提供的核算信息是编制财务报表的主要依据。

在实际工作中，序时账簿和分类账簿还可以结合为一本，既进行序时登记，又进行总分类登记的联合账簿，称为“日记账”。

3. 备查账簿。简称备查账，是对某些不能在序时账簿和分类账簿等主要账簿中进行登记或者登记不够详细的经济业务事项进行补充登记时使用的账簿，又称为辅助账簿。这些账簿可以对某些经济业务的内容提供必须的参考资料，但是它记录的信息不须编入财务报表中，所以也称表外记录。备查账簿没有固定格式，可由各单位根据管理的需要自行设置与设计。如租入固定资产登记簿、应收票据备查簿、受托加工来料登记簿。

（二）会计账簿按外形特征分类

会计账簿按其外形特征不同，可以分为订本式账簿、活页式账簿和卡片式账簿。

1. 订本式账簿，也称订本账，是指在账簿启用前就把具有账户基本结构并连续编号的若干张账页固定地装订成册的账簿。这种账簿的优点是：可以避免账页散失，防止账页被随意抽换，比较安全；其缺点是；由于账页固定，不能根据需要增加或减少，不便于按需要调整各账户的账页，也不便于分工记账。这种账簿一般使用于总分类账、现金日记账和银行存款日记账。

2. 活页式账簿，也称活页账，是指年度内账页不固定装订成册，而是将其放置在活页账夹中的账簿。当账簿登记完毕之后（通常是一个会计年度结束之后），才能将账页予以装订，加具封面，并给各账页连续编号。这种账簿的优点是：随时取放，便于账页的增加和重新排列，便于分工记账和记账工作电算化；缺点是：账页容易散失和被随意抽换。活页账在年度终了时，应及时装订成册，妥善保管。各种明细分类账一般采用活页账式。

3. 卡片式账簿，又称卡片账，是指由许多具有一定格式的卡片组成，存放在一定卡片箱内的账簿。卡片账的卡片一般装在卡片箱内，不用装订成册，随时可存放，也可跨年度长期使用。这种账簿的优点是：便于随时查阅，也便于按不同要求归类整理，不易损坏；其缺点是；账页容易散失和随意抽换。因此，在使用时应对账页连续编号，并加盖有关人员图章，卡片箱应由专人保管，更换新账后也应封扎保管，以保证其安全。在我国，单位一般只对固定资产和低值易耗品等资产的明细账采用卡片账形式。

活页账和卡片账在使用结束、不再继续登记时，必须装订成册，妥善保管。

（三）会计账簿按账页的格式分类

会计账簿按其账页的格式不同，可以分为两栏式账簿、三栏式账簿、多栏式账簿、数量金额式账簿和横线登记式账簿。

1. 两栏式账簿，是指只有借方和贷方两个基本金额栏目的账簿。普通日记账一般采用两栏式。

2. 三栏式账簿，是指其账页的格式主要部分为借方、贷方和余额三栏或者收入、支出和余额三栏的账簿。三栏式账簿又可分为设对方科目和不设对方科目两种。区别是在摘要栏和借方科目栏之间是否有一栏“对方科目”栏。有“对方科目栏”的，称为设对方科目的三栏式账簿；不设“对方科目”栏的，称为不设对方科目的三栏式账簿。它主要适用于各种日记账、总分类账以及资本、债权债务明细账等。

3. 多栏式账簿，是指根据经济业务的内容和管理的需要，在账页的“借方”和“贷方”栏内再分别按照明细科目或某明细科目的各明细项目设置若干专栏的账簿。这种账簿可以按“借方”和“贷方”分别设专栏，也可以只设“借方”专栏或“货方”专栏。当只设“借方”专栏时，“贷方”的内容在相应的借方专栏内用红字登记，表示冲减。收入、费用明细账一般均采用这种格式的账簿。

4. 数量金额式，是指在账页中分设“借方”、“贷方”和“余额”或者“收入”、“发出”和“结存”三大栏，并在每一大栏内分设数量、单价和金额等三小栏的账簿，数量金额式账簿能够反映出财产物资的实物数量和价值量。原材料和库存商品、产成品等明细账一般采用数量金额式账簿。

5. 横线登记式账簿，是指账页分为借方和贷方两个基本栏目，每一个栏目再根据需要分设若干栏次，在账页两方的同一行记录某一经济业务自始自终所有事项的账簿。它主要适用于需要逐笔结算的经济业务的明细账，如物资采购、应收账款等明细账。

第二节　会计账簿的设置

会计账簿的种类很多，各种账簿之间既有区别，又有联系。任何企业的账簿设置，都应适合企业的规模和特点，以及经营管理的需要。因此，账簿组织既要保证便于记账、算账，能够及时正确地从账簿中取得经营管理和编制报表的资料，又要严密精简，避免重叠、烦琐和遗漏，有利于节约人力物力，提高工作效率。

根据《会计法》的规定，所有实行独立核算的国家机关、社会团体、公司、企业、事业单位和其他组织都必须设置总账、明细账、日记账及其他辅助账簿等法定会计账簿，并保证其内容真实、完整。

一、会计账簿的设置原则

会计账簿的设置和登记，包括确定账簿的种类、设计账页的格式、内容和规定账簿登记的方法等。各单位应根据经济业务的特点和管理要求，科学、合理地设置账簿。具体表现为：

1. 账簿的设置必须保证能够全面、系统地核算和监督各项经济活动，为经济管理提供必要的考核指标。

2. 账簿的设置要从各单位经济活动和业务工作特点出发进行设置，以有利于会计分工和加强岗位责任制。

3. 账簿结构要求科学严密，有关账簿之间要有统分关系或平行制约关系，并应避免重复记账或遗漏。

4. 账簿的格式，要力求简明实用，既要保证会计记录的系统和完整，又要避免过于繁琐，以便于日常使用和保存。

二、会计账簿的基本内容

各种账簿所记录的经济内容不同，账簿的格式又多种多样，不同账簿的格式所包括的具体内容也不尽一致，但各种主要账簿应具备以下基本内容：

1. 封面。主要用于表明账簿的名称和记账单位名称，如现金日记账、银行日记账、总分类账、应收账款明细账等。

2. 扉页。主要用于填列账簿启用的日期和截止日期、页数、册次、经管账簿人员一览表和签章、会计主管人员签章、账户目录等。

3. 账页。账页是用来记录具体经济业务的载体，其格式因记录经济业务的内容的不同而有所不同，但每张账页上应载明的主要内容有：账户的名称（即会计科目）；记账日期栏；记账凭证种类和号数栏；摘要栏（经济业务内容的简要说明）；借方、贷方金额及余额的方向、金额栏；总页次和分页次等。

三、会计账簿的启用

为了考证会计账簿记录的合法性和会计资料的真实性、完善性，明确经济业务，会计账簿应由专人负责登记。启用会计账簿应遵守以下规则：

1. 认真填写封面及账簿启用和经管人员一览表

启用会计凭证时应在账簿封面上写明单位名称和账簿名称，并在账簿扉页附账簿启用和经办人员一览表（简称启用表）。启用表内容主要包括：账簿名称、启用日期、账簿页数、记账人员和会计机构负责人、会计主管人员姓名，并加盖名章和单位公章。

启用订本式账簿，应当从第一页到最后一页顺序编定页数，不得跳页、缺页。使用活页式账簿，应当按账户顺序编号，并要定期装订成册；装订后再按实际使用的账页顺序编定页码，另加目录，记明每个账户的名称和页次。卡片式账簿在使用前应当登记卡片登记簿。

2. 严格交接手续

记账人员或者会计机构负责人、会计主管人员调动工作时，必须办理账簿交接手续，在账簿启用和经管人员一览表中注明交接日期、交接人员和监交人员姓名，并由双方交接人员签名或者盖章，以明确有关人员的责任，增强有关人员的责任感，维护会计记录的严肃性。

3. 及时结转旧账

每年年初启用新账时，应将旧账的各账户余额过入新账的余额栏，并在摘要栏中注明“上年结转”字样。

四、日记账的设置和登记

日记账是用来逐日逐笔序时地反映全部经济业务，并需逐笔过账，工作量相当大，也不便于会计人员的分工记账。随着管理上对会计所提供的信息和分工记账的要求不断提高，在会计实务中日记账也经历了一个由简单到复杂的发展过程，即从普通日记账发展到专栏式日记账，进而又发展到特种日记账。因此，现在常见的日记账簿有普通日记账和特种日记账两类。

（一）普通日记账

普通日记账是逐日登记一般经济业务的序时账簿。在不设特种日记账的企业，则要序时地逐笔登记企业的全部经济业务。因其主要内容是会计分录，因此普通日记账也称分录簿。

经济业务发生时，应按先后顺序将会计处理结果逐日记入普通日记账，再根据日记账过入分类账，并在“过账”栏内注明“√”符号，表示已经过账（这样就可使记账的错误和遗漏减到最少限度，并便于事后根据业务发生的时间次序进行查账）

普通日记账设有借方和贷方两个金额栏，所以又成为两栏式日记账。这种日记账的优点是可以将每天发生的经济业务逐笔加以反映，但不结出余额。由于不便于分工记账，而且又不能将经济业务加以分类归集，所以过账的工作量会比较大。普通日记账格式见表6-1。

表6-1 普通日记账

第 页

年		会计科目	摘 要	借方金额	贷方金额	过账
月	日					

（二）特种日记账

特种日记账是用来专门记录某一类经济业务的日记账。企业最常见的特种日记账有现金日记账和银行存款日记账，根据格式的不同又可以分为三栏式和多栏式两种形式。在企业、行政、事业单位中，进行现金日记账和银行存款日记账的登记，有利于加强货币资金的日常核算和监督，更好地贯彻执行国家规定的货币资金管理制度。

1. 现金日记账

现金日记账是用来核算和监督库存现金每日的收入、支出和结存状况的账簿。它由出纳人员根据现金收款凭证、现金付款凭证和银行存款付款凭证，按经济业务发生时间的先后顺序，逐日逐笔进行登记。

现金日记账的结构一般采用“收入”、“支出”、“结余”三栏式。现金日记账中的“年、月、日”、“凭证字号”、“摘要”和“对方科目”等栏，根据有关记账凭证登记；“收入”栏根据现金收款凭证和引起现金增加的银行存款付款凭证登记（从银行提取现金，只编制银行存款付款凭证）；“支出”栏根据现金付款凭证登记。每日终了应计算全日的现金收入、支出合计数，并逐日结出现金余额，与库存现金实存数核对，以检查每日现金收付是否有误。每月期末，应结出当期“收入”栏和“支出”栏的发生额和期末余额，并与“现金”总分类账户核对一致，做到日清月结，账实相符。如账实不符，应查明原因。现金日记账格式见表6-2。

表 6-2　　现金日记账

年		凭证		对方科目	摘要	收入	支出	结余
月	日	种类	号码					

2. 银行存款日记账

银行存款日记账用来核算和监督银行存款每日的收入、支出和结存情况的账簿。它是由出纳人员根据银行存款收款凭证、银行存款付款凭证和现金付款凭证按经济业务发生时间的先后顺序，逐日逐笔进行登记的序时账簿。银行存款日记账应按企业在银行开立的账户和币种分别设置，每个银行存款账户设置一本银行存款日记账。

银行存款日记账的结构一般也采用“收入”、“支出”和“结余”三栏式，由出纳人员根据银行存款的收、付款凭证，逐日逐笔按顺序登记。对于将现金存入银行的业务，因习惯上只填制现金付款凭证，不填制银行存款收款凭证，所以此时的银行存款收入数，应根据相关的现金付款凭证登记。另外，因在办理银行存款收付业务时，均根据银行结算凭证办理，为便于和银行对账，银行存款日记账还设有“结算凭证种类和号数”栏，单独列出每项存款收付所依据的结算凭证种类和号数。银行存款日记账和现金日记账一样，每日终了时要结出余额，做到日清，以便检查监督各项收支款项，避免出现透支现象，同时也便于同银行对账单进行核对。银行存款日记账的格式同现金日记账的格式相似。

现金日记账和银行存款日记账都必须使用订本账。

五、分类账的设置和登记

分类账有总分类账和明细分类账两类。

（一）总分类账

总分类账也称总账，是按总分类科目开设账页、进行分类登记，总括地反映和记录具体经济内容的增减变动情况的账簿。总分类账簿是编制财务报表的重要依据，一般采用三栏式账页格式。由于总分类账能全面地、总括地反映和记录经济业务引起的资金运动和财务收支情况，并为编制财务报表提供数据。因此，任何单位都必须设置总分类账。

总分类账一般采用订本式账簿形式，按照会计科目的编码顺序分别开设账户，并为每个账户预留若干账页。由于总分类账只进行货币度量的核算，因此最常用的格式是三栏式，在账页中设置借方、贷方和余额三个基本金额栏。总分类账中的对应科目栏，可以设置也可以不设置。“借或贷”栏是指账户的余额在借方还是在贷方。

总分类账的登记，可以根据记账凭证逐笔登记，也可以通过一定的方式分次或按月一次汇总成汇总记账凭证或科目汇总表，然后据以登记，还可以根据多栏式现金、银行存款日记账在月末时汇总登记。总分类账登记的依据和方法，取决于企业采用的账务处理程序⑤。其具体格式见图6－3。

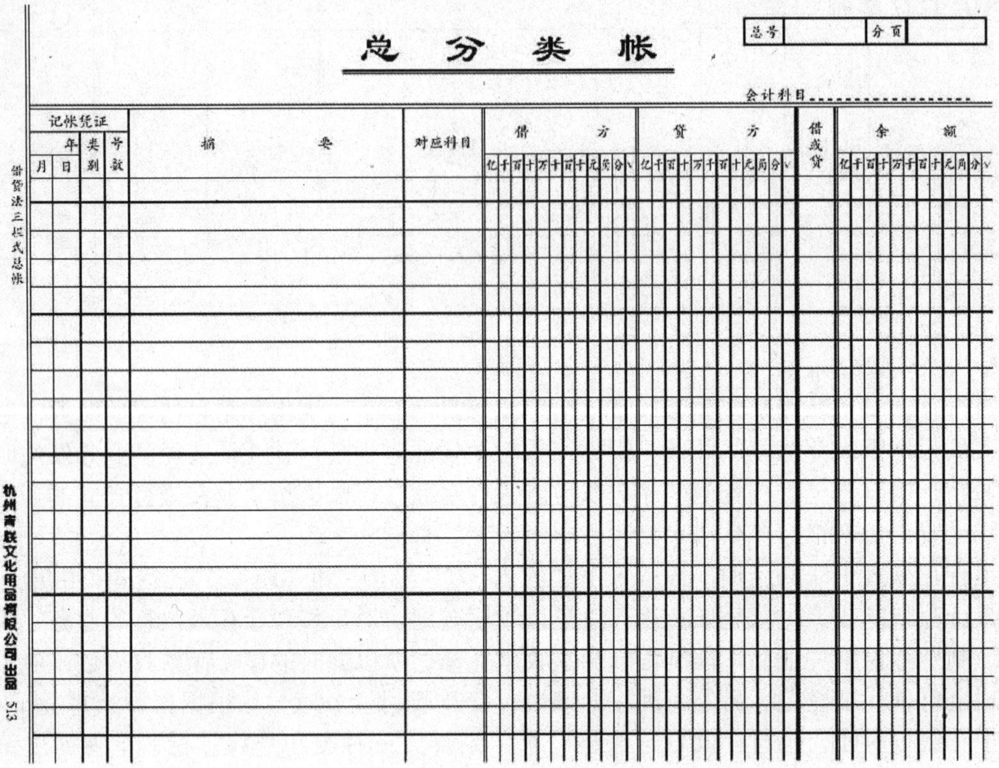

图6－3　总分类账页

（二）明细分类账

明细分类账是根据明细科目开设账页，分类地登记经济业务具体内容，以提供明细资料的账簿。根据实际需要，各种明细账分别按二级科目或明细科目开设账户，并为每个账户预留若干账页，用来分类、连续记录有关资产、负债、所有者权益、收入、费用、利润等详细资料。设置和运用明细分类账，有利于加强对各会计要素的管理和使用，并为编制财务报表提供必要的资料。因此，各单位在设置总分类账的基础上，还要根据经营管理的需要，对部分总账科目设置相应的明细账，以形成既能提供经济活动总括情况，又能提供详细数据的账簿体系。

明细账的格式，应根据它所反映经济业务的特点，以及财产物资管理的不同要求来设计，一般有三栏式明细账、数量金额式明细账、多栏式明细账和横线登记式明细分类账四种。

1. 三栏式明细分类账

三栏式明细分类账账页的格式同总分类账的格式基本相同，它只设借方、贷方和金额三

---

⑤　这部分内容将在第九章学习。

个金额栏，不设数量栏。所不同的是，总分类账簿为订本账，而三栏式明细分类账簿多为活页账。这种账页适用于采用金额核算的应收账款、应付款款等账户的明细核算。如应收账款明细账格式见图表6－4。

表6－4 应收账款明细分类账

年		凭证		摘 要	借方金额	√	贷方金额	√	借或贷	余额
月	日	字	号							
	1									

2. 数量金额式明细账

数量金额式明细账账页格式在收入、发出、结存三栏内，再分别设置“数量”、“单价”和“金额”等栏目，以分别登记实物的数量和金额。

数量金额式明细账适用于既要进行金额明细核算，又要进行数量明细核算的财产物资项目。如“原材料”、“库存商品”等账户的明细核算。它能提供各种财产物资收入、发出、结存等的数量和金额资料，便于开展业务和加强管理的需要。如原材料明细分类账格式见表6－5。

表6－5 原材料明细分类账

材料名称：A材料　　　　单位：千克

年		凭证		摘要	借方金额			贷方金额			借或贷	余额		
月	日	字	号		数量	单价	金额	数量	单价	金额		数量	单价	金额
6	1													

3. 多栏式明细分类账

多栏式明细分类账是根据经济业务的特点和经营管理的需要，在一张账页的借方栏或贷方栏设置若干专栏，集中反映有关明细项目的核算资料。它主要适用于只记金额、不记数量，而且在管理上需要了解其构成内容的费用、成本、收入、利润账户，如“生产成本”、“制造费用”、“管理费用”、“主营业务收入”等账户的明细分类账。“本年利润”、“利润分配”和“应交税费——应交增值税”等科目所属明细科目则需采用借、贷方均为多栏式的明细账；

一般情况下，多栏式明细账应在“借方”和“贷方”分别按照明细项目设专栏，如果某明细账的贷方在月份内只登记一两项经济业务，这类明细账可只按借方分设专栏，发生贷方业务时，可在借方有关专栏内用红字登记。

（1）借方贷方多栏式明细分类账的设置。借方贷方多栏式明细分类账的账页格式适用于借方贷方均需要多个明细科目或明细项目的账户，如“本年利润”科目的明细分类核算。借方贷方均设多栏式明细分类账页的格式和内容如表6－6所示：

表6－6　　**本年利润明细账**　　第　页

年		凭证		摘要	借方				贷方				余额
月	日	字	号		主营业务成本	销售费用	…	合计	主营业务收入	其他业务收入	…	合计	

（2）借方多栏式明细分类账的设置。借方多栏式明细分类账的账页格式适用于借方均需要多个明细科目或明细项目的账户，如“材料采购”、“生产成本”、“制造费用”、“管理费用”等科目的明细分类核算。借方多栏式明细分类账页的格式和内容如表6－7所示：

表6－7　　**制造费用明细账**　　第　页

年		凭证		摘要	借方						贷方	余额
月	日	字	号		工资和福利费	办公费	水电费	折旧费	…	合计		

（3）贷方多栏式明细分类账的设置。贷方多栏式明细分类账的账页格式适用于贷方均需要多个明细科目或明细项目的账户，如“主营业务收入”、“营业外收入”等科目的明细分类核算。贷方多栏式明细分类账页的格式和内容如表6－8所示：

表6－8　　**主营业务收入明细账**　　第　页

年		凭证		摘要	借方	贷方						余额
月	日	字	号			工资和福利费	办公费	水电费	折旧费	…	合计	

多栏式明细分类账是由会计人员根据审核无误的记账凭证或原始凭证，按照经济业务发生的时间先后顺序逐日逐笔进行登记的，对于成本费用类账户，只在借方设专栏，平时在借方登记费用和成本的发生额，贷方登记月末将借方发生额分配转出的数额。但对于贷方发生额，在登记明细账时，由于明细账簿未设置贷方栏，所要要用“红字”金额在借方有关栏内登记，表示应从借方发生额中冲减。同样，对于收入、成果类账户，其明细账只在贷方设专栏，平时在贷方登记收入和成果的发生额。对于借方发生额或转出额，则要用“红字”金额在贷方有关栏内登记。

4. 平行式明细分类账

平行式明细分类账也称横线登记式明细分类账。它的账页结构特点是，将前后密切相关的经济业务在同一横行内进行详细登记，以检查每笔经济业务完成及变动情况。该种账页一般用于“在途物资”、“一次性备用金业务”等明细分类账。

平行式明细分类账的借方一般在购料付款或借出备用金时按会计凭证的编号顺序逐日逐笔登记，其贷方则不要求按会计凭证编号逐日逐笔登记，而是在材料验收入库或者备用金使用后报销和收回时，在与借方记录的同一行内进行登记。同一行内借方、贷方均有记录时，表示该项经济业务已处理完毕，若一行内只有借方记录而无贷方记录的，表示该项经济业务尚未结束。如“其他应收款——备用金”明细账其平行式明细分类账格式及登记方法见表6－9。

表6－9 其他应收款—备用金明细账

2014年		凭证号数	户名	摘要	借方金额（借支）	贷方金额（报销与收回）					备注
						2014年		凭证号数	报销金额	收回金额	
月	日					月	日				
5	1	现付10	张三	借支	2 000	5	15	转34	1 800		
							15	现收21		200	

各种明细账的登记方法，应根据本单位业务量的大小和经营管理上的需要，以及所记录的经济业务内容而定，可以根据原始凭证、汇总原始凭证或记账凭证逐笔登记，也可以根据这些凭证逐日登记或定期汇总登记。

六、总账与明细账的关系及其平行登记

总账按总分类科目开设，对经济内容进行总括的核算，提供总括性指标；明细账按照明细科目开设，对总账的经济内容进行明细核算，提供具体而详细的核算资料，这表明总分类账与明细分类账之间有着密切关系。总分类是明细分类账的统驭账户，它对明细账起着控制作用；明细分类账是总分类账的从属账户它对总分类账起着补充说明作用。两者结合起来就能概括而详细地反映同一笔经济业务的核算内容。所以，为了保证两者核算内容相同，金额相等，在记账时，总分类账户和明细分类账户必须采用平行登记的方法。

总分类账户和明细分类账户的平行登记，是指即对每一交易或事项，根据会计凭证或汇总记账凭证，一方面要在有关总分类账中进行总括登记，另一方面要在其所属的明细分类账中进行详细登记。平行登记方法的要点可归纳为“同时、同方向、同金额、同依据”，即：

（1）同时登记：即对所发生的交易或事项，同一会计期间内，依据记账凭证的时间，一方面记入有关的总分类账；另一方面记入其所属的有关明细分类账中。

（2）同依据登记：即对所发生的交易或事项，同一会计期间内，依据相同的记账凭证的时间，登记有关的总分类账和明细分类账中。

（3）同方向登记：即对所发生的交易或事项进行记账时，记入总分类账的方向（借方或贷方）与记入明细分类账的方向（借方或贷方）应当一致。

（4）同金额登记：即记入总分类账的金额必须与记入所属明细分类账的金额之和相等。实务中，可编制“明细分类账本期发生额及余额表”，提供明细分类账发生额、余额的合计数，并将其与总分类账进行核对，检验二者金额是否相等。

根据总分类账户与明细分类账户平行登记规则记账以后，总分类账户与明细分类账户之间形成相互核对的数量关系，用公式表示如下：

总分类账的借方（或贷方）本期发生额 = 所属明细分类账借方（或贷方）本期发生额之和；

总账期末余额 = 所属明细分类账期末余额之和

现以实例说明总分类账和明细分类账的平行登记方法。

【例】2014 年 1 月 1 日，企业的“原材料”和“应付账款”总分类账户及其所属的明细分类账户的余额如下（不考虑增值税）：

（1）“原材料”总账账户为借方余额 35 000 元，其所属明细账户结存情况为：

①“甲材料”明细账户，结存 2 000 千克，单位成本为 10 元，金额计 20 000 元；

②“乙材料”明细账户，结存 50 吨，单位成本为 300 元，金额计 15 000 元。

（2）“应付账款”总账账户为贷方余额 10 000 元，其所属明细账户余额为：

①“A 工厂”明细账户，贷方余额 6 000 元；

②“B 工厂”明细账户，贷方余额 4 000 元。

1 月份，企业发生的有关交易或事项及其会计处理如下：

（1）1 月 9 日，向 A 工厂购人甲材料 500 千克，单价 10 元，计 5 000 元；向 B 工厂购入乙材料 100 吨，单价 300 元，计 30 000 元，甲、乙材料已验收入库，货款均尚未支付。

对发生的该交易或事项，企业应编制会计分录如下：

借：原材料——甲材料　　5 000
　　　　　——乙材料　　30 000
　贷：应付账款——A 工厂　　5 000
　　　　　　　——B 工厂　　30 000

（2）1 月 12 日，向 A 工厂购入甲材料 400 千克，单价 10 元，计 4 000 元；乙材料 50 吨，单价 300 元，计 15 000 元，材料均已验收入库，货款尚未支付。

对发生的该交易或事项，企业应编制会计分录如下：

借：原材料——甲材料　　4 000
　　　　　——乙材料　　15 000

贷：应付账款——A 工厂　　19 000

（3）1 月 20 日，以银行存款偿付前欠 A 工厂的货款 20 000 元，B 工厂货款 30 000 元。

对发生的该交易或事项，企业应编制会计分录如下：

借：应付账款——A 工厂　　20 000

　　　　　　——B 工厂　　3 0000

　贷：银行存款　　50 000

（4）1 月 26 日，生产车间为生产产品从仓库领用甲材料 1 000 千克，金额为 10 000 元；领用乙材料 100 吨，金额为 30 000 元。

对发生的该交易或事项，企业应编制会计分录如下：

借：生产成本　　40 000

　贷：原材料——甲材料　　10 000

　　　　　　——乙材料　　30 000

根据平行登记的要求，将上述交易或事项在“原材料”和“应付账款”总账账户及其所属的明细账户中进行登记。

平行登记结果如表 6－10、表 6－11、表 6－12、表 6－13、表 6－14 和表 6－15 所示。

表 6－10　　原材料总分类账

账户名称：原材料　　第　页

2014 年		凭证字号	摘要	借方	贷方	借或贷	余额
月	日						
1	1		期初余额			借	35 000
1	9	（1）	购入材料	35 000		借	70 000
1	12	（2）	购入材料	19 000		借	89 000
1	26	（4）	领用材料		40 000	借	49 000

表 6－11　　应付账款总分类账

账户名称：应付账款　　第　页

2014 年		凭证字号	摘要	借方	贷方	借或贷	余额
月	日						
1	1		期初余额			贷	10 000
1	9	（1）	赊购材料		35 000	贷	45 000
1	12	（2）	赊购材料		19 000	贷	64 000
1	20	（3）	偿还欠款	50 000		贷	14 000

表 6－12　　甲材料明细分类账

明细账户：甲材料　　计量单位：千克　　金额：元

2014 年		凭证字号	摘要	收入			发出			结余		
月	日			数量	单价	金额	数量	单价	金额	数量	单价	金额
1	1		期初余额							2 000	10	20 000
1	9	（1）	购入材料	500	10	5 000				2 500	10	25 000
1	12	（2）	购入材料	400	10	4 000				2 900	10	29 000
1	26	（4）	生产领料				1 000	10	10 000	1 900	10	19 000
			本月合计	900	10	9 000	1 000	10	10 000	1 900	10	19 000

表 6－13　　乙材料明细分类账

明细账户：乙材料　　计量单位：吨　　金额：元

2014 年		凭证字号	摘要	收入			发出			结余		
月	日			数量	单价	金额	数量	单价	金额	数量	单价	金额
1	1		期初余额							50	300	15 000
1	9	（1）	购入材料	100	300	30 000				150	300	45 000
1	12	（2）	购入材料	50	300	15 000				200	300	60 000
1	26	（4）	生产领料				100	300	30 000	100	300	30 000
			本月合计	150	300	45 000	100	300	30 000	100	300	30 000

表 6－14　　A 工厂应付账款明细分类账

明细账户：A 工厂　　单位：元　　第　页

2014 年		凭证字号	摘要	借方	贷方	借或贷	余额
月	日						
1	1		期初余额			贷	6 000
1	9	（1）	赊购材料		5 000	贷	11 000
1	12	（2）	赊购材料		19 000	贷	30 000
1	20	（3）	偿还欠款	20 000		贷	10 000

表 6－15　　B 工厂应付账款明细分类账

明细账户：B 工厂　　单位：元　　第　页

2014 年		凭证字号	摘要	借方	贷方	借或贷	余额
月	日						
1	1		期初余额			贷	4 000
1	9	(1)	赊购材料		30 000	贷	34 000
1	20	(3)	偿还欠款	30 000		贷	4 000

平行登记的结果是否正确，需要将总账有关账户与其所属明细账的发生额和余额进行核对。如核对不符，则说明在登账过程中出现了差错，应予以及时改正。核对方法一般是通过编制“明细分类账本期发生额及余额表”来进行。根据上述“原材料”和“应付账款”两个账户所属的明细账户，编制本期发生额及余额表如表 6－1、表 6－2 所示，并与其总账进行核对。

表 6－1　　材料明细分类账本期发生额及余额表

2014 年 1 月

明细分类账户名称	计量单位	单价	期初余额		本期发生额				期末余额	
					收入		发出			
			数量	金额	数量	金额	数量	金额	数量	金额
甲材料	千克	10	2 000	20 000	900	9 000	1 000	10 000	1 900	19 000
乙材料	吨	300	50	15 000	150	45 000	100	30 000	100	30 000
合计				35 000		54 000		40 000		49 000

表 6－2　　应付账款明细分类账本期发生额及余额表

2014 年 1 月

明细分类账户名称	期初余额		本期发生额		期末余额	
	借方	贷方	借方	贷方	借方	贷方
A 工厂		6 000	20 000	24 000		10 000
B 工厂		4 000	30 000	30 000		4 000
合计		10 000	50 000	54 000		14 000

第三节　登账规则与错账更正

登记账簿是会计核算的基础环节，必须认真、严肃对待，切实做到登记及时，内容完整，数字正确清楚。为了做好记账工作，必须严格遵守各项记账要求。

一、登账规则

登记会计账簿必须遵循基本规则，根据我国有关法规的规定及实际记账工作中的通行做法，登记账簿的的基本要求如下：

1. 根据审核无误的凭证记账。登记账簿的依据是会计凭证，记账人员在登记账簿前，应首先审核记账凭证及其所附的原始凭证，以确保其所载内容的真实性、合法性和完整性，这是确保会计信息质量的重要措施。

2. 准确完整。登记会计账簿时，应当将会计凭证日期、编号、业务内容摘要、金额和其他有关资料逐项记入账内，做到数字准确、摘要清楚、登记及时、字迹工整。每一项会计事项，一方面要记入有关的总账，另一方面要记入该总账所属的明细账。账簿记录中的日期，应该填写记账凭证上的日期。以自制的原始凭证，如收料单、领料单等，作为记账依据的，账簿记录中的日期应按有关自制凭证上的日期填列。登记账簿要及时，但对各种账簿的登记间隔应该多长，未作统一规定。一般说来，这要看本单位所采用的具体会计核算形式而定。

3. 注明记账符号。登记完毕后，要在记账凭证上签名或者盖章，并注明已经登账的符号，表示已经记账。在记账凭证上设有专门的栏目供注明记账的符号，以免发生重记或漏记。

4. 文字和数字必须整洁清晰，准确无误。在登记书写时，不要滥造简化字，不得使用同音异义字，不得写怪异字体；摘要文字紧靠左线；数字要写在金额栏内，不得越格错位、参差不齐；文字、数字字体大小适中，紧靠下线书写，上面要留有适当空距，一般应占格子宽的1/2，以备按规定的方法改错。记录金额时，如为没有角和分的整数，应分别在角分栏内写上“0”，不得省略不写，或以“—”号代替。阿拉伯数字一般可自左向右适当倾斜，以使账簿记录整齐、清晰。为防止字迹模糊，墨迹未干时不要翻动账页；夏天记账时，可在手臂下垫一块软质布或纸板等书写，以防汗浸。

5. 正常记账使用蓝黑墨水。登记账簿要用蓝黑墨水或者碳素墨水书写，不得使用圆珠笔（银行的复写账簿除外）或者铅笔书写。在会计的记账书写中，数字的颜色是重要的语素之一，它同数字和文字一起传达出会计信息。如同数字和文字错误会表达错误的信息，书写墨水的颜色用错了，其导致的概念混乱也不亚于数字和文字错误。

6. 特殊情形下记账可使用红墨水。下列情况，可以用红色墨水记账：

①按照红字冲账的记账凭证，冲销错误记录；

②在不分设借和贷栏（或增和减栏）的多栏式账页中，登记减少数；

③在三栏式账户的余额栏前，如未印明余额方向的，在余额栏内登记负数余额；

④根据国家统一会计制度的规定可以用红字登记的其他会计记录。

在上述几种情况下使用红色墨水记账是会计工作中的惯例。比如“应交税费——应交增值税”明细账户的设置方法时，在“进项税额”专栏中用红字登记退回所购货物应冲销的进项税额；在“已交税金”专栏中用红字登记退回多交的增值税额；在“销项税额”专栏中用红字登记退回销售货物应冲销的销项税额，以及在“出口退税”专栏中用红字登记出口货物办理退税后发生退货或者退关而补交已退的税款。

7. 顺序连续登记。各种账簿按页次顺序连续登记，不得跳行、隔页。如果发生跳行、隔页，更不得随便更换账页和撤出账页，作废的账页也要留在账簿中，如果发生跳行、隔页，应当将空行、空页划线注销，或者注明“此行空白”、“此页空白”字样，并由记账人员签名或者盖章。这对堵塞在账簿登记中可能出现的漏洞，是十分必要的防范措施。

8. 结出余额。凡需要结出余额的账户，结出余额后，应当在“借或贷”等栏内写明“借”或者“贷”等字样。没有余额的账户，应当在“借或贷”等栏内写“平”字，并在余额栏内用“0”表示。现金日记账和银行存款日记账必须逐日结出余额。一般说来，对于没有余额的账户，在余额栏内标注的“0”应当放在“元”位。

9. 过次承前。每一账页登记完毕结转下页时，应当结出本页合计数及余额，写在本页最后一行和下页第一行有关栏内，并在摘要栏内注明“过次页”和“承前页”字样；也可以将本页合计数及金额只写在下页第一行有关栏内，并在摘要栏内注明“承前页”字样。也就是说，“过次页”和“承前页”的方法有两种：一是在本页最后一行内结出发生额合计数及余额，然后过次页并在次页第一行承前页；二是只在次页第一行承前页写出发生额合计数及余额，不在上页最后一行结出发生额合计数及余额后过次页。

10. 登记发生错误时，必须按规定方法更正，严禁刮、擦、挖、补，或使用化学药物清除字迹。发现差错必须根据差错的具体情况采用划线更正、红字更正、补充登记等方法更正。

11. 定期打印。实行会计电算化的单位，总账和明细账应当定期打印；发生收款和付款业务的，在输入收款凭证和付款凭证的当天必须打印出现金日记账和银行存款日记账，并与库存现金核对无误。这是因为在以机器或其他磁性介质储存的状态下，各种资料或数据的直观性不强，而且信息处理的过程不明，不便于进行某些会计操作和进行内部或外部审计，对会计信息的安全和完整也不利。

二、错账更正

登记会计账簿是一项很细致的工作。在记账工作中，可能由于种种原因会使账簿记录发生错误，有的是填制凭证和记账时发生的单纯笔误；有的是写错了会计科目、金额等；有的是合计时计算错误；有的是过账错误，登记账簿中发生的差错，一经查出就应立即更正。对于账簿记录错误，不准涂改、挖补、刮擦或者用药水消除字迹，不准重新抄写，而必须根据错误的具体情况和性质，采用规范的方法予以更正。错账更正方法通常有划线更正法、红字更正法和补充登记法等几种。

（一）划线更正法

记账凭证填制正确，在记账或结账过程中发现账簿记录中文字或数字有错误，应采用划线更正法。具体做法是：先在错误的文字或数字上划一条红线，表示注销，划线时必须使原有字迹仍可辨认；然后将正确的文字或数字用蓝字写在划线处的上方，并由记账人员在更正处盖章，以明确责任。对于文字的错误，可以只划去错误的部分，并更正错误的部分，对于错误的数字，应当全部划红线更正，不能只更正其中的个别错误数字。例如，把“3 457”元误记为“8 457”元时，应将错误数字“8 457”全部用红线注销后，再写上正确的数字“3 457”，而不是只删改一个“8”字。如记账凭证中的文字或数字发生错误，在尚未过账前，也可用划线更正法更正。

（二）红字更正法

在记账以后，如果发现记账凭证中应借、应贷科目或金额发生错误时，可以用红字更正法进行更正。红字更正法一般适用于以下两种情况错账的更正：

1. 记账后，如果发现记账凭证中的应借、应贷会计科目有错误，那么可以用红字更正法予以更正。具体做法是：先用红字金额，填写一张与错误记账凭证内容完全相同的记账凭证，且在摘要栏注明“更正某月某日第×号凭证”，并据以用红字金额登记入账，以冲销账簿中原有的错误记录，然后再用蓝字重新填制一张正确的记账凭证，登记入账。这样，原来的错误记录便得以更正。

［例1］A车间领用甲材料2 000元用于一般消耗。

（1）填制记账凭证时，误将借方科目写成“生产成本”，并已登记入账。原错误记账凭证为：

借：生产成本　　2 000
　　贷：原材料　　2 000

（2）发现错误后，用红字填制一张与原错误记账凭证内容完全相同的记账凭证。

借：生产成本　　2 000
　　贷：原材料　　2 000

同时，应在该补编的记账凭证摘要栏中注明“冲销××号凭证错记科目金额”字样。

（3）用蓝字填制一张正确的记账凭证。

借：制造费用　　2 000
　　贷：原材料　　2 000

同时，应在该补编的记账凭证摘要栏中注明“更正××号凭证错记科目金额”字样。

（4）有关账户登记情况如“T”型账户所示：

生产成本		制造费用		原材料	
2 000		2 000			2 000
2 000					2 000
0					2 000
0		2 000			2 000

2. 记账后，如果发现记账凭证和账簿记录中应借、应贷的账户没有错误，只是所记金额大于应记金额。对于这种账簿记录的错误，更正的方法是：将多记的金额用红字填制一张与原错误记账凭证会计科目相同的记账凭证，并在摘要栏注明“更正某月某日第×号凭证”，并据以登记入账，以冲销多记的金额，使错账得以更正。

［例2］仍以例1为例，假设在编制记账凭证时应借、应贷账户没有错误，只是金额由200元写成了2 000元，并且已登记入账。

该笔业务只需用红字更正法编制一张记账凭证将多记的金额1 800元用红字冲销即可。编制的记账凭证为：

借：制造费用　　1 800

贷：原材料 1 800

同时，应在该补编的记账凭证摘要栏中注明“冲销××号凭证多记金额”字样。有关账户登记情况如“T”型账户所示：

制造费用

2 000	
1 800	
200	

原材料

	2 000
	1 800
	200

（三）补充登记法

在记账之后，如果发现记账凭证中应借、应贷的账户没有错误，但所记金额小于应记金额，造成账簿中所记金额也小于应记金额，这种错账应采用补充登记法进行更正。更正的方法是：将少记金额用蓝笔填制一张与原错误记账凭证会计科目相同的记账凭证，并在摘要栏内注明“补记某月某日第×号凭证”并予以登记入账，补足原少记金额，使错账得以更正。

[例3] 假设在编制记账凭证时应借、应贷账户没有错误，只是金额由2 000元写成了200元，并且已登记入账。

该笔业务只需用补充登记法编制一张记账凭证将少记的金额1 800元补足便可。其记账凭证为：

借：制造费用 1 800

贷：原材料 1 800

同时，应在该补编的记账凭证摘要栏中注明“补记××号凭证少记金额”字样。有关账户登记情况如“T”型账户所示：

制造费用

200	
1 800	
2 000	

原材料

	200
	1 800
	2 000

错账更正的三种方法红字更正法和补充登记法都是用来更正因记账凭证错误而产生的记账错误，如果非因记账凭证的差错而产生的记账错误，只能用划线更正法更正。

以上三种方法对当年内发现填写记账凭证或者登记账错误而采用的更正方法，如果发现以前年度记账凭证中有错误（指会计科目和金额）并导致账簿登记出现差错，应当用蓝字或黑字填制一张更正的记账凭证。因错误的账簿记录已经在以前会计年度终了进行结账或决算，不可能将已经决算的数字进行红字冲销，只能用蓝字或黑字凭证对除文字外的一切错误进行更正，并在更正凭证上特别注明“更正××年度错账”的字样。

第四节 对账和结账

登记账簿作为会计核算的方法之一，它除了包括记账外，还包括对账和结账两项工作。在月份和年度终了时，应将账簿记录核对结算清楚，使账簿资料如实反映情况，为编制财务报表提供可靠的资料。核对账目是保证账簿记录正确性的一项重要工作。

一、对账

对账，就是核对账目。对账是保证会计账簿记录真实准确的重要程序。在会计工作中，由于种种原因，难免会发生记账、计算等差错，也难免会出现账实不符的现象。为了保证各账簿记录和财务报表的真实、完整和正确，如实地反映和监督经济活动，各单位必须做好对账工作。

账簿记录的准确与真实可靠，不仅取决于账簿的本身，还涉及到账簿与凭证的关系，账簿记录与实际情况是否相符的问题等。所以，对账应包括账簿与凭证的核对、账簿与账簿的核对、账簿与实物的核对。把账簿记录的数字核对清楚，做到账证相符、账账相符和账实相符。

（一）账证核对

账证核对是指将会计账簿记录与会计凭证（包括记账凭证和原始凭证）有关内容进行核对。由于会计账簿是根据会计凭证登记的，两者之间存在勾稽关系，因此，通过账证核对，可以检查、验证会计账簿记录与会计凭证的内容是否正确无误，以保证账证相符。各单位应当定期将会计账簿记录与其相应的会计凭证记录（包括时间、编号、内容、金额、记录方向等）逐项核对，检查是否一致。如有不符之处，应当及时查明原因，予以更正。保证账证相符，是会计核算的基本要求之一，也是账账相符、账实相符和账表相符的基础。

（二）账账核对

账账核对是指将各种会计账簿之间相对应的记录进行核对。由于会计账簿之间相对应的记录存在着内在联系，因此，通过账账相对，可以检查、验证会计账簿记录的正确性，以便及时发现错账，予以更正，保证账账相符。账账核对的内容主要包括：

1. 总分类账各账户借方余额合计数与贷方余额合计数核对相符。

2. 总分类账各账户余额与其所属明细分类账各账户余额之和核对相符。

3. 现金日记账和银行存款日记账的余额与总分类账中“现金”和“银行存款”账户余额核对相符。

4. 会计部门有关财产物资的明细分类账余额与财产物资保管或使用部门登记的明细账核对相符。

（三）账实核对

账实核对是在账账核对的基础上，将各种财产物资的账面余额与实存数额进行核对。由于实物的增减变化、款项的收付都要在有关账簿中如实反映，因此，通过会计账簿记录与实物、款项的实有数进行核对，可以检查、验证款项、实物会计账簿记录的正确性，以便于及时发现财产物资和货币资金管理中存在的问题，查明原因，分清责任，改善管理，保证账实相符。账实核对的主要内容包括：

1. 现金日记账账面余额与现金实际库存数核对相符。

2. 银行存款日记账账面余额与开户银行对账单核对相符。

3. 各种材料、物资明细分类账账面余额与实存数核对相符。

4. 各种债权债务明细账账面余额与有关债权、债务单位或个人的账面记录核对相符。

实际工作中，账实核对一般要结合财产清查进行。有关财产清查的内容和和方法将在以后的章节介绍。

二、结账

结账，是在把一定时期内发生的全部经济业务登记入账的基础上，按规定的方法将各种账簿的记录进行小结，计算并记录本期发生额和期末余额。

为了正确反映一定时期内在账簿中已经记录的经济业务，总结有关经济活动和财务状况，为编制财务报表提供资料，各单位应在会计期末进行结账。会计期间一般按日历时间划分为年、季、月，结账于各会计期末进行，所以分为月结、季结、年结。

（一）结账的基本程序

结账前，必须将属于本期内发生的各项经济业务和应由本期受益的收入、负担的费用全部登记入账。在此基础上，才可保证结账的有用性，确保财务报表的正确性。不得把将要发生的经济业务提前入账，也不得把已经在本期发生的经济业务延至下期（甚至以后期）入账。结账的基本程序具体表现为：

1. 将本期发生的经济业务事项全部登记入账，并保证其正确性。

2. 根据权责发生制的要求，调整有关账项，合理确定本期应计的收入和应计的费用。

（1）应计收入和应计费用的调整。

应计收入是指那些已在本期实现、因款项未收而未登记入账的收入。企业发生的应计收入，主要是本期已经发生且符合收入确认标准，但尚未收到相应款项的商品或劳务。对于这类调整事项，应确认为本期收入，借记“应收账款”等科目，贷记“营业收入”等科目；待以后收妥款项时，再借记“库存现金”或“银行存款”等科目，贷记“应收账款”等科目。

（2）收入分摊和成本分摊的调整。

收入分摊是指企业已经收取有关款项，但未完成或未全部完成销售商品或提供劳务，需在期末按本期已完成的比例，分摊确认本期已实现收入的金额，并调整以前预收款项时形成的负债，如企业销售商品预收定金、提供劳务预收佣金。在收到预收款项时，应借记“银行存款”等科目，贷记“预收账款”等科目；在以后提供商品或劳务、确认本期收入时，借记“预收账款”等科目，贷记“营业收入”等科目。

成本分摊是指企业的支出已经发生、能使若干个会计期间受益，为正确计算各个会计期间的盈亏，将这些支出在其受益期间进行分配。如企业已经支出，但应由本期或以后各期负担的长期待摊费用，购建固定资产和无形资产的支出等。企业在发生这类支出时，应借记“长期待摊费用”、“固定资产”、“无形资产”等科目，贷记“银行存款”等科目。在会计期末进行摊销时，应借记“制造费用”、“管理费用”、“销售费用”等科目，贷记“长期待摊费用”、“累计折旧”、“累计摊销”等科目。

3. 将损益类账户转入"本年利润"账户，结平所有损益类账户。

4. 结算出资产、负债和所有者权益账户的本期发生额和余额，并结转下期。

（二）结账的基本方法

结账时，应当结出每个账户的期末余额。需要结出当月（季、年）发生额的账户，如各项收入、费用账户等，应单列一行登记发生额，在摘要栏内注明"本月（季）合计"或"本年累计"。结出余额后，应在余额前的"借或贷"栏内写"借"或"贷"字样，没有余额的账户，应在余额栏前的"借或贷"栏内写"平"字，并在余额栏内用"0"表示。为了突出本期发生额及期末余额，表示本会计期间的会计记录已经截止或者结束，应将本期与下期的会计记录明显分开，结账一般都划"结账线"。划线时，月结、季结用单线，年结划双实线。划线应划红线并应划通栏线，不能只在账页中的金额部分划线。

结账时应根据不同的账户记录，分别采用不同的结账方法：

1. 总账账户的结账方法。总账账户平时只需结计月末余额，不需要结计本月发生额。每月结账时，应将月末余额计算出来并写在本月最后一笔经济业务记录的同一行内，并在下面通栏划单红实线。年终结账时，为了反映全年各会计要素增减变动的全貌，便于核对账目，要将所有总账账户结计全年发生额和年末余额，在摘要栏内注明"本年累计"字样，并在"本年累计"行下划双红实线。

2. 现金日记账、银行存款日记账和需要按月结计发生额的收入、费用等明细账的结账方法。现金日记账、银行存款日记账和需要按月结计发生额的各种明细账，每月结账时，要在每月的最后一笔经济业务下面通栏划单红实线，结出本月发生额和月末余额写在红线下面，并在摘要栏内注明"本月合计"字样，再在下面通栏划单红实线。

3. 不需要按月结计发生额的债权、债务和财产物资等明细分类账的结账方法。对这类明细账，每次记账后，都要在该行余额栏内随时结出余额，每月最后一笔余额即为月末余额。也就是说月末余额就是本月最后一笔经济业务记录的同一行内的余额。月末结账时只需在最后一笔经济业务记录之下通用栏划单红实线即可，无需再结计一次余额。

4. 需要结计本年累计发生额的收入、成本等明细账的结账方法。对这类明细账，先按照需按月结计发生额的明细账的月结方法进行月结，再在"本月合计"行下的摘要栏内注明"本年累计"字样，并结出自年初起至本月末止的累计发生额，再在下通栏划单红实线。12 月末的"本年累计"就是全年累计发生额，全年累计发生额下面通栏划双红实线。

5. 年度终了结账时，有余额的账户，要将其余额结转到下一会计年度，并在摘要栏内注明"结转下年"字样；在下一会计年度新建有关会计账簿的第一行余额栏内填写上年结转的余额，并在摘要栏内注明"上年结转"字样。结转下年时，既不需要编制记账凭证，也不必将余额再记入本年账户的借方或贷方，使本年有余额的账户的余额变为零，而是使有余额的账户的余额如实反映在账户中，以免混淆有余额账户和无余额的账户的区别。

若由于会计准则或会计制度改变而需要在新账中改变原有账户名称及其核算内容的，可将年末余额按新会计准则或会计制度的要求编制余额调整分录，或编制余额调整工作底稿，将调整后的账户余额转入新账的有关账户余额栏内。

第五节 会计账簿的更换和保管

一、会计账簿的更换

会计账簿是记录和反映经济业务的重要历史资料和证据。为了使每个会计年度的账簿资料明晰和便于保管，一般来说，总账、日记账和多数明细账要每年更换一次，这些账簿在每年年终按规定办理完毕结账手续后，就应更换、启用新的账簿，并将余额结转记入新账簿中。但有些财产物资明细账和债权、债务明细账，由于材料等财产物资的品种、规格繁多，债权、债务单位也较多，如果更换新账，重抄一遍的工作量相当大，应此，可以跨年度使用，不必每年更换一次。卡片式账簿，如固定资产卡片，以及各种备查账簿，也都可以连续使用。

二、会计账簿的保管

会计账簿同会计凭证和财务报表一样，都属于会计档案，是重要的经济档案，各单位必须按规定妥善保管，确保其安全与完整，并充分加以利用。

（一）会计账簿的装订整理

在年度终了更换新账簿后，应将使用过的各种账簿（跨年度使用的账簿除外）按时装订整理立卷。

1. 装订前，首先要按账簿启用和经管人员一览表的使用页数核对各个账户是否相符，账页数是否齐全，序号排列是否连续；然后按会计账簿封面、账簿启用表、账户目录、该账簿按页数顺序排列的账页、装订封底的顺序装订。

2. 对活页账簿，要保留已使用过的账页，将账页数填写齐全，除去空白页并撤掉账夹，用质地好的牛皮纸做封面和封底，装订成册。多栏式、三栏式、数量金额式等活页账不得混装，应按同类业务、同类账页装订在一起。装订好后，应在封面上填明账目的种类，编号卷号，并由会计主管人员和装订人员签章。

3. 装订后会计账簿的封口要严密，封口处要加盖有关印章。封面要齐全、平整，并注明所属年度和账簿名称和编号。不得有折角、缺角、错页、掉页、加空白纸的现象。会计账簿要按保管期限分别编制卷号。

（二）按期移交档案部门进行保管

年度结账后，更换下来的账簿，可暂由本单位财务会计部门保管一年，期满后原则上应由财务会计部门移交本单位档案部门保管。移交时需要编制移交清册，填写交接清单，交接人员按移交清册和交接清单项目核查无误后签章，并在账簿使用日期栏内填写移交日期。

已归档的会计账簿作为会计档案为本单位提供利用，原件不得借出，如有特殊需要，须经上级主管单位或本单位领导、会计主管人员批准，在不拆散原卷册的前提下，可以提供查阅或者复制，并要办理登记手续。

会计账簿是重要的会计档案之一，必须严格按《会计档案管理办法》规定的保管年限妥善保管，不得丢失和任意销毁。通常总账（包括日记总账）和明细账保管期限为 15 年；

日记账保管期限为15年，但现金和银行存款日记账保管期限为25年；固定资产卡片账在固定资产报废清理后保管5年；辅助账簿保管期限为15年。实际工作中，各单位可以根据实际利用的经验、规律和特点，适当延长有关会计档案的保管期限，但必须有较为充分的理由。

[本章小结]

本章主要阐述会计账簿设置和登记的必要性，账簿的分类，账簿的填制方法，账簿的更正方法以及账簿的更换。

会计账簿，是指由一定格式账页组成的，以经过审核的会计凭证为依据，全面系统连续地记录各项经济业务的账簿。为了把分散在各会计凭证中的大量核算资料加以集中归类反映，为经营管理提供系统、完整的核算资料，并为编制财务报表提供依据，就必须设置和登记账簿。设置和登记账簿是会计核算的专门方法之一。

会计账簿根据不同的标准有不同的分类。会计账簿按其用途不同，可分为序时账簿、分类账簿和备查账簿；会计账簿按其外形特征不同，可以分为订本式账簿、活页式账簿和卡片式账簿；会计账簿按其账页的格式不同，可以分为两栏式账簿、三栏式账簿、多栏式账簿、数量金额式账簿和横线登记式账簿。企业应根据经济管理核算的需要对各会计项目选择一定的会计账簿进行核算。如总分类账是按照总分类账户分类登记全部经济业务的账簿，一般采用三栏式的订本账；明细分类账是按照明细分类账户详细记录某一经济业务的账簿，根据实际需要，存货类各种明细账选择数量金额式活页账簿，成本费用类明细账选择借方多栏式活页账簿，往来款项明细账选择三栏式活页账簿。

总分类账和明细分类账之间的关系是统驭与被统驭，因此必须进行平行登记时，注意遵守同方向、同金额、同期间、同依据的原则。

账簿每期期末要做好月结与年结结账工作，每年都应该更换账簿，所以还要做好封账的工作。有些特殊的账簿也可以不更换，如固定资产明细账。

[复习题]

一、名词

会计账簿　序时账簿　备查账簿　特种日记账　划线更正法　红字更正法　补充登记法　对账　结账

二、简答题

1. 设置和登记会计账簿有何意义？
2. 会计账簿有哪些种类？各类账簿各有什么特点？
3. 明细分类账有哪几种格式？如何区别它们？
4. 更正错账的方法有几种？各种方法分别有什么特别？各方法分别适用的范围是什么？
5. 什么是对账？对账有哪几种类型？
6. 什么是结账？在实务中具体该如何结账？
7. 试述账簿的登记规则。

三、选择题

1. 按照经济业务发生或完成时间的先后顺序逐日逐笔连续登记的账簿是（　）。

A. 明细分类账
B. 总分类账
C. 日记账
D. 备查账

2. 下列明细分类账中（ ）应采用数量金额式账簿。
A. 应收账款明细账
B. 管理费用明细账
C. 应付账款明细账
D. 库存商品明细账

3. 下列账簿中，（ ）可以采用卡片式账簿。
A. 固定资产总账
B. 固定资产明细账
C. 日记总账
D. 日记账

4. 可用于更正因记账凭证错误而导致账簿记录错误的方法有（ ）。
A. 划线更正法
B. 红字更正法
C. 补充登记法
D. 差数核对法

5. 对账工作主要包括（ ）。
A. 账簿记录与记账凭证核对
B. 总账与明细账核对
C. 现金日记账与库存现金核对
D. 财产物资保管账与实物核对

三、判断题

1. 会计账簿的记录是编制财务报表的前提和依据，也是检查、分析和控制单位经济活动的重要依据。（ ）

2. 活页式账簿便于账页的重新排列和记账人员的分工，但账页容易散失和被随意抽换。（ ）

3. 会计账簿登记中，如果不慎发生隔页，应立即将空页撕掉，并更改页码。（ ）

4. 记账凭证正确，因登记时的笔误而引起的账簿记录错误，可用划线更正法对其更正。（ ）

5. 年终结账时有余额的账户，其余额结转下年的方法是：将余额直接记入下一会计年度新建会计账簿同一账户的第一行余额栏内，并在摘要栏注明“上年结转”字样。（ ）

第七章　财产清查

[学习目标]

1. 了解财产清查的意义和作用
2. 掌握财产物资盘存制度
3. 熟练掌握财产清查的方法和财产清查结果的账务处理

[教学内容]

1. 财产清查的意义和种类
2. 财产清查的方法
3. 财产清查结果的账务处理

第一节　财产清查的意义和种类

一、财产清查的意义

财产清查也叫财产检查，是指通过对实物、现金的实地盘点和对银行存款、往来款项的核对，查明各项财产物资、货币资金、往来款项的实有数和账面数是否相符的一种会计核算的专门方法。

企业的会计工作，都要通过会计凭证的填制和审核，然后及时地在账簿中进行连续登记。应该说，这一过程能保证账簿纪录的正确性，也能真实反映企业各项财产的实有数，各项财产的账实应该是一致的。但是，在实际工作中，由于种种原因，账簿纪录会发生差错，各项财产的实际结存数也会发生差错，最终导致账存数与实存数发生差异。其常见的原因有：

1）在收发物资中，由于计量、检验不准确；

2）财产物资在运输、保管、收发过程中，在数量上发生自然增减变化；

3）在财产增减变动中，由于手续不齐或计算、登记上发生错误；

4）由于管理不善或工作人员失职，造成财产损失、变质或短缺等；

5）贪污盗窃、营私舞弊造成的损失；

6）自然灾害造成的非常损失；

7）未达账项等。

上述种种原因都会影响账实的一致性。因此，运用财产清查的手段，对各种财产物资进行定期或不定期的核对和盘点，具有十分重要的意义。

(一) 保证账实相符，使会计资料真实可靠

通过财产清查可以确定各项财产物资的实际结存数，将账面结存数和实际结存数进行核对，可以揭示各项财产物资的溢缺情况，从而及时地调整账面结存数，保证账簿纪录真实、可靠。

(二) 保护财产的安全和完整

通过财产清查，可以查明企业单位财产、商品、物资是否完整，有无缺损和霉变现象，以便堵塞漏洞、改进和健全各种责任制，切实保证财产的安全和完整。

(三) 挖掘财产潜力，加速资金周转

通过财产清查可以及时查明各种财产物资的结存和利用情况。如发现企业有闲置不用的财产物资应及时加以处理，以充分发挥他们的效能；如发现企业有呆滞积压的财产物资，也应及时加以处理，并分析原因，采取措施，改善经营管理。这样，可以使财产物资得到充分合理的利用，加速资金周转，提高企业的经济效益。

(四) 保证财经纪律和结算纪律的执行

通过对财产、物资、货币资金及往来款项的清查，可以查明有关业务人员是否遵守财经纪律和结算纪律，有无贪污盗窃、挪用公款的情况；查明资金使用是否合理，是否符合党和国家的方针政策和法规，从而使工作人员更加自觉的遵纪守法，自觉维护和遵守财经纪律。

二、财产清查的种类

财产清查，按照清查的对象和范围，可以分为全面清查和局部清查；按照清查的时间，可以分为定期清查和不定期清查。

(一) 全面清查与局部清查

全面清查是指对所有的财产和资金进行全面盘点与核对。其清查对象主要包括：原材料、在产品、自制半成品、库存商品、现金、短期存（借）款、有价证券及外币、在途物资、委托加工物资、往来款项、固定资产等。全面清查范围广，工作量大，一般在年终决算或企业撤销、合并或改变隶属关系时进行。

局部清查也称重点清查，是指根据需要只对财产中某些重点部分进行的清查。如流动资金中变化较频繁的原材料、库存商品等，除年度全面清查外，还应根据需要随时轮流盘点或重点抽查。各种贵重物资要每月至少清查一次，库存现金要天天核对，银行存（借）款要按银行对账单逐笔核对。

(二) 定期清查和不定期清查

定期清查是指在规定的时间内所进行的财产清查。一般是在年、季、月终了后进行。

不定期清查也称临时清查，是指根据实际需要临时进行的财产清查。一般是在更换财产物资保管人员、企业撤销、合并或发生财产损失等情况时所进行的清查。

定期清查和不定期清查的范围应视具体情况而定，可全面清查也可局部清查。

第二节　财产清查的方法

一、财产清查的准备工作

财产清查是一项复杂细致的工作，它涉及面广、政策性强、工作量大。为了加强领导，保质保量完成此项工作，一般应在企业单位负责人（如厂长、经理等）的领导下，由会计、业务、仓库等有关部门的人员组成财产清查的专门班子，具体负责财产清查的领导工作。在清查前，必须首先做好以下几项准备工作：

（1）清查小组制定财产计划，确定清查对象、范围、配备清查人员，明确清查任务。

（2）财务部门要将总账、明细账等有关资料登记齐全，核对正确，结出余额。保管部门对所保管的各种财产物资以及账簿、账卡挂上标签，标明品种、规格、数量，以备查对。

（3）银行存款和银行借款应从银行取得对账单，以便查对。

（4）对需要使用的度量衡器，要提前校验正确，保证计量准确。对应用的所有表册，都要准备妥当。

二、财产清查的方法

（一）实物资产的清查

对于各种实物如材料、半成品、在产品、产成品、低值易耗品、包装物、固定资产等，都要从数量和质量上进行清查。由于实物的形态、体积、重量、堆放方式等不尽相同，因而所采用的清查方法也不尽相同。实物数量的清查方法，比较常用的有以下几种：

（1）实物盘点。即通过逐一清点或用计量器具来确定实物的实存数量。其适用的范围较广，在多数财产物资清查中都可以采用这种方法。

（2）技术推算。采用这种方法，对于财产物资不是逐一清点计数，而是通过量方、计尺等技术推算财产物资的结存数量。这种方法只适用于成堆量大、而价值又不高的，难以逐一清点的财产物资的清查。例如，露天堆放的煤炭等。

对于实物的质量，应根据不同的实物采用不同的检查方法，例如有的采用物理方法，有的采用化学方法来检查实物的质量。

实物清查过程中，实物保管人员和盘点人员必须同时在场。对于盘点结果，应如实登记盘存单，并由盘点人和实物保管人签字或盖章，以明确经济责任。盘存单既是纪录盘点结果的书面证明，也是反映财产物资实存数的原始凭证。盘存单格式见表7－1。

表 7－1 **盘存单**

单位名称： 盘点时间： 编　号：

财产类别： 存放地点： 金额单位：

编号	名　称	计量单位	数量	单价	金额	备注

盘点人签章： 保管人：

为了查明实存数与账存数是否一致，确定盘盈或盘亏情况，应根据盘存单和有关账簿的记录，编制实存账存对比表。实存账存对比表是用以调整账簿记录的重要原始凭证，也是分析产生差异的原因，明确经济责任的依据。实存账存对比表格式见表 7－2。

表 7－2 **实存账存对比表**

编号	类别及名称	计量单位	单价	对比结果								备注
				实　存		账　存		盘　盈		盘　亏		
				数量	金额	数量	金额	数量	金额	数量	金额	

主管人员： 会计： 制表：

对于委托外单位加工、保管的材料、商品、物资以及在途的材料、商品、物资等，可以用询证的方法与有关单位进行核对，以查明账实是否相符。

（二）库存现金的清查

库存现金的清查，包括人民币和各种外币的清查，都是采用实地盘点即通过点票数来确定现金的实存数，然后以实存数与现金日记账的账面余额进行核对，以查明账实是否相符及盈亏情况。

由于现金的收支业务十分频繁，容易出现差错，需要出纳人员每日进行清查和定期及不定期的专门清查。每日业务终了，出纳人员都应将现金日记账的账面余额与现金的实存数进行核对，做到账款相符。专门班子清查盘点时，出纳人员必须在场，现钞应逐张查点，还应注意有无违反现金管理制度的现象，编制现金盘点报告表，并由盘点人员和出纳人员签章。现金盘点报告表兼有盘存单和实存账存对比表的作用，是反映现金实有数和调整账簿记录的重要原始凭证。（表 7－3）

表 7－3 **现金盘点报告表**

单位名称： 年　月　日

实存金额	账存金额	对比结果		备　注
		盘 盈	盘 亏	

盘点人： 出纳员：

国库券、其他金融债券、公司债券、股票等有价证券的清查方法和现金相同。

（三）银行存款的清查

银行存款的清查，与实物和现金的清查方法不同，它是采用与银行核对账目的方法来进行的。即将企业单位的银行存款日记账与从银行取得的对账单逐笔核对，以查明银行存款的收入、付出和结余的记录是否正确。

开户银行送来的银行对账单是银行在收付企业单位存款时复写的账页，它完整的记录了企业单位存放在银行的款项的增减变动情况及结存余额，是进行银行存款清查的重要依据。

在实际工作中，企业银行存款日记账余额与银行对账单余额往往不一致，其主要原因：一是双方账目发生错账、漏账。所以在与银行核对账目之前，应先仔细检查企业单位银行存款日记账的正确性和完整性，然后再将其与银行送来的对账单逐笔进行核对。二是正常的“未达账项”。所谓“未达账项”，是指由于双方记账时间不一致而发生的一方已经入账，而另一方尚未入账的款项。企业单位与银行之间的未达账项，有以下两大类共四种情况：

1）企业已入账，但银行尚未入账

①企业送存银行的款项，企业已做存款增加入账，但银行尚未入账；

②企业开出支票或其他付款凭证，企业已作为存款减少入账，但银行尚未付款、未记账；

2）银行已入账，但企业尚未入账。

①银行代企业收进的款项，银行已作为企业存款的增加入账，但企业尚未收到通知，因而未入账；

②银行代企业支付的款项，银行已作为企业存款的减少入账，但企业尚未收到通知，因而未入账；

上述任何一种情况的发生，都会使双方的账面存款余额不一致。因此，为了查明企业单位和银行双方账目的记录有无差错，同时也是为了发现未达账项，在进行银行存款清查时，必须将企业单位的银行存款日记账与银行对账单逐笔核对。核对的内容包括收付金额、结算凭证的种类和号数、收入来源、支出的用途、发生的时间、某日止的金额等。通过核对，如果发现企业单位有错账或漏账，应立即更正；如果发现银行有错账或漏账，应及时通知银行查明更正；如果发现有未达账项，则应据以编制银行存款余额调节表进行调节，并验证调节后余额是否相等。

［例1］20××年6月30日某企业银行存款日记账的账面余额为31 000元，银行对账单的余额为36 000元，经逐笔核对，发现有下列未达账项：

1）29日，企业销售产品收到转账支票一张计2 000元，将支票存入银行，银行尚未办理入账手续。

2）29日，企业采购原材料开出转账支票一张计1 000元，企业已作银行存款付出，银行尚未收到支票而未入账。

3）30日，企业开出现金支票一张计250元，银行尚未入账。

4）30日，银行代企业收回货款8 000元，收款通知尚未到达企业，企业尚未入账。

5）30日，银行代付电费1 750元，付款通知尚未到达企业，企业尚未入账。

6）30日，银行代付水费500元，付款通知尚未到达企业，企业尚未入账。

根据以上资料编制银行存款余额调节表7－1如下：

表 7－1

银行存款余额调节表

20××年6月30日

单位：元

项 目	金 额	项 目	金 额
企业银行存款账面余额	31 000	银行对账单账面余额	36 000
加：银行已收，企业未收		加：企业已收，银行未收	
1）银行代收货款	8 000	1）存入的转账支票	2 000
减：银行已付，企业未付		减：企业已付，银行未付	
1）银行代付电费	1 750	1）开出转账支票	1 000
2）银行代付水费	500	2）开出现金支票	250
调节后存款余额	36 750	调节后存款余额	36 750

如果调节后双方余额相等，则一般说明双方记账没有差错；若不相等，则表明企业方或银行方或双方记账有差错，应进一步核对，查明原因予以更正。

需要注意的是，对于银行已经入账而企业尚未入账的未达账项，不能根据银行存款余额调节表来编制会计分录，作为记账依据，必须在收到银行的有关凭证后方可入账。另外，对于长期悬置的未达账项，应及时查明原因，予以解决。

上述银行存款的清查方法，也适用于各种银行借款的清查。但在清查银行借款时，还应检查借款是否按规定的用途使用，是否按期归还。

（四）往来款项的清查

往来款项的清查，采用对方单位核对账目的方法。在检查个单位结算往来款项账目正确性和完整性的基础上，根据有关明细分类账的记录，按用户编制对账单，送交对方单位进行核对。对账单一般一式两联，其中一联作为回单。如果对方单位核对相符，应在回单上盖章后退回；如果数字不符，则应将不符的情况在回单上注明，或另抄对账单退回，以便进一步清查。在核对过程中，如果发现未达账项，双方都应采用调节账面余额的方法，来核对往来款项是否相符。尤其应注意查明有无双方发生争议的款项、没有希望收回的款项以及无法支付的款项，以便即使采取措施进行处理，避免或减少坏账损失。

第三节 财产清查结果的账务处理

通过财产清查所发现的财产管理和核算方面存在的问题，应当认真分析研究，以有关的法令、制度为依据进行严肃处理。为此，应切实做好以下几个方面的工作：

一、查明差异，分析原因

通过财产清查所确定的清查资料和账簿记录之间的差异，如财产的盘盈、盘亏和多余积压，以及逾期债权、债务等等，都要认真查明其性质和原因，明确经济责任，提出处理意见，按照规定程序经有关部门批准后，予以认真严肃的处理。财产清查人员应以高度的责任心，深入调查研究，实事求是，问题定性要准确，处理方法要得当。

二、认真总结，加强管理

财产清查以后，针对所发现的问题和缺点，应当认真总结经验教训，表彰先进，巩固成绩，发扬优点，克服缺点，做好工作。同时，要建立和健全以岗位责任制为中心的财产管理制度，切实提出改进工作的措施，进一步加强财产管理，保护社会主义财产的安全和完整。

三、调整账目，账实相符

财产清查的重要任务之一就是为了保证账实相符，财会部门对于财产清查中所发现的差异必须及时的进行账簿记录的调整。由于财产清查结果的处理要报请审批，所以，在账务处理上除固定资产盘盈外的其他财产清查事项通常分两步进行。第一步，将财产清查中发现的盘盈、盘亏或毁损数，通过“待处理财产损溢”账户，登记有关账簿，以调整有关账面记录，使账存数和实存数相一致。第二步，在审批后，应根据批准的处理意见，再从“待处理财产损溢”账户转入有关账户。

“待处理财产损溢”账户一个过渡性质账户，它是专门用来核算企业在财产清查过程中查明的各种财产物资的盘盈、盘亏和毁损的账户。该账户的借方的登记各种财产物资的盘亏、毁损数及按照规定程序批准的盘盈转销数，贷方登记各种财产物资的盘盈数及按照规定程序批准的盘亏、毁损转销数。借方余额表示尚未处理的各种物资的净损失数，贷方余额表示尚未处理的各种财产物资的净溢余数。在每期末，应将未处理完毕的“待处理财产损溢”按最有可能的结果进行结转处理，待下月初再转回。等正式的处理结果出来后重新进行会计处理。因此，该科目期末无余额。另外，为满足明细核算要求，应在该科目下设“待处理流动资产损益”和“待处理固定资产损益”两个明细账户。

对于财产清查中各种材料、在产品和产成品的盘盈和盘亏，属于以下正常原因的，一般增加或冲减费用：在收发物资中，由于计量、检验不准确；财产物资在运输、保管、收发过程中，在数量上发生自然增减变化；由于手续不齐或计算、登记上发生错误。属于管理不善或工作人员失职，造成财产损失、变质或短缺的，应由过失人负责赔偿的，应增加“其他应收款”。属于贪污盗窃、营私舞弊造成的损失或自然灾害造成的非常损失，应增加“营业外支出”。另外，对于财产清查中固定资产盘亏，在按规定报请审批后，其盘亏净值增加“营业外支出”。

企业在财产清查中盘盈的固定资产，作为前期差错处理。企业在财产清查中盘盈的固定资产，在按管理权限报经批准处理前应先通过“以前年度损益调整”科目核算。盘盈的固定资产，按同类或类似固定资产的市场价格为基础确定其入账价值，若有其他更合理的价值确定方法，则按其方法。企业应按确定的入账价值，借记“固定资产”科目，贷记“以前年度损益调整”科目。再将“以前年度损益调整”科目的余额计算应交的所得税、应提的盈余公积和剩余金额分别转入“应交税费——应交所得税”、“盈余公积”和“利润分配——未分配利润”。

[例2] 某企业在财产清查中，盘盈原材料6吨，价值18 000元。

报经批准前，根据实存账存对比表的记录，编制会计记录：

借：原材料　18 000

　　贷：待处理财产损溢　18 000

经查明，这项盘盈材料因计量仪器不准造成生产领用少发多计，经批准冲减本月管理费用，编制会计分录如下：

借：待处理财产损溢　　18 000

　　贷：管理费用　　18 000

［例3］在财产清查中，发现购进的甲材料实际库存较账面库存短缺10 000元，该批材料的进项税额为1 700元。

1）报经批准前，先调整账面余额，编制会计分录如下：

借：待处理财产损溢　　11 700

　　贷：原材料——甲材料　　10 000

　　贷：应交税费——应交增值税（进项税额转出⑥）　　1 700

2）报经批准，如属于定额内的自然损耗，则应作为管理费用，计入本期损益，编制会计分如下：

借：管理费用　　11 700

　　贷：待处理财产损溢　　11 700

3）如果经查实，上述盘亏材料属于管理人员（郭芙）过失造成，应由过失人郭芙赔偿，企业应编制会计分录如下：

借：其他应收款——郭芙　　11 700

　　贷：待处理财产损溢　　11 700

4）如果属于非常灾害造成的损失，经批准列作营业外支出，编制会计分录如下：

借：营业外支出　　11 700

　　贷：待处理财产损溢　　11 700

［例5］在财产清查中，查明确实无法收回的账款30 000元，经批准作为坏账损失。

坏账损失是指因无法收回应收账款而使企业遭受的损失。按制度规定，在会计核算中对坏账损失的处理采用备抵法。即按规定在每期末对应收款项的可回收金额进行评估测试，若评估可回收金额小于应收款的实际债权金额，则应为应收款项计提“坏账准备”，以表明资产价值的减少；同时，将这种资产价值损失计入“资产减值损失”。待实际发生坏账时，再注销应收款项的账面原价，同时冲减已计提的“坏账准备”。因此，对于这笔确属无法收回的应收款，应按照规定的手续审批后，以批准的文件为原始凭证，作坏账损失处理，冲减“坏账准备”账户。“坏账准备”是资产类的账户，是“应收账款”的抵减账户，用来核算坏账准备的提取和转销情况。其贷方登记坏账准备的提取数，借方登记坏账的冲销数，期末余额在贷方，表示已经提取、尚未冲销的坏账准备。本例应编制会计分录如下：

借：坏账准备　　30 000

　　贷：应收账款（或其他应收款）　　30 000

对于应付的款项，如确实无法支付的，可按制度规定，经批准后直接转为营业外收入，在“营业外收入”账户核算。

企业在财产清查中查明的有关债权、债务的坏账损失或坏账收益，经批准后，按照上述会计分录直接进行转销，不需要通过“待处理财产损溢”账户核算。

---

⑥　企业盘亏存货在购进环节发生的进项税额不得抵扣销项税，应转作企业的成本、费用或损失。

[本章小结]

本章主要介绍了财产清查的必要性，财产清查方法和财产清查结果的账务处理。

财产清查是为了保证账簿记录与财产物资相符合的一种方法。在做好对账、组织准备等相应的准备工作后，企业有必要通过账单核对法，核对结算款项是否存在，是否与债务债权单位的债权、债务金额一致；通过实地盘点法核对现金日记账余额与库存现金金额是否一致，是否存在白条抵库等不合规行为；通过编制银行余额调节表排除未达账项影响，来核对银行存款日记账与银行对账单是否一致；通过技术推算法，实地盘点法核查各项存货的实存数与账面数是否一致，同时查明是否有报废损失和积压物资等；核查需要清查、核实的其他内容。在清查对象的实存数量确定后，就要进一步确定其金额。有些财产物资没有实存数量只有金额，可直接确定其金额。清查的会计处理是通过“待处理财产损溢”账户进行的。

[复习题]

一、问答题

1. 什么是财产清查？为什么要进行财产清查？

2. 财产清查的种类有哪些？

3. 什么是永续盘存制？什么是实地盘存制？两者各有什么优缺点？

4. 哪些因素会造成各项财产账面数与实际数不一致？

5. 现金、银行存款的清查应注意哪些问题？

6. 什么是“未达账项”？它产生的原因有哪些类型？企业能否根据银行存款余额调节表将未达账项登记入账？为什么？

7. 说明“待处理财产损溢”账户的用途与结构。

二、选择题

1. 财产清查是通过对各项资产的实地盘点或核对，来查明（　）是否相符的一种专门方法。

A. 账簿记录与会计凭证

B. 有关会计账簿之间

C. 实有数与账面数

D. 会计账簿与财务报表

2. 按预先计划安排的时间对财产进行盘点和核对是（　）。

A. 全面清查

B. 局部清查

C. 定期清查

D. 不定期清查

3. 采用“实地盘存制”，平时对财产物资的记录（　）。

A. 只登记收入数，不登记发出数

B. 只登记发出数，不登记收入数

C. 先登记收入数，后登记发出数

D. 先登记发出数，后登记收入数

4. “累计折旧”账户属于（ ）账户。

A. 损益类

B. 资产类

C. 成本类

D. 所有者权益类

5. 下列项目可以采用实地盘点的方法（ ）。

A. 银行存款

B. 固定资产

C. 应收账款

D. 现金

三、判断题

1. 永续盘存制下必须进行财产清查，而实地盘存制下可以不必进行财产清查盘点。（ ）

2. 属于自然灾害造成的存货毁损，扣除保险公司赔款和残值后的净损失，应计入“管理费用”。（ ）

3. 对于盘亏固定资产的净损失，报经批准后应转入“营业外支出”。（ ）

4. 对于账产清查结果的账务处理一般分两步进行，即审批前先调整有关账面记录，审批后转入有关账户。（ ）

5. 现金和银行存款的清查都是采用实地盘点的方法进行的。（ ）

四、业务题

（一）［资料］雷光公司20××年8月31日银行存款日记账余额37 685元，银行送来的对账单余额为47 570。经逐笔核对，发现两者有下列不符之处：

（1）8月30日，本公司开出转账支票一张向方圆公司购买文具用品，价值1 045元，方圆公司尚未到银行办理转账手续。

（2）8月30日，本公司委托银行代收一笔货款7 800元，款项银行已收妥入账，公司尚未收到通知入账。

（3）8月30日，收到申花公司交来的转账支票4 700元，本公司已送交银行办理，并已入账，但银行尚未入账。

（4）8月31日，银行扣收手续费12元，公司尚未入账。

（5）8月31日，银行代付公用事业费3 456元，公司尚未收到通知入账。

（6）8月31日，本月银行存款利息208元，公司尚未收到通知入账。

［要求］根据以上资料，编制银行存款余额调节表，并确定企业2006年8月31日银行存款的实际结存额。

（二）［资料］某企业6月30日对存货和固定资产清查发现有关情况如下：

（1）库存A产品账面结存数量2 000件，单位成本35元，金额70 000元。实存1 985件，盘亏15件，价值525元。经查明系保管人员过失所致，经批准责令赔偿。

（2）甲材料账面结存数量250千克，每千克20元，金额5 000元，全部毁损，作为废料处理，计价100元。经查明由于自然灾害所致，其损失经批准作为非常损失处理。

（3）发现账外机器一台，估计原价8 000元，七成新，原因待查，经批准同意转销处理。

（4）乙材料账面结存数量 120 吨，每吨成本 100 元，价值 12 000 元，实存 118 吨，盘亏 2 吨，价值 200 元。经查明属于定额内损耗，经批准转销处理。

（5）丙材料账面结存数量 300 千克，每千克 10 元，价值 3 000 元；实存 310 千克，盘盈 10 千克，价值 100 元。经查明为收发计量差错原因造成，经批准转销处理。

［要求］根据以上资料，编制存货和固定资产清查的相关会计分录。

第八章　财务报表

［学习目标］

1. 了解财务报表的意义和财务报表的分类
2. 掌握各种财务报表的结构、内容和特点
3. 熟练掌握资产负债表及利润表的编制要求和编制方法

［教学内容］

1. 财务报表的作用、种类和编制要求
2. 资产负债表的内容及编制
3. 利润表的内容及编制
4. 现金流量表的内容及编制
5. 所有者权益变动表的内容

第一节　财务报表概述

《企业会计准则——基本准则》规定，企业应当编制财务会计报告（又称财务报告，下同）。财务报告的目标是向财务报告的使用者提供与企业财务状况、经营成果和现金流量等有关的会计信息，反映企业管理层受托责任履行情况，有助于财务会计报告使用者作出经济决策。

财务会计报告使用者包括投资者、债权人、政府及其有关部门和社会公众等。财务会计报表（简称财务报表，下同）是财务会计报告的主要内容之一。

财务报表，是对企业财务状况、经营成果和现金流量的结构性表述。根据《企业会计准则第30号——财务报表列报》的规定，财务报表至少应当包括下列组成部分：

1）资产负债表；

2）利润表；

3）现金流量表；

4）所有者权益（或股东权益，下同）变动表；

5）附注。

一、财务报表的作用

企业、行政、事业等单位的经济活动和财务收支，经过日常的会计核算，已在账簿中序

时、连续、系统地作了归集和记录。但这些核算资料是分散地反映在各个账户之中，不能集中地、总括地、一目了然地反映企业、行政、事业等单位的经济活动和财务收支全貌，为了满足经营管理的需要，须将日常核算资料按照科学的方法和一定的指标定期进行系统的整理，以特定的表式全面综合地反映企业整个经济活动和财务收支状况。

财务报表是通过整理、汇总日常会计核算资料而定期编制的，用来集中、总括地反映企业单位在某一特定日期的财务状况以及某一特定时期的经营成果和现金流量的书面报告。编制财务报表是会计核算的又一种专门方法，也是会计工作的一项重要内容。财务报表所提供的指标，比其他会计资料提供的信息更为综合、系统和全面地反映企业和行政、事业等单位的经济活动的情况和结果。因此财务报表对企业和行政、事业单位本身及其主管部门，对企业的债权人和投资者，以及财税、银行、审计等部门来说，都是一种十分重要的经济资料。财务报表的作用，具体表现在以下几个方面：

1）财务报表所提供的资料，可以帮助企业领导和管理人员分析检查企业的经济活动是否符合制度规定；考核企业资金、成本、利润等计划指标的完成程度；分析评价经营管理中的成绩和缺点，采取措施，改善经营管理，提高经济效益；运用财务报表的资料和其他资料进行分析，为编制下期计划提供依据。同时，通过财务报表，把会计经营情况和结果向职工交底，以便进行监督，进一步发挥职工群众主人翁作用，从各方面提出改进建议，促进企业增产节约措施的落实。

2）单位主管部门，利用财务报表，考核所属单位的业绩以及各项经济政策贯彻执行情况，并通过各单位同类指标的对比分析，可及时总结成绩，推广先进经验；对所发现的问题分析原因，采取措施，克服薄弱环节；同时，通过报表逐级汇总所提供的资料，可以在一定范围内反映国民经济计划的执行情况，为国家宏观管理提供依据。

3）财政、税务、银行和审计部门利用财务报表所提供的资料，可以了解企业资金的筹集运用是否合理、检查企业税收、利润计划的完成与解缴情况以及有无违反税法和财经纪律的现象，更好地发挥财政、税收的监督职能；银行部门可以考查企业流动资金的利用情况，分析企业银行借款的物资保证程度，研究企业流动资金的正常需要量，了解银行借款的归还以及信贷纪律的执行情况，充分发挥银行经济监督和经济杠杆作用；审计部门可以利用财务报表了解企业财务状况和经营情况及财经政策、法令和纪律执行情况，从而为进行财务审计和经济效益审计提供必要的资料。

4）企业的投资、债权人和其他利益群体需利用财务报表所提供的企业财务状况和偿债能力，作为投资、贷款和交易的决策依据。行政、事业等单位的财务报表，可以总括反映预算资金收支情况和预算执行的结果，以便总结经验教训，改进工作，提高单位的管理水平，并为编制下期预算提供必要的资料。

二、财务报表的分类

不同性质的经济单位由于会计核算的内容不一样，经济管理的要求及其所编制财务报表的种类也不尽相同。就企业而言，其所编制的财务报表也可按不同的标志划分为不同的类别。

（一）按照财务报表所反映的经济内容分类

按财务报表反映的经济内容分为四种类型：

1）反映一定日期企业资产、负债及所有者权益等财务状况的报表，如资产负债表。

2）反映一定时期企业经营成果的财务报表，如利润表。

3）反映一定时期企业构成所有者权益的各组成部分的增减变动情况的报表，如所有者权益变动表。

4）反映一定时期内企业财务状况变动情况的财务报表，如现金流量表。

以上四类报表可以划分为静态报表和动态报表，前者为资产负债表，后者为利润表、所有者权益变动表和现金流量表。

（二）按照财务报表报送对象分类

财务报表按其服务的对象可分为两大类。一类是对外报送的财务报表，包括资产负债表、利润表、所有者权益变动表和现金流量表等。这些报表可用于企业内部管理，但更偏向于现在和潜在投资者、贷款人、供应商和其他债权人、顾客、政府机构、社会公众等外部使用者的信息要求。这类报表一般有统一格式和编制要求。另一类是对内报送的财务报表。这类报表是根据企业内部管理需要编制的，主要用于企业内部成本控制、定价决策、投资或筹资方案的选择等，这类报表无规定的格式、种类。

（三）按照财务报表编报的编制分类

按财务报表编报的编制不同，可将其分为个别财务报表和合并财务报表两类。这种划分是在企业对外单位进行投资的情况下，由于特殊的财务关系所形成的。

个别财务报表指只反映对外投资企业本身的财务状况和经营情况的财务报表，包括对外和对内财务报表。合并财务报表是指一个企业在能够控制另一个企业的情况下，将被控制企业与本企业视为一个整体，将其有关经济指标与本企业的数字合并而编制的财务报表。合并财务报表所反映的是企业与被控制企业共同的财务状况与经营成果。合并财务报表一般只编制对外财务报表。

（四）按照财务报表编制的时间分类

按照财务报表编制的时间不同，可将其分为定期财务报表和不定期财务报表，其中定期财务报表又可分为年度财务报表和中期财务报表（半年度财务报表、季度财务报表和月份财务报表）。年报是年终编制的报表，它是全面反映企业财务状况、经营成果及其分配、现金流量等方面的报表。中期财务报表则是指短于一个完整的会计年度的报告期间所编报的财务报表，中期财务报告至少应当包括资产负债表、利润表、现金流量表和附注。

在编制财务报表时，哪些报表为年度财务报表，哪些报表为季度财务报表，哪些报表为月份财务报表，都应根据《企业会计准则》的规定办理。月度财务报表，季度财务报表称为中期报告，企业在持续经营的条件下，一般是按年、季、月编制财务报表，但在某种特殊情况下则需编制不定期财务报表，例如在企业宣布破产时应编制和报送破产清算财务报表。

（五）按照财务报表编制单位分类

按照财务报表编制单位不同，可将其分为单位财务报表和汇总财务报表两类。

单位财务报表是指由独立核算的会计主体编制的，用以反映某一会计主体的财务状况、经营活动成果和费用支出及成本完成情况的报表。汇总财务报表是指由上级主管部门将其所属各基层经济单位的财务报表，与其本身的财务报表汇总编制的，用以反映一个部门或一个地区经济情况的财务报表。

为了帮助财务报表的使用者更加清晰、明了地了解和掌握企业的经济活动情况，使财务报表在经济管理中起到更大的作用，企业应在编制、报送年度财务报表的同时，撰写并报送财务状况说明书。财务状况说明书的主要内容是：

1）企业在报告期内的生产情况；

2）企业在报告期内的盈亏情况及利润的分配情况；

3）企业在报告期内的资金周转及其增减变动情况；

4）企业在报告期内的资本结构及其情况；

5）企业在报告期内的主要税、费的计算及缴纳情况；

6）企业在报告期内的财产盈亏及报损情况；

7）企业在报告期内会计核算方法的变更情况；

8）其他有必要说明的情况。

三、财务报表的编制要求

为了充分发挥财务报表的作用，财务报表的种类、格式、内容和编制方法，都应由财政部统一制定，企业应严格地按照统一规定填制和上报，才能保证财务报表口径一致，便于各有关部门利用财务报表，了解、考核和管理企业的经济活动。为确保财务报表质量，编制财务报表必须符合以下要求：

（一）以持续经营为基础

企业应当以持续经营为基础，根据实际发生的交易和事项，按照《企业会计准则——基本准则》和其他各项会计准则的规定进行确认和计量，在此基础上编制财务报表。以持续经营为基础编制财务报表不再合理的，企业应当采用其他基础编制财务报表，并在附注中披露这一事实。比如企业正式决定或被迫在当期或将在下一个会计期间进行清算或停止营业，这表明其处于非持续经营状态，应当采用其他基础编制财务报表，并在附注中声明财务报表未以持续经营为基础列报、披露未以持续经营为基础的原因和财务报表的编制基础。

（二）项目列报前后各期一致性

财务报表项目的列报应当在各个会计期间保持一致，不得随意变更，除非会计准则要求改变财务报表项目的列报，或者企业经营业务的性质发生重大变化，变更财务报表项目的列报能够提供更可靠、更相关的会计信息。

（三）项目选择遵循重要性原则

重要性，是指财务报表某项目的省略或错报会影响使用者据此作出经济决策的，该项目具有重要性。重要性应当根据企业所处环境，从项目的性质和金额大小两方面予以判断。性质或功能不同的项目，应当在财务报表中单独列报，但不具有重要性的项目除外。性质或功能类似的项目，其所属类别具有重要性的，应当按其类别在财务报表中单独列报。

判断项目性质的重要性，应当考虑该项目的性质是否属于企业日常活动等因素；判断项目金额大小的重要性，应当通过单项金额占资产总额、负债总额、所有者权益总额、营业收入总额、营业成本总额、净利润等直接相关项目金额的比重加以确定。

（四）项目金额按总额反映

财务报表中的资产项目和负债项目的金额、收入项目和费用项目的金额不得相互抵销，应分别按期总额列示，除非其他会计准则另有规定。但是，对于资产项目按扣除减值准备后的净额列示，不属于抵销。比如应收账款项目，应按扣除其坏账准备后的净额列示。非日常活动产生的损益，以收入扣减费用后的净额列示，不属于抵销。

（五）提供前期比较数据

当期财务报表的列报，至少应当提供所有列报表项目的上一可比会计期间的比较数据，以及与理解当期财务报表相关的说明，但其他会计准则另有规定的除外。财务报表项目的列报内容发生变更的，应当对上期比较数据按照当期的列报要求进行调整，并在附注中披露调整的原因和性质，以及调整的各项目金额。对上期比较数据进行调整不切实可行的（指企业在作出所有合理努力后仍然无法采用某项规定），应当在附注中披露不能调整的原因。

（六）报表组成内容完整

企业除了完成报表数据的填列外，还应当在财务报表的显著位置至少披露下列各项：

1）编报企业的名称；

2）资产负债表日或财务报表涵盖的会计期间；

3）人民币金额单位；

4）财务报表是合并财务报表的，应当予以标明。

（七）报表数据真实可靠

根据会计信息的质量要求，企业财务报表所填列的数据必须真实可靠，能准确地反映企业的财务状况和经营成果。不得以估计数字填列财务报表，更不得弄虚作假、篡改伪造数字。为了确保财务报表的数据真实准确，应做到如下几点：

1）报告期内所有的经济业务必须全部登记入账，应根据核对无误的账簿记录编制财务报表，不得用估计数字编制财务报表，不得弄虚作假，不得篡改数字。

2）在编制财务报表之前，应认真核对账簿记录，做到账证相符、账账相符。发现有不符之处，应先查明原因，加以更正，再据以编制财务报表。

3）企业应定期进行财产清查，对各项财产物资、货币资金和往来款项进行盘点、核实，在账实相符的基础上编制财务报表。

4）在编制财务报表时，要核对财务报表之间的数字，有勾稽关系的数字应要认真核对；本期财务报表与上期财务报表之间的数字应相对衔接一致、本年度财务报表与上年度财务报表之间相关指标数字应衔接一致。

（八）报表编报及时

企业至少应当按年编制财务报表。年度财务报表涵盖的期间短于一年的，应当披露年度财务报表的涵盖期间，以及短于一年的原因。

企业应按规定的时间编报财务报表，及时逐级汇总，以便报表的使用者及时、有效地利用财务报表资料。为此，企业应科学地组织好会计的日常核算工作，选择适合本企业具体情况的会计核算组织程序认真做好记账、算账、对账和按期结账工作。

第二节 资产负债表

一、资产负债表的概念及内容

资产负债表，是总括反映企业在某一特定日期（如月末、季末、半年末及年末）全部资产、负债和所有者权益情况的财务报表，因而又称财务状况表，是反映企业状况的静态报表。编报资产负债表时，资产和负债应当分别流动资产和非流动资产、流动负债和非流动负债列示。具体来说，资产负债表应提供的主要会计信息内容有：

（一）流动资产信息。资产满足下列条件之一的，应当归类为流动资产：

1）预计在一个正常营业周期中变现、出售或耗用；

2）主要为交易目的而持有；

3）预计在资产负债表日起一年内（含一年，下同）变现；

4）自资产负债表日起一年内，交换其他资产或清偿负债的能力不受限制的现金或现金等价物。

一般情况下，企业的流动资产包括货币资金、交易性金融资产、应收票据、应收账款、预付款项、存货、其他流动资产及一年内将到期的非流动资产等流动资产项目。

（二）非流动资产信息。流动资产以外的资产应当归类为非流动资产，应按其性质分类列示。

一般情况下，企业的非流动资产具体包括可供出售金融资产、持有至到期金融资产、长期股权投资、固定资产、无形资产等非流动资产项目。

（三）流动负债的信息。负债满足下列条件之一的，应当归类为流动负债：

1）预计在一个正常营业周期中清偿；

2）主要为交易目的而持有；

3）自资产负债表日起一年内到期应予以清偿；

4）企业无权自主地将清偿推迟至资产负债表日后一年以上。

一般情况下，企业的流动负债包括短期借款、交易性金融负债、应付票据、应付账款、预收款项、应付职工薪酬、应交税费、其他应付款及一年内将到期的非流动负债等流动负债项目。

（四）非流动负债的信息。流动负债以外的负债应当归类为非流动负债，并应按其性质分类列示。

一般情况下，企业的非流动负债主要包括长期借款、应付债券、长期应付款、专项应付款、预计负债、递延所得税负债及其他非流动负债等项目。

（五）所有者权益的信息。主要包括实收资本（或股本）、资本公积、盈余公积和未分配利润等项目。

二、资产负债表的作用

资产负债表反映企业在某一特定日期所掌握的经济资源、债权人和投资者在企业所拥有的权益。利用该表揭示的财务状况信息进行分析，便于报表使用者了解企业的财务实力、短期偿债能力和支付能力。通过前后期资料的对比分析，还可以预测企业财务状况的发展趋势。其具体作用如下：

1）通过资产负债表可以了解企业所掌握的经济资源及其分布的情况，经营者可据此分析企业资产分布是否合理，以改进经营管理，提高管理水平。

2）通过资产负债表可以了解企业资金的来源渠道和构成，投资者和债权人可据此分析企业所面临的财务风险，以监督企业合理使用资金。

3）通过资产负债表可以了解企业的财务实力、短期偿债能力和支付能力，投资者和债权人可据此做出投资和贷款的正确决策。

4）通过对前后期资产负债表的对比分析，可了解企业资金结构的变化情况，经营者、投资者和债权人可据此掌握企业财务状况的变化趋势。

表 8－1　　　　　　　　　　　　资产负债表

编制单位：　　　　　　　　　　　年　月　日　　　　　　　　　　　　　　单位：元

资　　产	期末余额	年初余额	负债和所有者权益	期末余额	年初余额
流动资产：			流动负债：		
货币资金			短期借款		
交易性金融资产			交易性金融负债		
应收票据			应付票据		
应收账款			应付账款		
预付款项			预收项款		
应收利息			应付职工薪酬		
应收股利			应交税费		
其他应收款			应付利息		
存货			应付股利		
一年内到期的非流动资产			其他应付款		
其他流动资产			一年内到期的非流动负债		
流动资产合计			其他流动负债		
非流动资产：			流动负债合计：		
可供出售金融资产			非流动负债：		
持有至到期投资			长期借款		
长期应收款			应付债券		
长期股权投资			长期应付款		
投资性房地产			专项应付款		
固定资产			预计负债		
工程物资			递延所得税负债		
在建工程			其他非流动负债		
固定资产清理			非流动负债合计		
生产性生物资产			负债合计		
油气资产			所有者权益：		
无形资产			实收资本		
开发支出			资本公积		
商誉			减：库存股		
递延所得税资产			盈余公积		
其他非流动资产			未分配利润		
非流动资产合计			所有者权益合计		
资 产 总 计			负债和所有者权益		

三、资产负债表的结构

资产负债表是依据“资产＝负债＋所有者权益”这一会计等式的基本原理设置的，分为左右两方。左方反映企业所拥有的全部资产，右方反映企业的负债和所有者权益，根据会计等式的基本原理，左方的资产总额等于右方的负债和所有者权益的总额。资产负债表左、右两方各项目前后顺序是按其流动性排列的。资产负债表格式见表 8－1。

（一）资产的排列顺序

1）流动资产：包括在一年或超过一年的一个经营周期以内可以变现或耗用、售出的全部资产。

各流动资产项目在资产负债表上的排列为：货币资金、交易性金融资产、应收票据、应收账款、预付款项、应收利息、其他应收款、存货、一年内到期的非流动资产等。

2）非流动资产：包括变现能力在一年或超过一年的一个经营周期以上的资产。

各非流动资产项目在资产负债表上排列为：可供出售金融资产、持有至到期投资、长期股权投资、长期应收款、投资性房地产、固定资产、在建工程、工程物资、固定资产清理、生产性生物资产、油气资产、无形资产、开发支出、商誉、长期待摊费用、递延所得税资产等。

（二）负债的排列顺序

1）流动负债：包括偿还期在一年以内的全部负债。

各流动负债项目在资产负债表上排列顺序为：短期借款、交易性金融负债、应付票据、应付账款、预收款项、应付职工薪酬、应交税费、应付利息、应付股利、其他应付款、一年内到期的非流动负债等。

2）非流动负债。包括偿还期在一年或超过一年的一个经营周期以上的债务。

各非流动负债项目在资产负债表上排列顺序为：长期借款、应付债券、长期应付款、专项应付款、预计负债、递延所得税负债等。

（三）所有者权益的排列顺序

所有者权益包括所有者投资、企业在生产经营过程中形成的盈余公积和未分配利润。

各所有者权益项目在资产负债表上的排列顺序为：实收资本、资本公积、盈余公积和未分配利润等。

四、资产负债表的编制方法

（一）年初余额

资产负债表中“年初余额”栏各项的金额，应按上年年末资产负债表中“期末余额”栏中的金额填列。“期末余额”栏内各项金额根据会计期末各总账账户及所属明细账户余额分析填列。若本年度资产负债表中规定的各项目的名称和内容与上年度不一致，应对上年年末资产负债表各项的名称和数字按照本年度的规定进行调整，再将调整后填入表中的“年初余额”栏。

（二）期末余额

资产负债表“期末余额”栏目的金额可以通过以下几种方式取得：

1）根据总账科目余额直接填列

资产负债表种的大部分项目，都可根据总账科目的期末余额直接填列。如：应收票据、应收股利、短期借款等。

2）根据总账科目的余额计算填列

资产负债表中的某些项目，需要根据若干个总账科目的期末余额计算填列。如：“货币资金”项目，就是根据“库存现金”、“银行存款”和“其他货币资金”三个科目的余额相加得到的。

3）根据明细科目余额分析填列

这主要是针对“应付账款”、“预付款项”和“应收账款”、“预收款项”四个项目。因为在企业实际的核算中，当预付与预收业务不多时，可以不设“预付账款”和“预收账款”科目，而将预付和预收的款项分别计入“应付账款”科目的借方和“应收账款”科目的贷方。这时就不能单纯地以“应付账款”和“应收账款”总账的期末余额直接填列，而应对各个明细科目具体分析填列。

4）根据总账科目和明细科目余额分析填列。

有些项目，即不能按总账科目余额直接或计算填列，也不能按明细科目余额直接或计算填列，而需要分析总账科目和明细科目余额后再计算填列。如：“长期借款”项目，就是根据“长期借款”的期末余额减去“长期借款——一年内到期的长期借款”明细科目的余额后填列。

5）根据科目余额减去备抵科目或加上附加科目后的净额填列。

如：“固定资产”项目，就是根据“固定资产”的期末余额减去“固定资产减值准备”及“累计折旧”后的净额填列。

（三）资产负债表各项目的具体填列方法

1）“货币资金”项目：反映企业库存现金、银行结算户存款、外埠存款、银行汇票存款、银行本票存款、信用卡存款、信用证保证金存款等的合计数。本项目应根据“库存现金”、“银行存款”、“其他货币资金”科目的期末余额合计数填列。

2）“交易性金融资产”项目：反映企业为交易目的所持有的债券投资、股票投资、基金投资等交易性金融资产的公允价值。本项目应根据“交易性金融资产”科目的期末余额填列。

3）“应收票据”项目：反映企业收到的未到期收款也未向银行贴现的应收票据，包括商业承兑汇票和银行承兑汇票。本项目应根据“应收票据”科目的期末余额填列。已向银行贴现和已背书转让的应收票据不包括在本项目内，其中已贴现的商业承兑汇票应在财务报表附注中单独披露。

4）“应收账款”项目：反映企业因销售商品、产品和提供劳务等而应向购买单位收取的各种款项，减去已计提的坏账准备后的净额。本项目应根据“应收账款”科目所属各明细科目的期末借方余额合计数，减去“坏账准备”科目中有关应收账款计提的坏账准备期末余额后的金额填列。“预收账款”所属明细科目中有借余额的，也填入本项目。如“应收账款”所属明细科目有贷方余额的，应在本表“预收款项”项目内填列。

5）“预付款项”项目：反映企业预付给供应单位的款项。本项目应根据“预付账款”科目所属各明细科目的期末借方余额合计填列。如“预付账款”科目所属有关明细科目期末有贷方余额的，应在本表“应付账款”项目内填列。如“应付账款”科目所属明细科目有借方余额的，也应包括在本项目内。

6）“应收股利”项目：反映企业因股权投资而应收取的现金股利，企业应收其他单位的利润，也包括在本项目内。本项目应根据”应收股利”科目的期末余额填列。

7）“应收利息”项目：反映企业因债权投资而应收取的利息。企业购入到期还本付息债券应收的利息，不包括在本项目内。本项目应根据“应收利息”科目的期末余额填列。

8）“其他应收款”项目：反映企业对其他单位和个人的应收和暂付的款项，减去已计提的坏账准备后的净额。本项目应根据“其他应收款”科目的期末余额，减去“坏账准备”科目中有关其他应收款计提的坏账准备期末余额后的金额填列。

9）“存货”项目：反映企业期末在库、在途和在加工中的各项存货的可变现净值，包括各种材料、商品、在产品、半成品、包装物、低值易耗品、分期收款发出商品、委托代销商品、受托代销商品等。本项目应根据“材料采购”（或“在途物资”）、“原材料”、“材料成本差异”、“生产成本”、“库存商品”、“周转材料”、“发出商品”、“委托加工物资”、“商品进销差价”等科目的期末余额合计减去“存货跌价准备”科目期末余额后的金额填列。

10）“一年内到期的非流动资产”项目：反映企业将于一年内到期的非流动资产。本项目应根据有关科目的期末余额分析计算填列。

11）“其他流动资产”项目：反映企业除以上流动资产项目外的其他流动资产，本项目应根据有关科目的期末余额填列。如其他流动资产价值较大的，应在财务报表附注中披露其内容和金额。

12）“可供出售金融资产”项目：反映企业持有的划分为可供出售金融资产的证券。本项目根据“可供出售金融资产”科目的期末余额填列。

13）“持有至到期投资”项目：反映企业持有的划分为持有至到期投资的证券。本项目根据“持有至到期投资”科目的期末余额减去“持有至到期投资减值准备”科目的期末余额后填列。

14）“投资性房地产”项目：反映企业持有的投资性房地产。本项目应根据“投资性房地产”科目的期末余额，减去“投资性房地产累计折旧”、“投资性房地产减值准备”所属有关明细科目期末余额后的金额分析计算填列。

15）“长期股权投资”项目：反映企业不准备在1年内（含1年）变现的各种股权性质的投资的可收回金额。本项目应根据“长期股权投资”科目的期末余额，减去“长期投资减值准备”科目中有关股权投资减值准备期末余额后的金额填列。

16）“长期应收款”项目：反映企业持有的长期应收款的可收回金额。本项目应根据”长期应收款”科目的期末余额，减去“坏账准备”科目所属相关明细科目期末余额，再减去“未确认融资收益”科目期末余额后的金额分析计算填列。

17）“固定资产”项目：反映企业的固定资产可收回金额。本项目应根据“固定资产”科目的期末余额，减去“累计折旧”、“固定资产减值准备”科目期末余额后的金额填列。

18）“在建工程”项目：反映企业期末各项未完工程的实际支出，包括交付安装的设备价值，未完建筑安装工程已经耗用的材料、工资和费用支出、预付出包工程的价款、已经建成且安装完毕但尚未交付使用的工程等的可收回金额。本项目应根据“在建工程”科目的期末填列。

19）“工程物资”项目：反映企业各项工程尚未使用的工程物资的实际成本。本项目应根据“工程物资”科目的期末余额填列。

20）“在建工程”项目：反映企业期末各项未完工程的实际支出，包括交付安装的设备价值，未完建筑安装工程已经耗用的材料、工资和费用支出、预付出包工程的价款、已经建筑安装完毕但尚未交付使用的工程等的可收回金额。本项目应根据“在建工程”科目的期末余额，减去“在建工程减值准备”科目期末余额后的金额填列。

21）“固定资产清理”项目：反映企业因出售、毁损、报废等原因转入清理但尚未清理完毕的固定资产的账面价值，以及固定资产清理过程中所发生的清理费用和变价收入等各项金额的差额。本项目应根据“固定资产清理”科目的期末借方余额填列；如“固定资产清理”科目期末为贷方余额，以“－”号填列。

22）“无形资产”项目：反映企业各项无形资产的期末可收回金额。本项目应根据“无形资产科目的期末余额，减去“累计摊销”、“无形资产减值准备”科目期末余额后的金额填列。

23）“递延所得税资产”项目：反映企业确认的递延所得税资产。本项目应根据“递延所得税资产”科目期末余额分析填列。

24）“其他非流动资产”项目：反映企业除以上资产以外的其他长期资产。本项目应根据有关科目的期末余额填列。如其他长期资产价值较大的，应在财务报表附注中披露其内容和金额。

25）“短期借款”项目：反映企业借入尚未归还的1年期以下（含1年）的借款。本项目应根据”短期借款”科目的期末余额填列。

26）“交易性金融负债”项目：反映企业为交易而发生的金融负债，包括以公允价值计量且其变动计入当期损益的金融负债。本项目应根据“交易性金融负债”等科目的期末余额分析填列。

27）“应付票据”项目：反映企业为了抵付货款等而开出、承兑的尚未到期付款的应付票据，包括银行承兑汇票和商业承兑汇票。本项目应根据“应付票据”科目的期末余额填列。

28）“应付账款”项目：反映企业购买原材料、商品和接受劳务供应等而应付给供应单位的款项。本项目应根据”应付账款”科目所属各有关明细科目的期末贷方余额合计填列；如“应付账款”科目所属各明细科目期末有借方余额，应在本表“预付账款”项目内填列。

29）“预收款项”项目：反映企业预收购买单位的账款。本项目应根据“预收账款”科目所属各有关明细科目的期末贷方余额合计填列。如“预收账款”科目所属有关明细科目有借方余额的，应在本表“应收账款”项目内填列；如“应收账款”科目所属明细科目有贷方余额的，也应包括在本项目内。

30）“应付职工薪酬”项目：反映企业应付未付的职工薪酬。本项目应根据“应付职工薪酬”科目期末贷方余额填列。如“应付职工薪酬”科目期末为借方余额；以“－”号填列。

31）“应交税费”项目，反映企业期末未交、多交或未抵扣的各种税费。本项目应根据“应交税费”科目的期末贷方余额填列；如“应交税费”科目期末为借方余额，以“－”

号填列。

32）“应付利息”项目：反映企业应付未付的利息。本项目应根据“应付利息”科目的期末贷方余额填列。

33）“应付股利”项目：反映企业尚未支付的现金股利。本项目应根据“应付股利”科目的期末余额填列。

34）“其他应付款”项目：反映企业所有应付和暂收其他单位和个人的款项。本项目应根据“其他应付款”科目的期末余额填列。

35）“预计负债”项目：反映企业预计负债的期末余额。本项目应根据“预计负债”科目的期末余额填列。

36）“一年内到期的非流动负债”项目：反映企业承担的将于一年内到期的非流动负债。本项目应根据有关非流动负债科目的期末余额分析计算填列。

37）“其他流动负债”项目：反映企业除以上流动负债以外的其他流动负债。本项目应根据有关科目的期末余额填列，如“待转资产价值“科目的期末余额可在本项目内反映。如其他流动负债价值较大的，应在财务报表附注中披露其内容及金额。

38）“长期借款”项目：反映企业借人尚未归还的1年期以上（不含1年）的借款本息。本项目应根据“长期借款”科目的期末余额填列。

38）“应付债券”项目：反映企业发行的尚未偿还的各种长期债券的本息。本项目应根据”应付债券”科目的期末余额填列。

39）“长期应付款”项目：反映企业除长期借款和应付债券以外的其他各种长期应付款。本项目应根据”长期应付款”科目的期末余额，减去”未确认融资费用”科目期末余额后的金额填列。

40）“递延所得税负债”项目：反映企业确认的递延所得税负债。本项目应根据“递延所得税负债”科目期末余额分析填列

41）“其他流动负债”项目：反映企业除以上非流动负债项目以外的其他非流动负债。本项目应根据有关科目的期末余额填列。如其他非流动负债价值较大的，应在财务报表附注中披露其内容和金额。

42）“实收资本”（或“股本”）项目：反映企业各投资者实际投入的资本总额。本项目应根据“实收资本”（或”股本”）科目的期末余额填列。

43）“资本公积”项目：反映企业资本公积的期末余额。本项目应根据“资本公积”科目的期末余额填列。

44）“盈余公积”项目：反映企业盈余公积的期末余额。本项目应根据“盈余公积”科目的期末余额填列。

45）“未分配利润”项目：反映企业尚未分配的利润。本项目应根据“本年利润”科目和“利润分配”科目的余额计算填列。未弥补的亏损，在本项目内以“－”号填列。

（四）资产负债表编制方法举例

下面举例说明一般企业资产负债表某些项目的编制方法。

［例1］天鹰公司20××年末有关科目资料，如表8－2所示：

表 8－2　　天鹰公司账户余额表　　（单位：元）

账户名称	借方余额	贷方余额	账户名称	借方余额	贷方余额
库存现金	70 000		短期借款		235 000
银行存款	155 000		应付账款		500 000
其他货币资金	95 000		预收账款		200 000
应收票据	90 000		应付职工薪酬		135 000
应收账款	360 000		应交税费	45 000	
坏账准备		60 000	应付股利		90 000
在途材料	200 000		长期借款		1000 000
原材料	165 000		股本		1000 000
库存商品	185 000		资本公积		44 000
生产成本	470 000		盈余公积		256 000
固定资产	2210 000		利润分配		125 000
累计折旧		400 000			
小 计	4000 000	460 000	小　计	45 000	3585 000

补充说明：

（1）在“应收账款”账户的明细账户“郭靖”中有贷方余额 10 000 元；

（2）在“应付账款”账户的明细账户“黄蓉”中有借方余额 20 000 元；

（3）在“预收账款”账户的明细账户“杨过”中有借方余额 30 000 元；

（4）长期借款中有一笔 2005 年 7 月 1 日年借入的、到期一次还本付息的 2. 5 年期借款，该笔借款本金 400 000 元，年利率 10%。

现将该公司 20××年 12 月 31 日资产负债表各项目的应填列金额计算分析如下：

（1）“货币资金”项目：将“库存现金”、“银行存款”、“其他货币资金”科目余额合并列入货币资金项目，即 70 000＋155 000＋95 000＝320 000 元；

（2）“应收票据”项目：按期账面余额直接填列，即 90 000 元。

（3）“应收账款”项目：将应收账款项目所所属明细账户的借方余额合计、再加上预收账款所属明细账户的借方余额合计、并减去坏账准备账户的余额。具体计算如下过程：

①“应收账款”账户所所属明细科目的借方余额合计＝360 000＋10 000＝370 000 元；

②“应收账款”项目应填列金额＝370 000＋30 000－60 000＝340 000 元；

（4）“预付款项”项目：将预付款项所属明细账户的借方余额合计、再加上应付账款所属明细账户的借方余额合计，即 0＋20 000＝20 000 元；

（5）“存货”项目：将“在途材料”、“原材料”、“库存商品”、“生产成本”账户的余额合计，即 200 000＋165 000＋185 000＋470 000＝1 020 000 元；

（6）“固定资产”项目：将“固定资产”账户余额减去“累计折旧”账户余额，即 2 210 000－400 000＝1 810 000 元；

（7）“短期借款”项目：直接按“短期借款”账户期末余额填列，即 235 000 元；

（8）“应付账款”项目：将“应付账款”所属明细账户的贷方余额合计，即 500 000＋20 000＝520 000 元；

（9）“预收款项”项目：将“预收账款”账户所属明细账户贷方余额合计、再加上“应收账款”账户所属明细账户贷方余额合计。具体计算如下：

①“预收账款”账户所属明细账户贷方余额合计 = 200 000 + 30 000 = 230 000 元；

②预收款项项目应填列金额 = 230 000 + 10 000 = 240 000 元；

（10）“应付职工薪酬”项目：直接按“应付职工薪酬”账户余额填列，即 135 000 元；

（11）“应交税费”项目：直接按“应交税费”账户余额填列，但因其余额在借方，故应以负数填入，即 -45 000 元；

（12）“应付股利”项目：直接按“应付股利”账户的期末余额填列，即 90 000 元；

（13）一年内到期的非流动负债项目：将“长期借款”账户中所含的将于一年内到期并需偿付的长期借款本金及利息记入该项目，即 400 000 ×（1 + 10% × 1.5）= 460 000 元；

（14）“股本项目”、“资本公积项目”、“盈余公积”项目：分别按其同名账户的余额直接填列，即各项目应填列金额分别为 1 000 000 元、44 000 元、256 000 元；

（15）“长期借款”项目：用“长期借款”账户的余额减去记入“一年内到期的非流动负债”中的那一部分长期借款金额，即 1 000 000 - 460 000 = 540 000 元；

（16）“未分配利润”项目：按“利润分配”账户的期末余额直接填列（若为借方余额，以负数填列），即 125 000 元。

因此，该公司资产负债表编制结果如表 8-3：

表 8-3 资产负债表

编制单位：天鹰公司　　20××6 年 12 月 31 日　　单位：元

资　产	期末	年初	负债和所有者权益	期末	年初
流动资产：		略	流动负债：		略
货币资金	320 000		短期借款	235 000	
应收票据	90 000		应付账款	520 000	
应收账款	340 000		预收款项	240 000	
预付款项	20 000		应付职工薪酬	135 000	
存货	1 020 000		应交税费	-45 000	
流动资产合计	1 790 000		应付股利	90 000	
非流动资产：			一年内将到期的非流动负债	460 000	
固定资产	1 810 000		流动负债合计	1 635 000	
非流动资产合计	1 810 000		非流动负债：		
			长期借款	540 000	
			非流动负债合计	540 000	
			负债合计	2 175 000	
			所有者权益：		
			股本	1 000 000	
			资本公积	44 000	
			盈余公积	256 000	
			未分配利润	125 000	
			所有者权益合计	1 425 000	
资产总计	3 600 000		负债及所有者权益总计	3 600 000	

第三节　利润表

一、利润表的概念及内容

利润表，是总括反映企业在一定时期（年度、季度或月份）内经营成果的财务报表，用以反映企业一定时期内盈利（或亏损）的实际情况。该表能反映企业在一定期间内实现的营业利润、利润总额、净利润及其构成的情况，是反映企业财务成果的动态报表。利润表一般按月编制，是对外报送的主要报表之一。具体而言，利润表可以提供的信息内容有：

1）企业在一定时期内取得的全部收入，包括营业收入、投资收益和营业外收入。

2）企业在一定时期内发生的全部费用和支出，包括营业成本、销售费用、管理费用、财务费用和营业外支出。

3）全部收入与支出相抵后计算出企业一定时期内实现的利润（或亏损）总额。

二、利润表的作用

利用利润表揭示的财务成果信息，便于报表使用者了解企业当期的经营业绩和获得能力，预测未来利润变化趋势；通过分析利润增减变化的原因，有助于发现经营过程中存在的问题，采取改进措施，按照企业经营意向不断提高企业的盈利水平。因此，利润表是企业管理者、所有者、潜在投资者、债权人、财政与税收等部门进行管理、监督与决策的主要依据之一。

三、利润表的结构

利润表一般包括表首和正表两部分。其中，表首概括说明报表名称、编制单位、编制日期、报表编号、货币名称、计量单位；正表是利润表的主体，反映形成经营成果的各个项目和计算过程。正表的格式一般有两种：单步式利润表和多步式利润表。单步式利润表是将当期所有的收入列在一起，然后将所有的费用列在一起，两者相减得出当期净损益。多步式利润表是通过对当期的收入、费用、支出项目按性质加以归类，按利润形成的主要环节列示一些中间性的利润指标，如营业利润、利润总额、净利润，分步计算当期净损益。我国一般采用多步式利润表，具体结构见表 8－4。

表 8－4 利润表 会企 02 表

编报单位： 20××年 月 单位：元

项目	本期金额	上期金额
一、营业收入		
减：营业成本		
营业税金及附加		
销售费用		
管理费用		
财务费用		
资产减值损失		
加：公允价值变动收益（损失以“－”号填列）		
投资收益（损失以“－”号填列）		
其中：对联营企业和合并企业的投资收益		
二、营业利润（亏损以“－”号填列）		
加：营业外收入		
减：营业外支出		
其中：非流动资产处置损失		
三、利润总额（净亏损以“－”号填列）		
减：所得税费用		
四、净利润		
五、每股收益：		
（一）基本每股收益		
（二）稀释每股收益		

为了清楚地反映各项指标的报告期数及从年初到报告期为止的累计数，在利润表中应分别设置“本月数”和“本年累计数”两栏。

三、利润表的编制方法

（一）利润表各项目的填列。

利润表中的各个项目，都是根据有关会计科目记录的本期实际发生数和累计发生数分别填列的。

1）“营业收入”项目：反映企业经营活动所取得的收入总额。本项目应根据“主营业务收入”、“其他业务收入”等科目的发生额分析填列。

2）“营业成本”项目：反映企业经营活动发生的实际成本。本项目应根据“主营业务成本”、“其他业务成本”等科目的发生额分析填列。

3）“营业税金及附加”项目：反映企业经营活动应负担的营业税、消费税、城市维护建设税、资源税、土地增值税和教育费附加等。本项目应根据“营业税金及附加”科目的发生额分析填列。

4）“销售费用”项目：反映企业在销售商品和商品流通企业在购入商品等过程中发生的费用。本项目应根据”营业费用”科目的发生额分析填列。

5）“管理费用”项目：反映企业发生的管理费用。本项目应根据“管理费用”科目的发生额分析填列。

6）“财务费用”项目：反映企业发生的财务费用。本项目应根据“财务费用”科目的发生额分析填列。

7）“资产减值损失”项目：反映企业确认的资产减值损失。本项目应根据“资产减值损失”科目的发生额分析填列。

8）“公允价值变动收益”项目：反映企业确认的交易性金融资产或交易性金融负债的公允价值变动额。本项目应根据“公允价值变动损益”科目的发生额分析填列。

9）“投资收益”项目，反映企业以各种方式对外投资所取得的收益。本项目应根据“投资收益”科目的发生额分析填列；如为投资损失，以“－”号填列。

10）“营业外收入”项目和“营业外支出”项目：反映企业发生的与其生产经营无直接关系的各项收入和支出。这两个项目应分别根据“营业外收入”科目和“营业外支出”科目的发生额分析填列。

11）“利润总额”项目：反映企业实现的利润总额。如为亏损总额，以“－”号填列”。

12）“所得税费用”项目：反映企业按规定从本期损益中减去的所得税。本项目应根据“所得税费用”科目的发生额分析填列。

13）“净利润”项目：反映企业实现的净利润。如为净亏损，以“－”号填列。

报表中的“本月数”应根据各有关会计科目的本期发生额直接填列；“本年累计数”栏反映各项目自年初起到本报告期末止的累计发生额，应根据上月利润表的累计数加上本月利润表的本月数之和填列。年度利润表的“本月数”栏改为“上年数”栏时，应根据上年利润表的数字填列。如果上年利润表和本年利润表的项目名称和内容不相一致，应将上年的报表项目名称和数字按本年度的规定进行调整，然后填入“上年数”栏。

（二）每股收益的计算与列报

企业应当在利润表中单独列示基本每股收益和稀释每股收益。

1）基本每股收益

企业应当按照属于普通股股东的当期净利润，除以发行在外普通股的加权平均数计算基本每股收益。

发行在外普通股加权平均数＝期初发行在外普通股股数＋当期新发行普通股股数×已发行时间÷报告期时间－当期回购普通股股数×已回购时间÷报告期时间

已发行时间、报告期时间和已回购时间一般按照天数计算；在不影响计算结果合理性的前提下，也可以采用简化的计算方法。

2）稀释每股收益

企业存在稀释性潜在普通股的，应当分别调整归属于普通股股东的当期净利润和发行在外普通股的加权平均数，并据以计算稀释每股收益。

稀释性潜在普通股，是指假设当期转换为普通股会减少每股收益的潜在普通股。潜在普通股，是指赋予其持有者在报告期或以后期间享有取得普通股权利的一种金融工具或其他合同，包括可转换公司债券、认股权证、股份期权等。

第一，计算稀释每股收益，应当根据下列事项对归属于普通股股东的当期净利润进行调整（应考虑相关的所得税影响）：（1）当期已确认为费用的稀释性潜在普通股的利息；（2）稀释性潜在普通股转换时将产生的收益或费用。

第二，计算稀释每股收益时，当期发行在外普通股的加权平均数应当为计算基本每股收益时普通股的加权平均数与假定稀释性潜在普通股转换为已发行普通股而增加的普通股股数的加权平均数之和。

第三，计算稀释性潜在普通股转换为已发行普通股而增加的普通股股数的加权平均数时，以前期间发行的稀释性潜在普通股，应当假设在当期期初转换；当期发行的稀释性潜在普通股，应当假设在发行日转换。

第四，认股权证和股份期权等的行权价格低于当期普通股平均市场价格时，应当考虑其稀释性。计算稀释每股收益时，增加的普通股股数按下列公式计算：

增加的普通股股数 = 拟行权时转换的普通股股数 - 行权价格 × 拟行权时转换的普通股股数 ÷ 当期普通股平均市场价格

第五，稀释性潜在普通股应当按照其稀释程度从大到小的顺序计入稀释每股收益，直至稀释每股收益达到最小值。

3）每股收益列报

发行在外普通股或潜在普通股的数量因派发股票股利、公积金转赠资本、拆股而增加或因并股而减少，但不影响所有者权益金额的，应当按调整后的股数重新计算各列报期间的每股收益。上述变化发生于资产负债表日至财务报告批准报出日之间的，应当以调整后的股数重新计算各列报期间的每股收益。

按照企业会计准则的规定对以前年度损益进行追朔调整或追溯重述的，应当重新计算各列报期间的每股收益。

（三）利润表编制方法举例

从上述具体项目的填列方法分析，利润表的填列方法可归纳为以下两种：

1）根据账户的发生额分析填列。利润表中的大部分项目都可以根据账户的发生额分析填列，如销售费用、营业税金及附加、管理费用、财务费用、营业外收入、营业外支出、所得税等。

2）根据报表项目之间的关系计算填列。利润表中的某些项目需要根据项目之间的关系计算填列，如营业利润、利润总额、净利润等。

下面举例说明一般企业利润表的编制方法。

［例2］天鹰公司20××年度利润表有关科目的累计发生额如表8－5表所示：

表 8－5　　损益账户发生额合计

科目名称	借方发生额	贷方发生额
主营业务收入		12 500 000
其他业务收入		230 000
投资收益		3 200 000
营业外收入		2 850 000
主营业务成本	8 500 000	
营业税金及附加	550 000	
其他业务成本	0	
销售费用	200 000	
管理费用	1 050 000	
财务费用	1 000 000	
资产减值损失	20 000	
营业外支出	2 000 000	
所得税费用	1 800 000	

根据以上账户记录，编制天鹰公司20××年度利润表，如表8－6所示：

表8－6　　利润表

编制单位：天鹰公司　　20××年度　　单位：元

项　目	本期金额	上期金额
一、营业收入	12 730 000	（略）
减：营业成本	8 500 000	
营业税金及附加	550 000	
销售费用	200 000	
管理费用	1 050 000	
财务费用	1 000 000	
资产减值损失	20 000	
加：公允价值变动收益	0	
投资收益	3 200 000	
其中：对联营企业和合并企业的投资收益	0	
二、营业利润	4 610 000	
加：营业外收入	2 850 000	
减：营业外支出	2 000 000	
其中：非流动资产处置损失	0	
三、利润总额（净亏损以“－”号填列）	5 460 000	
减：所得税费用	1 800 000	
四、净利润	5 280 000	
五、每股收益：	（略）	
（一）基本每股收益	（略）	
（二）稀释每股收益	（略）	

第四节 现金流量表[⑦]

一、现金及现金流量表的定义

现金流量表，是指反映企业在一定会计期间经营活动、投资活动和筹资活动对现金及现金等价物产生影响的财务报表。编制现金流量表的主要目的是为报表使用者提供企业一定会计期间内现金流入和流出的有关信息，揭示企业的偿债能力和变现能力。为更好地理解和运用现金流量表，必须正确界定如下概念：

1）现金。指企业库存现金及可随时用于支付的存款。应注意的是，银行存款和其他货币资金中有些不能随时用于支付的存款。如不能随时支取的定期存款等，不应作为现金，而应列作投资；提前通知金融企业便可支取的定期存款，则应包括在现金范围内。

2）现金等价物。指企业持有的期限短、流动性强、易于转化为已知金额现金、价值变动风险很小的投资。一项投资被确认为现金等价物必须同时具备四个条件：期限短、流动性强、易于转化为已知金额现金、价值变动风险很小。其中，期限较短一般是指从购买日起三个月内到期，例如可在证券市场上流通的三个月到期的短期债券投资等。

3）现金流量。指企业现金和现金等价物的流入和流出。应该注意的是，企业现金形式的转换不会产生现金的流入和流出，如企业从银行提取现金，是企业现金存放形式的转换，并未流出企业，不构成现金流量；同样，现金和现金等价物之间的转换也不属于现金流量，比如，企业用现金购买将于三个月到期的国库券。

二、现金流量表的结构

设置现金流量表的基本公式为：现金净流量＝现金收入－现金支出。在此基础上，又分为三个组成部分。第一部分为经营活动中的现金流量；第二部分为投资活动中的现金流量；第三部分为筹资活动中的现金流量。各部分又分别按收入项目和支出项目分别列示，以反映各类活动所产生的现金流入量和现金流出量，来展示各类现金流入和流出的原因。如表8－7。

⑦ 现金流量表的编制要求编制者具有较好的会计专业基础，能深刻理解并熟练运用会计的基本原理对经济业务进行分析。根据大学本科及以下层次的课程教学安排，《基础会计学》课程只是专业入门课程，并不强求学生能完成该表的编制，但应对现金流量表的基本内容及编制原理有一定掌握。

表 8－7　　现金流量表

编制单位：　　××××年度　　单位：元

项　　目	本期金额	上期金额
一、经营活动产生的现金流量：		
销售商品、提供劳务收到的现金		
收到的税费返还		
收到的其他与经营活动有关的现金		
现金流入小计		
购买商品、接受劳务支付的现金		
支付给职工以及为职工支付的现金		
支付的各项税费		
支付的其他与经营活动有关的现金		
现金流出小计		
经营活动产生的现金流量净额		
二、投资活动产生的现金流量：		
收回投资所收到的现金		
取得投资收益所收到的现金		
处置固定资产、无形资产和其他长期资产所收回的现金净额		
处置子公司及其他营业单位收到的现金净额		
收到的其他与投资活动有关的现金		
现金流入小计		
购建固定资产、无形资产和其他长期资产所支付的现金		
投资所支付的现金		
取得子公司及其他营业单位支付的现金净额		
支付的其他与投资活动有关的现金		
现金流出小计		
投资活动产生的现金流量净额		
三、筹资活动产生的现金流量：		
吸收投资所收到的现金		
借款所收到的现金		
收到的其他与筹资活动有关的现金		
现金流入小计		
偿还债务所支付的现金		
分配股利、利润或偿付利息所支付的现金		
支付的其他与筹资活动有关的现金		
现金流出小计		
筹资活动产生的现金流量净额		

四、汇率变动对现金及现金等价物的影响		
五、现金及现金等价物净增加额		
加：期初现金及现金等价物余额		
六、期末现金及现金等价物余额		
补充资料：	本期金额	上期金额
1. 将净利润调节为经营活动现金流量：		
净利润		
加：资产减值准备		
固定资产折旧		
无形资产摊销		
长期待摊费用摊销		
处置固定资产、无形资产和其他长期资产的损失（减：收益）		
固定资产报废损失（减：收益）		
公允价值变动损失（减：收益）		
财务费用（减：收益）		
投资损失（减：收益）		
递延所得税资产减少（减：增加）		
递延所得税负债增加（减：减少）		
存货的减少（减：增加）		
经营性应收项目的减少（减：增加）		
经营性应付项目的增加（减：减少）		
其他		
经营活动产生的现金流量净额		
2. 不涉及现金收支的重大投资和筹资活动：		
债务转为资本		
一年内到期的可转换公司债券		
融资租人固定资产		
3. 现金及现金等价物净增加情况：		
现金的期末余额		
减：现金的期初余额		
加：现金等价物的期末余额		
减：现金等价物的期初余额		
现金及现金等价物净增加额		

（一）经营活动的现金流量

经营活动的现金流量是指企业投资活动和筹资活动以外的所有交易和事项所导致的现金收入和支出。

1）经营活动所产生的现金收入。包括出售产品、商品、提供劳务等取得的现金收入。

2）经营活动所产生的现金支出。包括购买材料、商品及支付职工劳动报酬发生的现金支出、各项制造费用、期间费用支出、税款等支出。

（二）投资活动的现金流量

投资活动的现金流量是指企业在投资活动中所导致的现金收入和支出。

1）投资活动所产生的现金收入。包括收回投资、出售固定资产净收入等。

2）投资活动所产生的现金支出。包括对外投资、购买固定资产等。

（三）筹资活动的现金流量

筹资活动的现金流量是指企业在筹资活动中所导致的现金收入和支出。

1）筹资活动所产生的现金收入。包括发行债券、取得借款、增加股本（增发股票）等。

2）筹资活动中所产生的现金支出。包括偿还借款、清偿债务、支付现金股利等。

三、现金流量表的编报形式

企业编报的现金流量表，按照经营活动现金流量列示的不同，有两种编报形式：一种是直接列示法，另一种是间接列示法。

（一）直接法列示法。直接列示法是通过现金流入和流出的主要类别反映来直接反映企业经营活动的现金流量。在具体编制各项目应填列金额的过程中，对于各报表项目金额的计算确定，一般是以利润表中的营业收入为起点，通过编制调整分录，调整与经营活动有关项目的增减活动，达到计算出经营活动各项现金流量的目的。现将其主要项目的应填列内容简述如下：

1. 经营活动产生的现金流量

（1）“销售商品、提供劳务收到的现金”。一般包括当期销售商品或提供劳务所收到的现金收入（包括增值税销项税额，下同）；当期收到前期销售商品、提供劳务的应收款项；当期预收的销货款；同时，当期因销货退回而支付的现金或收回前期核销的坏账损失也列入该项目，做相应调整。

（2）“收到的税费返回”。包括收到的增值税、消费税、营业税、所得税、关税和教育费附加的返还等。

（3）“收到的其他与经营活动有关的现金”。反映企业除了上述各项以外收到的其他与经营活动有关的现金流入。

（4）“购买商品、接受劳务支付的现金”。一般包括当期购买商品、接受劳务支付的现金；当期支付前期的购货应付账款或应付票据（均包括增值税进项税额）；当期预付的账款，以及购货退回所收到的现金。

（5）“支付给职业以及为职工支付的现金”。包括本期实际支付给职工的工资、奖金、各种津贴和补贴等，以及经营人员的养老金、保险金和其他各项支出。

（6）“支付的各种税费”。反映企业按规定支付的各项税费，包括本期发生并支付的税费，以及本期支付以前各期发生的税费和预交的税金。

（7）“支付的其他与经营活动有关的现金”。反映企业除了上述各项以外的其他与经营活动有关的现金流出。

2. 投资活动产生的现金流量

（1）“收回投资所收到的现金”。反映企业出售转让或到期收回除现金等价物以外的短期投资、长期股权投资而收到的现金，以及收回长期债权投资本金而收到的现金，按实际收回的投资额填列。

(2)“取得投资收益所收到的现金”。反映企业因股权性投资和债权性投资而取得的现金股利、利息，以及从子公司、联营企业或合营企业分回利润而收到的现金。到期收回的本金应在“收回投资所收到的现金”项目中反映。

(3)“处置固定资产、无形资产和其他长期资产而收到的现金净额”，反映企业处置这些资产所得的现金，扣除为处置这些资产而支付的有关费用后的净额。

(4)“处置子公司及其他营业单位收到的现金净额”，反映企业处置子公司及其他营业单位所得的现金，扣除为处置子公司及其他营业单位而支付的有关费用后的净额。

(5)“收到的其他与投资活动有关的现金”。反映企业除了上各项以外收到的其他与投资活动有关的现金流入。

(6)“购建固定资产、无形资产和其他长期资产所支付的现金”。包括企业购买、建造固定资产，取得无形资产和其他长期资产所支付的现金，不包括为购建固定资产而发生的借款资本化的部分以及融资租赁租入固定资产所支付的租金和利息。

(7)“投资所支付的现金”。反映企业进行权益性投资和债权性投资支付的现金。包括短期股票、短期债券投资、长期股权投资、长期债权投资所支付的现金及佣金、手续费等附加费用。

(8)“取得子公司及其他营业单位支付的现金净额”。反映企业为取得子公司及其他营业单位而支付的现金净额。

(9)“支付的其他与投资活动有关的现金”。反映企业除上述各项以外，支付的其他与投资活动有关的现金流出。

3. 筹资活动产生的现金流量

(1)“吸收投资所收到的现金”。反映企业收到的投资者投入的资金。包括发行股票、债券所实际收到的款项净额（发行收入减去支付的佣金等发行费用后的净额）。

(2)“借款收到的现金”。反映企业举借各种短期、长期借款所收到的现金，根据收入时的实际借款金额计算。企业因借款而发生的利息列入”分配股利、利润或偿付利息所支付的现金”。

(3)“收到的其他与筹资活动有关的现金”。反映企业除上述各项目外，收到的其他与筹资活动有关的现金流入，如接受现金捐赠。

(4)“偿还债务所支付的现金”。包括归还企业借款本金和偿付企业到期的债券等，按当期实际支会的偿债金额填列。

(5)“分配股利、利润或偿付利息所支付的现金”。反映企业实际支付的现金股利和付给其他投资单位的利润以及支付的债券利息、借款利息等。

(6)“支付其他与筹资活动有关的现金”。反映企业除上述各项外，支付的其他与筹资活动有关的现金流出。

4. 汇率变动对现金的影响

反映企业的外币现金流量以及境外子公司的现金流量折算为人民币时，所采用的现金流量发生日的汇率或平均汇率折算人民币金额与”现金及现金等价物净增加额”中外币现金净增加额按期末汇率折算的人民币金额之间的差额。

5. 现金及现金等价物净增加额

反映经营活动产生的现金流量净额、投资活动产生的现金流量净额、筹资活动产生的现金流量净额三项之和。

（二）间接列示法。就是不直接列示具体的现金流入与流出，而是以本期净利润为起点，通过调整不涉及现金的收入、费用、营业外收支以及有关项目的增减变动，达到计算出经营活动现金流量的编报方法。间接列示法的计算原理可以用图 8－1 所示：

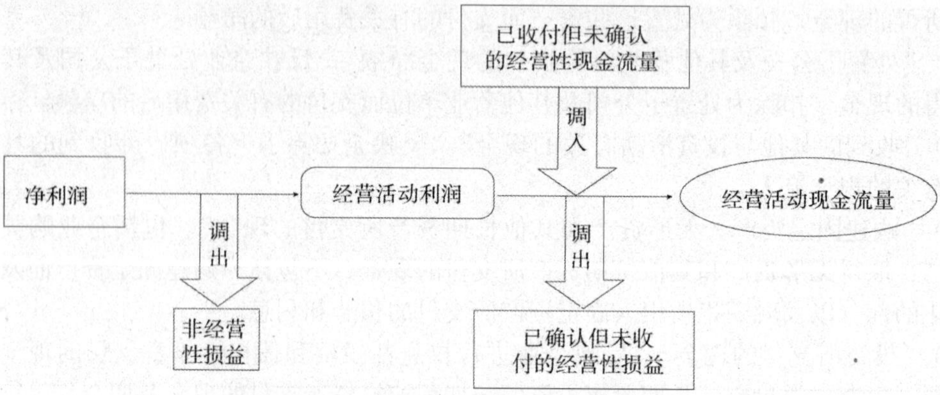

图 8－1　经营活动现金流量间接调整原理

《企业会计准则——现金流量表》要求企业采用直接法报告经营活动的现金流量，同时要求在补充资料中用间接法来计算经营活动现金流量。

四、现金流量表各项目应填列金额的取得

（一）日记账法

为了计算取得现金流量表中各项目的应填列金额，企业可以为“库存现金”、“银行存款”、“其他货币资金”及其他可认定为现金等价物的科目设置编制现金流量表的专用明细科目。这些专用的明细科目均以现金流量表的报表项目命名。企业在进行日常业务的会计处理时，除了进行正常的会计处理外，还应为“库存现金”、“银行存款”及“其他货币资金”及其他可认定为现金等价物的发生额确定所属的现金流量表项目，并平行登记到所设置的编制现金流量表专用明细科目中去。期末企业编制现金流量表时，则只需要将这些专用明细科目的发生额进行分析计算即可获得现金流量表主表部分的现金流量项目应填列金额。

为了完成现金流量表补充资料的编制，通过为与补充资料各项目应填列金额有关的非现金类会计科目设置补充资料编制的专用明细科目，并以补充资料的报表项目命名，采用同样的会计处理方法与编制步骤，实现现金流量表补充资料各项目的填列。

（二）调整分录法

这种方法并不要求为各有关会计科目设置编制现金流量表的专用明细科目。而是在期末编制完资产负债表、利润表及所有者权益变动表后，以利润表为起点，通过编制调整分录、再将调整分录登入现金流量表工作底稿，最后通过计算得出现金流量表正表部分各项目的现金流量金额的一种方法。其具体步骤是：

1）完成资产负债表、利润表及所有者权益表的编制；

2）将资产负债表的期初与期末金额、利润表的本期发生额填入现金流量表工作底稿；

3）以营业收入这起点，编制调整分录；

这种方法和日记账法在原理上基本相同，只是在具体做法上有所不同。日记账法要求平时业务发生时进行逐笔调整，而调整分录法是在期末完成了其他报表的编制后，将全年的同类业务视同一笔业务，进行总额调整，倒挤出各项现金流量金额。

五、现金流量表编制举例

［例3］已知宏华公司2014年12月31日的总账科目余额数据如表8－8（万元）：

表8－15 宏华公司总账科目余额

资产科目	金额	负债及所有者权益科目	金额
库存现金	0.2	短期借款	30
银行存款	29.8	应付账款	40
应收账款	10	应付职工薪酬	10
存货	40	应交税费	20
固定资产	100	实收资本	50
累计折旧	30		
资产类合计	150	负债及所有者权益类合计	150

2015年1－6月，宏华公司发生如下业务：

1）收到黑木崖公司现金投资，投资额共10万元（无资本溢价），款项通过银行转账收到；

2）从银行借入两年期借款20万元；

3）归还短期借款本金12万元及利息3万元（利息未预提）；

4）购入原材料10万元，增值税率17%，款项未付，材料验收入库；

5）计提固定资产折旧5万元，其中车间折旧3万元、行政管理部门2万元；

6）支付上月职工工资6万元，以存款转账；

7）收到客户上月欠下的货款8万元，款项存入银行；

8）销售商品一批，售价30万元，增值税率17%，收到货款10万元，余款暂欠；该批商品的成本为5万元；

9）计提本月职工工资，生产人员2万元，行政管理人员1万元；

10）预交本月所得税3万元；

11）计提坏账准备2万元；

12）结转损益类科目及净利润；

13）按净利润的10%计提盈余公积、按净利润的50%向投资者分配现金利润；

14）以存款向投资者发放利润；

15）结转已分配利润；

16）购入固定资产10万元，可直接投入使用，支付了4万元买价，余款未付。

（一）按日记账法

1. 根据日记账法要求，宏华公司各业务发生时的会计处理及编制现金流量表专设的明细科目发生额的确定如下表8－9所示（单位：万元）：

表8－9　　宏华公司现金流量明细专设科目发生额

业务	一级科目	明细科目（专设）	金额	
			借方	贷方
1	银行存款	吸收投资	10	
	实收资本			10
2	银行存款	借款收现	20	
	长期借款			20
3	短期借款		12	
	财务费用	财务费用	3	
	银行存款	偿还债务		12
	银行存款	偿付利息		3
4	原材料	存货	10	
	应交税费	经营性应付	1.7	
	应付账款	经营性应付		11.7
5	制造费用	存货	3	
	管理费用		2	
	累计折旧	计提的折旧		5
6	应付职工薪酬	经营性应付	6	
	银行存款	支付给职工		6
7	银行存款	销售收现	8	
	应收账款	经营性应收		8
8－1	银行存款	销售收现	10	
	应收账款	经营性应收	25.1	
	主营业务收入			30
	应交税费—应交增值税	经营性应付		5.1
8－2	主营业务成本		5	
	库存商品	存货		5
9	生产成本	存货	2	
	管理费用		1	
	应付职工薪酬	经营性应付		3
10	应交税费—应交所得税	经营性应付	3	
	银行存款	支付各项税费		3
11	资产减值损失		2	
	坏账准备	资产减值准备		2
12—1	本年利润		13	
	主营业务成本			5
	管理费用			3
	财务费用			3
	资产减值损失			2

业务	一级科目	明细科目（专设）	金额	
			借方	贷方
12—2	主营业务收入		30	
	本年利润			
12—3	本年利润		17	
	利润分配－未分配利润			17
13	利润分配－提取法定盈余公积		1.7	
	利润分配－应付现金利润		8.5	
	盈余公积			1.7
	应付利润			8.5
14	应付利润		8.5	
	银行存款	分配利润		8.5
15	利润分配－未分配利润		10.2	
	利润分配－提取法定盈余公积			1.7
	利润分配－应付现金利润			8.5
16	固定资产		10	
	银行存款	购建固定资产		4
	应付账款			6

2. 根据上述会计处理结果，通过对“库存现金”、“银行存款”及“其他货币资金”账户所属明细科目的分析，可得有关现金流量发生情况如表8－10所示：

表8－17　　有关账户现金流量分析

明细科目	现金流量	
	流入	流出
销售收现	18	
支付给职工		6
支付税费		3
吸收投资	10	
购建固定资产		4
借款收现	20	
偿还债务		12
偿付利息		3
分配利润		8.5
流量小计	48	36.5
现金净流量	11.5	

3. 将上述现金流量结果填入现金流量表（正表部分）如表8-11。

表8-11 现金流量表

编制单位：宏华公司 2015年1-6月 单位：万元

项　　目	本期金额	上期金额
一、经营活动产生的现金流量：		略
销售商品、提供劳务收到的现金	18	
现金流入小计	18	
购买商品、接受劳务支付的现金	0	
支付给职工以及为职工支付的现金	6	
支付的各项税费	3	
现金流出小计	9	
经营活动产生的现金流量净额	9	
二、投资活动产生的现金流量：		
现金流入小计	0	
购建固定资产、无形资产和其他长期资产所支付的现金	4	
现金流出小计	4	
投资活动产生的现金流量净额	-4	
三、筹资活动产生的现金流量：		
吸收投资所收到的现金	10	
借款所收到的现金	20	
现金流入小计	30	
偿还债务所支付的现金	12	
分配股利、利润或偿付利息所支付的现金	11.5	
现金流出小计	23.5	
筹资活动产生的现金流量净额	6.5	
四、汇率变动对现金及现金等价物的影响	0	
五、现金及现金等价物净增加额	11.5	
加：期初现金及现金等价物余额	30	
六、期末现金及现金等价物余额	41.5	

4. 编制宏华公司上半年利润表（表8－12）

表8－12 **利润表**

编制单位：宏华公司 2015年1－6月 单位：万元

项　　目	本期金额	本年累计
一、营业收入	30	30
减：营业成本	5	5
管理费用	3	3
财务费用	3	3
资产减值损失	2	2
二、营业利润	17	17
三、利润总额（净亏损以“－”号填列）	17	17
减：所得税费用	0	0
四、净利润	17	17

5. 根据上述会计处理结果，通过对非现金账户所属明细科目的分析，可得有关现金流量表补充资料有关项目发生额如表8－13。（单位：万元）：

表8－13 **宏华公司现金流量补充资料（一）**

专设明细科目	借方	贷方
净利润		17
资产减值准备		2
计提的折旧		5
经营性应收	25.1	8
经营性应付	10.7	19.8
存货	15	5
财务费用	3	

6. 根据上述有关专设明细科目发生额编制现金流量表补充资料如表8－14。（单位：万元）：

表8－14 **宏华公司现金流量补充资料（二）**

补充资料：	本期金额	上期金额
1. 将净利润调节为经营活动现金流量：		略
净利润	17	
加：资产减值准备	2	
固定资产折旧	5	
财务费用（减：收益）	3	
存货的减少（减：增加）	－10	
经营性应收项目的减少（减：增加）	－17.1	
经营性应付项目的增加（减：减少）	9.1	
经营活动产生的现金流量净额	9	
2. 不涉及现金收支的重大投资和筹资活动（略）		
3. 现金及现金等价物净增加情况（略）		

（二）按调整分录法

假设企业采用调整分录法编制现金流量表，则企业应先编制现金流量表工作底稿，再将资产负债表的期初数与期末数、利润表的发期发生额先填入现金流量表工作底稿，然后通过分析资产负债表的期初数与期末数、各账户的本期发生额。

1. 编制宏华公司的资产负债表，如表 8－15。

表 8－15 资产负债表

编制单位：宏华公司 2015 年 6 月 30 日 单位：万元

资　产	期末	期初	负债及所有者权益科目	期末	期初
货币资金	41.5	30	短期借款	18	30
应收账款	25.1	10	应付账款	57.7	40
存货	50	40	应付职工薪酬	7	10
流动资产合计	116.6	80	应交税费	20.4	20
固定资产	75	70	流动负债合计	103.1	100
非流动资产合计	75	70	长期借款	20	0
			非流动负债合计	20	0
			负债合计	123.1	0
			实收资本	60	50
			盈余公积	1.7	0
			未分配利润	6.8	0
			所有者权益合计	68.5	50
资产合计	191.6	150	负债及所有者权益类合计	191.6	150

2. 编制抵销分录如下（单位：万元）：

1）调整营业收入

借：应收账款　　15.1

　　经营活动现金流量——销售商品、提供劳务收到的现金　　20

　　贷：营业收入　　30

　　应交税费——应交增值税（销项税额）　　5.1

2）调整营业成本

借：营业成本　　5

　　存货　　10

　　应交税费　　1.7

　　经营活动现金流量—购买商品、接受劳务支付的现金　　1

贷：应付账款　　17.7

3）调整管理费用

借：管理费用　　3

贷：经营活动现金流量——支付的其他与经营活动有关的现金　3

4）调整财务费用

借：财务费用　3

贷：筹资活动现金流量——分配股利、利润或偿付利息支付的现金　3

5）调整资产减值损失

借：资产减值损失　2

贷：经营活动现金流量——销售商品、提供劳务收到的现金　2

6）调整货币资金

借：货币资金　11.5

贷：现金及现金等价物净增加额　11.5

7）调整固定资产

借：固定资产　10

贷：投资活动现金流量——购买固定资产、无形资产及其他长期资产支付的现金　10

8）调整折旧

借：经营活动现金流量——购买商品、接受劳务支付的现金　3

经营活动现金流量——支付的其他与经营活动有关的现金　2

贷：固定资产　5

9）调整应付账款（二次调整）

借：投资活动现金流量——购买固定资产、无形资产及其他长期资产支付的现金　6

贷：经营活动现金流量——购买商品、接受劳务支付的现金　6

10）调整短期借款

借：短期借款　12

贷：筹资活动现金流量——偿还债务支付的现金　12

11）调整应付职工薪酬

借：经营活动现金流量——购买商品、接受劳务支付的现金　2

经营活动现金流量——支付的其他与经营活动有关的现金　1

贷：应付职工薪酬　3

12）调整应付职工薪酬

借：应付职工薪酬　6

贷：经营活动现金流量——支付给职工以及为职工支付的现金　6

13）调整应交税费（所得税）

借：应交税费　3

贷：经营活动现金流量——支付的各项税费　3

14）调整长期借款

借：筹资活动现金流量——取得借款收到的现金　20

贷：长期借款　20

15）调整实收资本

借：筹资活动现金流量——吸收投资收到的现金　10

贷：实收资本　10

16）调整利润分配

借：未分配利润——提取盈余公积　　1.7

　　未分配利润——对投资者的分配　　8.5

　　贷：盈余公积——提取盈余公积　　1.7

　　　　应付利润　　8.5

17）调整应付利润

借：应付利润　　8.5

　　贷：筹资活动现金流量——分配股利、利润或偿付利息支付的现金　　8.5

3. 完成工作底稿

完成上述调整分录的编制后，再将这些调整分录的调整发生额填入现金流量表工作底稿。现金流量表工作底稿如表 8－16：

表 8－16　　现金流量表工作底稿⑧

项　　目		调整分录		本期数
		借方	贷方	
一、利润表				
营业收入			30.00	30.00
营业成本		5.00		5.00
管理费用		3.00		3.00
财务费用		3.00		3.00
资产减值损失		2.00		2.00
净利润		13.00	30.00	17.00
二、所有者权益变动表				本期数
实收资本——年初余额	50.00			50.00
——所有者投入资本			10.00	10.00
——年末余额	50.00		10.00	60.00
盈余公积——年初余额	0.00			0.00
——提取盈余公积			1.70	1.70
——年末余额			1.70	1.70
未分配利润——年初余额				0.00
－－－净利润[9]		13.00	30.00	17.00
——提取盈余公积		1.70		1.70

⑧　无发生额的项目被省略，以节省篇幅；资产负债表中的所有者权益项目调整在所有者权益变动表中完成调整；所有者权益变动表中的“净利润”来自利润表，资产负债表中的所有者权益项目金额来自所有者权益变动表。

项　目		调整分录		本期数
		借方	贷方	
——对所有者的分配		8.50		8.50
——年末余额		23.20	30	6.80
三、资产负债表	期初数			期末数
货币资金	30.00	11.50		41.50
应收账款	10.00	15.10		25.10
存货	40.00	10.00		50.00
固定资产	70.00	10.00	5.00	75.00
短期借款	30.00	12.00		18.00
应付账款	40.00		17.70	57.70
应付职工薪酬	10.00	6.00	3.00	7.00
应付利润	0.00	8.50	8.50	0.00
应交税费	20.00	4.70	5.10	20.40
长期借款	0.00		20.00	20.00
实收资本[9]	50.00			60.00
盈余公积[9]	0.00			1.70
未分配利润[9]	0.00			6.80
四、现金流量表				本期数
(一) 经营活动				
销售商品、提供劳务收到的现金		20.00	2.00	18.00
经营活动现金流入小计		20.00	2.00	18.00
购买商品、接受劳务支付的现金		6.00	6.00	0.00
支付给职工以及为职工支付的现金			6.00	6.00
支付的各项税费			3.00	3.00
支付的其他与经营活动有关的现金		3.00	3.00	0.00
经营活动现金流出小计		9.00	18.00	9.00
经营活动现金流量净额				9.00
(二) 投资活动				
投资活动现金流入小计				0.00
购建固定资产------支付的现金		6.00	10.00	4.00
投资活动现金流出小计		6.00	10.00	4.00
投资活动现金流量净额				-4.00

项目		调整分录		本期数
		借方	贷方	
（三）筹资活动				
吸收投资所收到的现金		10.00		10.00
取得借款所收到的现金		20.00		20.00
筹资活动现金流入小计		30.00		30.00
偿还债务所支付的现金			12.00	12.00
分配股利、利润和偿付利息所支付的现金			11.50	11.50
筹资活动现金流出小计			23.50	23.50
筹资活动现金流量净额				6.50
（四）现金及现金等价物净增加额			11.50	11.50
加：期初现金及现金等价物余额				30
（五）期末现金及现金等价物余额			11.50	41.50
调整金额合计				

完成上述现金流量表工作底稿后，再将所调整的现金流量表项目金额填入正式的现金流量表，就完成了整个编制过程。

第五节　所有者权益变动表

一、所有者权益变动表的定义

所有者权益变动表，指反映所有者权益的各组成部分当期的增减变动情况的财务报表。当期损益、直接计入所有者权益的利得和损失，以及与所有者的资本交易导致的所有者权益的变动，应当分别列示。

二、所有者权益变动表的格式

所有者权益变动表至少应该单独列示反映下列信息：

1）净利润；

2）直接计入所有者权益的利得和损失项目及其总额；

3）会计政策变更和差错更正的累积影响金额；

4）所有者投入资本和向所有者分配利润等；

5）按照规定提取的盈余公积；

6）实收资本、资本公积、盈余公积、未分配利润的期初和期末余额及其调节情况。

具体格式见表 8－17。

表 8－17　　所有者权益变动表⑨

编制单位：　　×××年度　　单位：元

项　目	本年金额					
	实收资本	资本公积	减：库存股	盈余公积	未分配利润	所有者权益合计
一、上年年末余额						
加：会计政策变更						
前期差错更正						
二、本年年初余额						
三、本年增减变动金额（减少以"－"号填列）						
（一）净利润						
（二）直接计入所有者权益的利得和损失						
1. 可供出售金融资产公允价值变动净额						
2. 权益法下被投资单位其他所有者权益变动的影响						
3. 与计入所有者权益相关的所得税影响						
4. 其他						
上述（一）和（二）小计						
（三）所有者投入和减少资本						
1. 所有者投入资本						
2. 股份支付计入所有者权益的金额						
3. 其他						
（四）利润分配						
1. 提取盈余公积						
2. 对所有者的分配						
3. 其他						
（五）所有者权益内部结转						
1. 资本公积转增资本						
2. 盈余公积转增资本						
3. 盈余公积弥补亏损						
4. 其他						
四、本年年末余额						

⑨　由于所有者权益变动表中的大部分内容在基础会计课程中还未涉及或涉及不够。因此，对于所有者权益变动表的具体编制方法本教材不做详细讲述

[本章小结]

财务报表是通过整理、汇总日常会计核算资料而定期编制的，用来集中、总括地反映企业单位在某一特定日期的财务状况以及某一特定时期的经营成果和现金流量的书面报告。财务报表按财务报表反映的经济内容分为四种类型：资产负债表、利润表、所有者权益变动表和现金流量表；按照财务报表报送对象分类：对外报送的财务报表和对内报送的财务报表；按照财务报表编报的范围分类：分为个别财务报表和合并财务报表两类；按照财务报表编制的时间分类：可将其分为定期财务报表和不定期财务报表；按照财务报表编制单位不同，可将其分为单位财务报表和汇总财务报表两类。

资产负债表是总括反映企业在某一特定日期（月末、季末或年末）全部资产、负债和所有者权益情况的财务报表。资产负债表是静态报表，是根据”资产＝负债＋所有者权益”这一基本公式，依照一定的分类标准和一定的次序，把企业在某一特定日期的资产、负债和所有者权益项目予以适当排列编制而成。

利润表，又称损益表，是反映企业在一定会计期间的经营成果的财务报表。一定会计期间可以是一个月，一个季度，半年，也可以是一年，因此将利润表称为动态报表。它根据”收入－费用＝利润”这一平衡公式，依照一定的标准和次序，把企业一定时期内的收入、费用和利润项目予以适当排列编制而成。

现金流量表是指反映企业在一定会计期间经营活动、投资活动和筹资活动对现金及现金等价物产生影响的财务报表。编制现金流量表的主要目的是为报表使用者提供企业一定会计期间内现金流入和流出的有关信息，揭示企业的偿债能力和变现能力。

所有者权益变动表表示指反映所有者权益的各组成部分当期的增减变动情况的财务报表。当期损益、直接计入所有者权益的利得和损失，以及与所有者的资本交易导致的所有者权益的变动，应当分别列示。

[复习题]

一、问答题

1. 什么是财务报表？谈谈财务报表的分类。
2. 编制财务报表有哪些要求？
4. 试述各财务报表的定义及内容。
3. 通过阅读资产负债表能获得哪些信息？
4. 通过阅读利润表能获得哪些信息？
5. 所有者权益变动表的内容有哪些？
6. 谈谈编制现金流量表的意义。

二、选择题

1. 资产负债是反映企业在（　）财务状况的报表。

A. 一定时期

B. 某一特定日期

C. 某一特定时期

D. 某一会计期间

2. 财务报表应当根据登记完整、核对无误的下列（　）编制。

A. 账簿记录和其他有关资料
B. 原始凭证和其他有关资料
C. 记账凭证和其他有关资料
D. 会计凭证和账簿记录

3. 下列财务报表中属于动态报表的是（　）。
A. 资产负债表　　B. 利润表
C. 利润分配表　　D. 资产减值准备明细表

4. （　）统称为中期报表.
A. 月度报表　　B. 季度报表
C. 半年度报表　　D. 年度报表

5. 编制资产负债表时。下列项目可根据总分类账户的期未余额直接填列（　）。
A. 短期借款　　B. 存货
C. 应收账款　　D. 固定资产

三、判断题

1. 编制财务报表的过程。实质上就是对日常会计核算资料。按照一定的指标体系，进行综合加工整理，并系统化的过程。（　）

2. 年度、半年度财务会计报告应包括财务报表、财务报表附注和财务情况说明书三方面。（　）

3. 资产负债表中的“应收账款”项目应根据“应收账款”和“预收账款”账户所属各明细账户的期未借方余额合计数填列。（　）

4. 现金流量表所指的现金一般包括现金及现金等价物。（　）

5. 根据利润表，可以分析、评价企业的盈利状况并预测企业未来的损益变化趋势及获利能力。（　）

四、业务题

［资料］1. 某企业20××年6月底各账户期末余额如下：

账户名称	借方余额	账户名称	贷方余额
库存现金	350	短期借款	41 000
银行存款	76 700	应付账款	4 050
应收账款	7 000	其他应付款	8 700
其他应收款	750	应付职工薪酬	7 000
原材料	349 800	应付票据	4 100
生产成本	36 000	应交税费	39 670
库存商品	50 400	累计折旧	230 500
长期股权投资	7 500	本年利润	158 765
固定资产	628 500	实收资本	721 000
利润分配	95 785	盈余公积	38 000
合 计	125 278	合 计	125 278

2. 用关明细资料如下：

各损益账户累计余额由：“主营业务收入”1 144 900，“主营业务成本”944 280元，“营业税金及附加”64 320元，“销售费用”14 600元，“其他业务收入”35 000元，“其他业务成本”35 000元，”营业外收入”800元，“营业外支出”5 000元，“管理费用”20 800元，“财务费用”6 200元。

3. 要求：

1）根据资料1、2编制资产负债表。

2）根据资料1、2编制利润表。

五、论述题

1. 论述我国现行企业财务报表体系及其结构。

2. 试分析和种财务报表所能够提供的会计信息有哪些？这些信息对加强企业管理有什么意义？

第九章 账务处理程序

[学习目标]

1. 了解各种账务处理程序的意义
2. 区分账务处理程序的种类
3. 熟练掌握各种账务处理程序的特点和处理方法

[教学内容]

1. 账务处理程序概念、意义及种类
2. 记账凭证账务处理程序介绍
3. 汇总记账凭证账务处理程序介绍
4. 科目汇总表账务处理程序介绍
5. 日记总账账务处理程序介绍
6. 多栏式日记账账务处理程序介绍
7. 通用日记账账务处理程序介绍

第一节 账务处理程序概述

一、账务处理程序的意义

账务处理程序，也称会计核算形式，是指从取得原始凭证到产生会计信息的步骤和方法。其主要内容包括整理、汇总原始凭证，填制记账凭证，登记各种账簿，直到编制财务报表这一整个过程中所采取的步骤和方法。

在会计工作中，不仅要了解如何取得原始凭证、填制记账凭证、设置和登记账簿，以及编制财务报表，还必须明确各会计凭证、会计账簿和财务报表之间的相互依赖关系。不同的凭证编制、账簿组织、记账程序和记账方法的有机结合，就构成了不同的账务处理程序。而不同的账务处理程序所需要的工作量和耗费各种资源在时间和空间上的分布也是不同的。

一家单位，由于其业务性质、经营规模大小和经济业务的繁简程度各异，若考虑账务处理程序在组织上的成本效益原则，那就决定了不同的单位适用的账务处理程序也有不同。因此，结合每一家单位的特点，科学地组织账务处理程序，是会计核算中会计信息质量的内在要求，具有重要意义。

二、账务处理程序的种类

目前，我国企业、事业、机关等单位会计核算一般采用的主要账务处理程序有以下六种：

1）记账凭证账务处理程序；

2）汇总记账凭证账务处理程序；

3）科目汇总表账务处理程序；

4）日记总账账务处理程序；

5）多栏式日记账账务处理程序；

6）通用日记账账务处理程序。

以上六种账务处理程序既有共同点，又各有特点。其中，记账凭证账务处理程序是最基本的一种，其他账务处理程序都是由此发展、演变而来的。在实际工作中，各经济单位可根据实际需要选择其中一种账务处理程序，也可将多种账务处理程序的优点结合起来使用，以满足本单位经营管理的需要。

三、账务处理程序的要求

科学、合理地组织账务处理程序是做好会计工作的重要前提之一。确定账务处理程序一般应符合以下几点要求：

第一，要与本单位的经济性质、经营特点、规模大小及业务的繁简程度相适应，有利于岗位责任制的建立和分工协作。

第二，为符合会计信息质量要求，设计和选择账务处理程序时应确保能够及时、准确、全面、系统地提供会计信息，满足各会计信息使用者对会计信息的质量需求。

第三，要在保证核算资料及时、准确、完整的前提下，尽可能地简化程序，提高会计工作效率，节约核算费用。

第二节　记账凭证账务处理程序

一、记账凭证账务处理程序的设计要求

记账凭证账务处理程序是最基本的一种账务处理程序，在这种账务处理程序下，要求直接根据记账凭证逐笔登记总分类账。

在记账凭证账务处理程序下，应当设置现金日记账、银行存款日记账、明细分类账和总分类账。日记账和总账可采用三栏式；明细分类账可根据需要采用三栏式、数量金额式和多栏式；记账凭证一般使用收款凭证、付款凭证和转账凭证三种格式，也可采用通用记账凭证。

二、记账凭证账务处理程序的基本步骤

记账凭证账务处理程序的基本内容如下：

①根据原始凭证或原始凭证汇总表填制记账凭证；

②根据收款凭证和付款凭证逐笔登记现金日记账和银行存款日记账；

③根据原始凭证、原始凭证汇总表或记账凭证登记各种明细分类账；

④根据记账凭证逐笔登记总分类账；

⑤月末，将现金日记账、银行存款日记账的余额，以及各种明细分类账的余额合计数，分别与总分类账中相关账户的余额核对相符；

⑥月末，根据核对无误的总分类账和明细分类账的相关资料，编制财务报表。

上述会计账务处理程序流程图如图 9－1 所示。

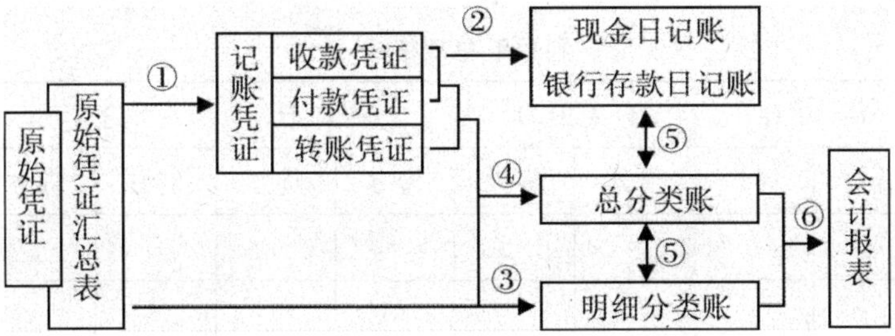

图 9－1：记账凭证账务处理程序流程

三、记账凭证账务处理程序的优缺点及适用范围

（一）主要优点

一是会计凭证和账簿格式及账务处理程序简单明了，易于理解和运用；二是由于总分类账是直接根据各种记账凭证逐笔登记的，因此总分类账能比较详细和具体地反映各项经济业务，便于查账。

（二）主要缺点

由于要根据记账凭证逐笔登记总分类账，故填制记账凭证及登记总分类账的工作量较大。

（三）适用范围

一般适用于规模较少、业务量较少及记账凭证数量不多的企业采用。

此账务处理程序特别适宜于计算机处理，因为利用计算机可以弥补其工作量大的缺点。同时在手工记账下，为了减少记账凭证的数量和登记总账的工作量，可以尽量将同类经济业务的原始凭证进行汇总，编制汇总原始凭证，再根据汇总原始凭证编制记账凭证。

第三节 科目汇总表账务处理程序

一、科目汇总表账务处理程序的设计要求

科目汇总表账务处理程序，又称记账凭证汇总表账务处理程序。它是在记账凭证账务处理程序的基础上形成的。这种账务处理程序的主要特点，是先根据记账凭证定期编制科目汇总表（记账凭证汇总表），然后再根据科目汇总表登记总分类账。

在这种账务处理程序下，账簿和凭证的设计与记账凭证账务处理程序的要求基本相同。而不同之处就是这种账务处理程序下应设置科目汇总表。科目汇总表的基本格式如表9－2或表9－3：

表9－2　　科目汇总表格式一　　第××号

会计科目	1－10日		11－20日		21－31日		合计		总账页码
	借方	贷方	借方	贷方	借方	贷方	借方	贷方	
合计									

表9－3　　科目汇总表格式二

20××年×月××日至××日第××号

会计科目	记账凭证起止号数	本期发生额		总账页码
		借方	贷方	

二、科目汇总表账务处理程序的基本步骤

该种账务处理程序的基本步骤如下：

①根据原始凭证或原始凭证汇总表按不同的经济业务类型分别填制收款凭证、付款凭证和转账凭证；

②根据现金收、付款凭证逐笔序时登记现金日记账；根据银行存款收、付款凭证及其所附的银行结算凭证逐笔序时登记银行存款日记账；

③根据记账凭证及所附的原始凭证（或原始凭证汇总表）逐笔登记各有关种明细分类账；

④根据各种记账凭证编制科目汇总表；

⑤根据科目汇总表中各科目的汇总发生额登记相应的总分类账；

⑥根据对账的具体要求，将现金日记账、银行存款日记账和各种明细分类账定期与总分类账相互核对；

⑦期末，根据总分类账和明细分类账的有关资料编制财务报表。

上述会计账务处理程序流程图如图 9 –4 所示

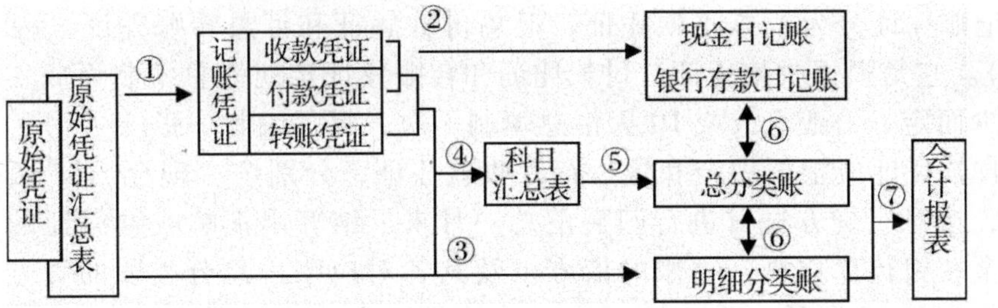

。

图 9 –4 科目汇总表账务处理程序流程

三、科目汇总表账务处理程序的优缺点及适用范围

采用科目汇总表账务处理程序时，由于总分类账是根据科目汇总表登记的，因此简化了登记总分类账的工作量。同时在登记总分类账之前，通过编制科目汇总表，起了试算平衡的作用，有利于保证总分类账记录的正确性。但在科目汇总表和总分类账中，不能全面详细地反映出账户间的对应关系，因而不便于查对账目和分析经济业务的来踪去迹。因此，这种账务处理程序一般适用于规模较大，经济业务量较多的企业。

此外，编制科目汇总表本身也需要一定的工作和资源的投入。因此，应尽可能合理组织好科目汇总表的编制工作。为了便于编制科目汇总表，应该注意以下几点：

（1）每一张收款凭证尽可能只填列一个贷方科目，每一张付款凭证尽可能只填列一个借方科目；转账凭证，也应尽可能填列一个借方科目和一个贷方科目，一式两联，一联作为借方科目的汇总，一联作为贷方科目的汇总。

（2）为了便于登记总账，科目汇总表上的科目排列应按总分类账上科目排列的顺序来定。

（3）科目汇总表汇总的时间不宜过长，业务量多的单位可每若干天汇总一次，一般间隔期为 5 至 10 天，以便对科目的发生额进行试算平衡，及时了解资金运动情况，并提高科

目汇总表的工作效率。

第四节　汇总记账凭证账务处理程序

一、汇总记账凭证账务处理程序的设计要求

汇总记账凭证账务处理程序区别于其他账务处理程序的主要特点是：定期将记账凭证分类编制汇总记账凭证，然后根据汇总记账凭证登记总分类账。

汇总记账凭证账务处理程序与科目汇总表账务处理程序较为相似。两者的区别是汇总记账凭证账务处理程序以汇总记账凭证代替了科目汇总表账务处理程序中的科目汇总一表。

采用汇总记账凭证账务处理程序时，其账簿设置、各种账簿的格式以及记账凭证的种类和格式基本上与记账凭证账务处理程序相同。但应增设汇总记账凭证、汇总收款凭证和汇总转账凭证，以作为登记总分类账的依据。另外，总分类账的账页格式必须增设”对应账户”栏。

二、总记账凭证及其编制方法

汇总记账凭证分为汇总收款凭证、汇总付款凭证和汇总转账凭证三种（其格式如下图所示）。它是根据收款凭证、付款凭证和转账凭证定期汇总编制而成，间隔天数视业务量多少而定，一般5天或10天汇总填制一次，每月编制一张。

汇总收款凭证应根据现金和银行存款收款凭证，分别按“现金”、“银行存款”的借方设置，按对应贷方科目进行归类汇总。月末，结算出汇总收款凭证的合计数，分别记入现金、银行存款总分类账的借方以及其各对应账户总分类账的贷方。汇总收款凭证格式如表9－5所示。

表9－5　　　　汇总收款凭证

借方科目：　　　　×年×月　　　　汇收×号

<table>
<tr><td rowspan="2">贷方科目</td><td colspan="4">金　额</td><td colspan="2">总账　页数</td></tr>
<tr><td>(1)</td><td>(2)</td><td>(3)</td><td>合　计</td><td>借方</td><td>贷方</td></tr>
<tr><td></td><td></td><td></td><td></td><td></td><td></td><td></td></tr>
<tr><td></td><td></td><td></td><td></td><td></td><td></td><td></td></tr>
<tr><td></td><td></td><td></td><td></td><td></td><td></td><td></td></tr>
<tr><td></td><td></td><td></td><td></td><td></td><td></td><td></td></tr>
<tr><td>合　计</td><td></td><td></td><td></td><td></td><td></td><td></td></tr>
<tr><td>附件</td><td colspan="6">(1) 自____日至____日____凭证　共____张
(2) 自____日至____日____凭证　共____张
(3) 自____日至____日____凭证　共____张</td></tr>
</table>

汇总付款凭证应根据现金和银行存款付款凭证，分别按“现金”、“银行存款”的贷方设置，按对应借方科目进行归类汇总。月末，结算出汇总付款凭证的合计数，分别记入现金、银行存款总分类账的贷方以及其各对应账户总分类账的借方。汇总付款

凭证格式如表 9－6 所示。

表 9－6

汇总付款凭证

贷方科目：　×年×月　汇付×号

借方科目	金额				总账页数	
	(1)	(2)	(3)	合计	借方	贷方
合计						
附件	(1) 自____日至____日____凭证　共____张 (2) 自____日至____日____凭证　共____张 (3) 自____日至____日____凭证　共____张					

编制时，应当注意对现金和银行存款之间相互划转的业务，如果同时填制收款、付款凭证的，应以付款凭证为据。例如：以现金存入银行，应根据现金付款凭证编制；从银行提取现金，应根据银行存款付款凭证编制。

汇总转账凭证应根据转账凭证中有关账户的贷方设置，按对应借方科目进行归类汇总。月末，结算出汇总转账凭证的合计数，分别记入该汇总转账凭证所开设的应贷账户总分类账的贷方，以及其各对应账户总分类账的借方。为了便于填制汇总转账凭证，平时填制转账凭证时只能一贷多借，不能一借多贷。月终，根据汇总转账凭证的合计数分别记入总分类账中各个借方账户的借方以及该汇总凭证所列的贷方账户的贷方。如果在月份内某一贷方科目的转账凭证为数不多时，也可不编制汇总转账凭证，直接根据转账凭证记入总分类账。汇总转账凭证格式如表 9－7 所示。

表 9－7

汇总转账凭证

贷方科目：　×年×月　汇转×号

借方科目	金额				总账页数	
	(1)	(2)	(3)	合计	借方	贷方
合计						
附件	(1) 自____日至____日____凭证　共____张 (2) 自____日至____日____凭证　共____张 (3) 自____日至____日____凭证　共____张					

三、总记账凭证账务处理程序的基本步骤

汇总记账凭证账务处理程序的基本内容如下：

①根据原始凭证或原始凭证汇总表填制记账凭证；

②根据收款凭证和付款凭证逐笔登记现金日记账和银行存款日记账；

③根据原始凭证、原始凭证汇总表或记账凭证登记各种明细分类账；

④根据记账凭证定期编制各种汇总记账凭证；

⑤月末，根据编制的汇总记账凭证登记总分类账；

⑥月末，将现金日记账、银行存款日记账的余额，以及各种明细分类账的余额合计数，分别与总分类账中相关账户的余额核对相符；

⑦月末，根据核对无误的总分类账和明细分类账的相关资料，编制财务报表。

上述会计账务处理程序流程图如图 9－8 所示。

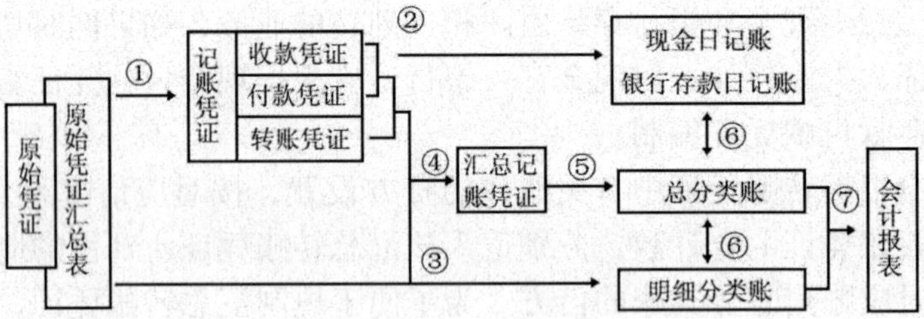

图 9－8　汇总记账凭证账务处理程序流程

四、汇总记账凭证账务处理程序的优缺点及适用范围

这种账务处理程序的主要优点是：能通过汇总记账凭证中有关科目的对应关系，了解经济业务的来龙去脉，而且可大大地简化总分类账的登记工作。因此，一般适用于规模较大、经济业务较多的企业。

采用汇总记账凭证账务处理程序，由于总分类账是根据汇总记账凭证登记的，因此简化了登记总分类账的工作量。同时，收款凭证以借方科目为主，按照对应的贷方科目进行汇总；付款凭证和转账凭证以贷方科目为主，按照对应的借方科目进行汇总，使凭证的整理归类工作比较简便，并能保证数字正确无误。所以这种账务处理程序一般适用于规模较大，业务较多的企业，但这种账务处理程序的缺点主要是总分类账的记录比较简略，难以具体反映企业的经济活动。而且，由于汇总转账凭证是根据每一账户的贷方而不是按经济业务类型归类汇总的，不利于会计分工。

第五节　日记总账账务处理程序

一、日记总账账务处理程序的设计要求

在日记总账账务处理程序下，要求把所有账目都在日记总账中进行登记。

采用日记总账账务处理程序，其账簿设置、各种账簿的格式以及记账凭证的种类和格式基本上与记账凭证账务处理程序相同。但应开设日记总账，以代替总分类账。

二、日记总账的填制方法

日记总账是将全部会计科目集中在一张账页上，根据记账凭证，将发生的经济业务逐笔进行登记，最后按各科目进行汇总，分别计算出借、贷方发生额和期末余额。它既是日记账，又是总分类账。

日记总账的填制方法是：根据收款凭证、付款凭证和转账凭证逐日、逐笔登记日记总账，对每一笔经济业务的借贷方发生额，都应分别登记到同一行对应科目的借方栏或贷方栏内。月终，结算出各科目本期借贷方发生额和余额，并核对相符。日记总账格式如表 9－9 所示。

表 9－9

日记总账（简表）

20××年××月

第×页

年		凭证号数	摘　要	现金		银行存款		应收账款		库存商品		短期贷款		制造费用		生产成本		销售收入	
月	日			借	贷	借	贷	借	贷	借	贷	借	贷	借	贷	借	贷	借	贷
			本月发生额																
			本月余额																

三、日记总账账务处理程序的基本步骤

日记总账账务处理程序的基本内容如下：

①根据原始凭证或原始凭证汇总表填制记账凭证；

②根据收款凭证和付款凭证逐笔登记现金日记账和银行存款日记账；

③根据原始凭证、原始凭证汇总表或记账凭证登记各种明细分类账；

④根据记账凭证逐日逐笔登记日记总账；

⑤月末，将现金日记账、银行存款日记账的余额，以及各种明细分类账的余额合计数，分别与日记总账中相关账户的余额核对相符；

⑥月末，根据核对无误的日记总账和明细分类账的相关资料，编制财务报表。

上述会计账务处理程序流程图如图 9－10 所示。

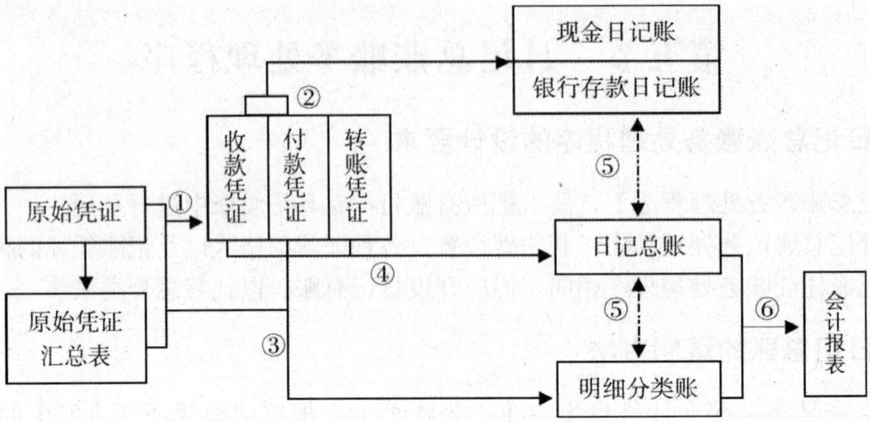

图 9－10　日记总账账务处理程序流程

四、日记总账账务处理程序的优缺点及适用范围

这种账务处理程序的主要优点是：账务处理程序较简单，日记总账按全部总账科目分借贷方设置，且直接根据记账凭证逐日逐笔进行登记，便于了解各项经济业务的来龙去脉，有利于会计资料的分析和运用。但由于所有会计科目都集中在一张账页上，总分类账的账页过长，不便于记账的分工与查阅。因而，其主要适用于规模小、经济业务简单、使用会计科目不多的企业。

第六节　多栏式日记账账务处理程序

一、多栏式日记账账务处理程序的设计要求

在多栏式日记账账务处理程序下，要求现金日记账和银行存款日记账都采用多栏式日记账，并据以登记总账。对于转账业务，则根据转账凭证逐笔登记总账，或根据转账凭证编制科目汇总表，据以登记总账。

采用这种账务处理程序时，除需设置多栏式现金日记账和多栏式银行存款日记账及其过账方法外，所设置的账簿、各种账簿的格式以及记账凭证的种类和格式基本上与记账凭证账务处理程序相同。

二、多栏式现金、银行存款日记账的填制方法

多栏式现金、银行存款日记账是根据收款凭证和付款凭证逐笔登记的。现金和银行存款日记账都按对应账户设置专栏，具有科目汇总表的作用，月终可根据多栏式日记账借方、贷方合计栏的本月发生额，记入现金及银行存款总分类账的借方和贷方。采用这种程序时要注意现金

和银行存款之间的划转业务，避免重复计算。多样式日记账的格式见表9－11所示。

表9－11　　多栏式现金（银行存款）日记账

××年		凭证号	摘要	收入					付出					余额
月	日			对应账户贷方				借方合计	对应账户借方				贷方合计	
				预收账款	短期贷款	产品销售收入			原材料	管理费用	应付账款			

三、多栏式日记账账务处理程序的基本步骤

多栏式日记账账务处理程序的基本内容如下：

①根据原始凭证或原始凭证汇总表填制记账凭证；

②根据收款凭证和付款凭证逐笔登记多栏式现金和银行存款日记账；

③根据原始凭证、原始凭证汇总表或记账凭证登记各种明细分类账；

④根据转账凭证填制转账凭证科目汇总表，（转账业务不多的单位可不必编制科目汇总表）；

⑤月末，根据多栏式现金日记账、多栏式银行存款日记账以及转账凭证科目汇总表（或转账凭证）登记总分类账；

⑥月末，将各种明细分类账的余额合计数，分别与总分类账中相关账户的余额相核对；

⑦月末，根据核对无误的总分类账和明细分类账的相关资料，编制财务报表。

上述会计账务处理程序流程图如图9－12所示

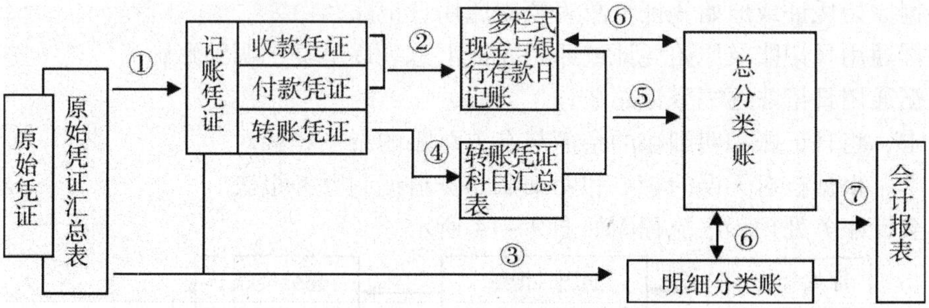

图9－12　多栏式日记账账务处理程序流程

四、多栏式日记账账务处理程序的优缺点及适用范围

多栏式日记账的主要优点是：可以简化总分类账的登记工作；同时，多栏式现金、银行存款日记账较好地反映了账户的对应关系。但多栏式日记账中会计科目的数量受到一定的限制，不可太多。因而，其主要适用于涉及会计科目不多的企业。

第七节 通用日记账账务处理程序

一、通用日记账账务处理程序的设计要求

通用日记账账务处理程序是指对所有的经济业务都不填制记账凭证，而是直接以分录的形式登入通用日记账，并以此来登记总分类账的一种会计账务处理程序。其主要特点是：不填制记账凭证，将所有的经济业务以分录的形式直接登记通用日记账，并据以登记总分类账。

在通用日记账账务处理程序下，可根据原始凭证或原始凭证汇总表直接登入通用日记账，而不需设置记账凭证。账簿一般设置明细分类账、总分类账和通用日记账三种，不需设现金日记账和银行存款日记账。通用日记账的格式见表 9－13 所示。

表 9－13　　通用日记账

2006 年		凭证号	摘　要	会计科目	过账符号	借方	贷方
月	日						
1	5		现金存入银行	银行存款		2 000.00	
				库存现金			2 000.0
	7		支付业务招待费	管理费用		600.00	
				银行存款			600.00

二、通用日记账账务处理程序的基本内容

通用日记账账务处理程序的基本内容如下：

①根据原始凭证或原始凭证汇总表填制通用日记账；

②根据通用日记账及原始凭证或原始凭证汇总表逐笔登记明细账；

③根据通用日记账逐笔登记总账；

④月末，将日记账和明细账的余额与有关总账的余额相核对；

⑤月末，根据核对无误的总账和明细账的资料编制财务报表。

上述会计账务处理程序流程图如图 9－14 所示。

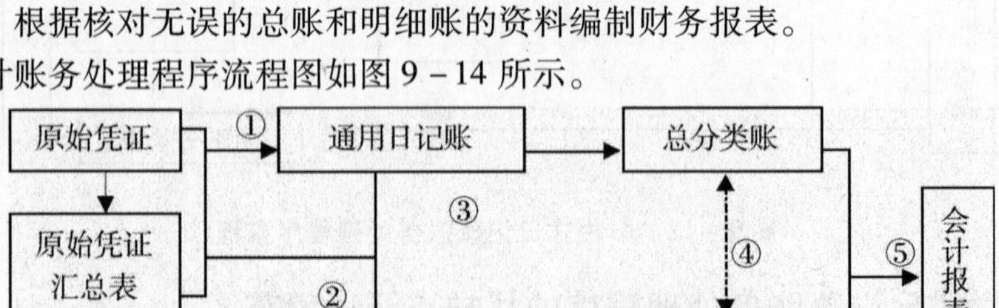

图 9－14：通用日记账账务处理程序流程图

三、通用日记账账务处理程序的优缺点及适用范围

在通用日记账账务处理程序下，由于只需按经济业务发生的先后顺序登入通用日记账，便于查找且操作简单；其次，不需填制记账凭证，减少了编制记账凭证的工作量。但是该账务处理程序只设一本通用日记账来记录所有的经济业务，根据每笔经济业务在通用日记账的记录来登记总分类账，使登记总分类账的工作量较大，不便于会计核算的分工；而且直接根据原始凭证或原始凭证汇总表登记通用日记账，易发生差错。故这种账务处理程序一般适用于已实施电算化会计信息系统的单位。

第八节　账务处理程序应用举例
——科目汇总表账务处理程序

科目汇总表账务处理程序是在记账凭证账务处理程序的基础上，加入科目汇总环节而成，具有一定的代表性。因此，本节以科目汇总表账务处理程序为例，详细介绍账务处理程序的实务应用。

一、资料：华美公司 2014 年 11 月底各项资料及 12 月份发生经济业务如下：

（一）各账户 11 月底余额见表 9 - 15：

表 9 - 15　　华美公司 2014 年 11 月底余额表　　单位：元

账户名称	期末数	账户名称	期末数
库存现金	2 688	短期借款	60 000
银行存款	58 800	应付账款	17600
应收票据	19 600	应付利息	2500
应收账款	15 800	应付票据	20 000
预付账款	20 000	应付职工薪酬	4 500
库存商品	47 900	应交税费	1 700
原材料	36000	实收资本	199 000
固定资产	197920	资本公积	13 744
累计折旧	65000	盈余公积	5 277
无形资产	18200	利润分配	
		本年利润	27 587
合计	351 908	合计	351 908

其中：

1）期末“库存商品”包括：

A 产品：240 件，单价 136 元/件，计 32 640 元

B 产品：200 件，单价 76.30 元/件，计 15 260 元

2）期末“原材料”包括：

甲材料：192 吨，单价 125 元/吨，计 24 000 元

乙材料：240 公斤，单价 50 元/公斤，计 12 000 元

3）期末“应收票据”为易通公司 19 600 元

4）期末“应收账款”包括：

金龙公司账款 10 000 元

华新公司账款 5 800 元

5）期末“预付账款”为预付给东方公司 20 000 元

6）期末“应付账款”为应付宏达公司 17 600 元

7）其它各账户不分明细科目。

（二）12 月份发生如下经济业务：

1）1 日，向宏达公司购入甲材料 300 吨，单价 120 元，计 36 000 元，增值税进项税额为 6 120 元，款项未付；

2）2 日，职工张某出差借支 800 元，以现金支付；

3）2 日，以银行存款 1 500 元支付甲材料运费；

4）3 日，甲材料按实际成本验收入库；

5）3 日，开出转账支票，支付上月应交税费 1 700 元；

6）3 日，易通公司的应收票据 19 600 元到期，已通过银行收款；

7）4 日，向万远材料厂购入乙材料 300 公斤，单价 50 元，计 15 000 元，增值税进项税额为 2 550 元，价款以银行存款支付，材料按实际成本入账；

8）4 日，销售给华新公司 A 产品 150 件，单价 300 元，计 45 000 元，销项税金 7 650 元，款项未收；

9）5 日，收到华新公司前欠货款 5 800 元，已存银行；

10）6 日，生产领用甲材料 200 吨，共计 25 000 元。其中：生产 A 产品领用 150 吨，金额为 18 750 元；生产 B 产品领用 50 吨，金额为 6 250 元；

11）7 日，生产领用乙材料 216 公斤，共计 10 800 元。其中 100 公斤用于生产 A 产品，金额为 5 000 元；80 公斤用于生产 B 产品，金额为 4 000 元；车间领用乙材料 36 公斤，金额为 1 800 元；

12）8 日，以银行存款偿付宏达公司账款 17 600 元；

13）9 日，张某出差回来，报销差旅费 750 元，交回余款 50 元；

14）10 日，职工李某报销住院医药费 1 900 元，以现金支付；

15）10 日，从银行提取现金 2 000 元备用；

16）13 日，销售给金龙公司 B 产品 100 件，价款 20 000 元，销项税金 3 400 元，收到对方 3 个月银行承兑汇票一张；

17）14 日，接银行收款通知，收到金龙公司偿还前欠货款 6 000 元；

18）15 日，以银行存款支付前欠宏达公司购货款 20 000 元；

19）17 日，以现金支付行政办公用品费 800 元；

20）19 日，以银行存款支付销售 B 产品运费 1 000 元；

21）20 日，收到华新公司货款 30 000 元，已存银行；

22）24 日，东方公司发来甲材料 100 吨，单价 125 元，价款 12 500 元，增值税进项税为 2 125 元，材料已验收入库，材料款已预付；

23）24 日，销售给金龙公司 A 产品 150 件，单价 300 元，计 45 000 元，增值税销项税 7 650 元，款项已存银行；

24）25 日，让售乙材料 100 公斤，价值 7 000 元，应交增值税税率 17%，计 1 190 元。款已收到，存入银行；

25）25 日，结转出售乙材料的实际成本 5 000 元；

26）27 日，以银行存款支付本月水电费 1 000 元，其中生产耗用 800 元，行政管理部门耗用 200 元；

27）27 日，以现金支付罚款 1 500 元；

28）29 日，计算本月应付工资 22 500 元，其中：A 产品工人工资 9 800 元，B 产品工人工资 6 200 元。车间管理人员工资 3 000 元，行政管理人员工资 3 500 元；

29）29 日，提取本月固定资产折旧费 4 800 元，其中：生产用固定资产折旧费 4 000 元，管理用固定资产 800 元；

30）29 日，从银行提取金 22 500 元，以备发工资；

31）30 日，发放本月职工工资 22 500 元；

32）30 日，以银行存款支付第四季度借款利息 900 元，其中已预提 600 元；

33）31 日，按生产人员工资比例结转本月制造费用 9 600 元；

34）31 日，结转完工产品成本，其中：A 产品 200 件，制造成本 27 200 元；B 产品 150 件，制造成本 11 445 元；

35）31 日，按主营业务收入的 5% 计提教育费附加 7 000 元；

36）31 日，结转已销产品销售成本 48 430 元，其中：A 产品销售成本 40 800 元，B 产品销售成本 7 630 元；

37）31 日，结转本月损益类科目；

38）31 日，按本月利润总额的 25% 计算本月应交所得税，并结转；

39）31 日，按本月税后利润的 15% 计提盈余公积；

40）31 日，结转 1－12 月份本年利润；

二、科目汇总表账务处理程序应用

（一）根据华美公司 12 月的经济业务填制记账凭证，为简便起见，这里以表 9－16 形式列出会计分录。

表 9-16　　　　华美公司 2014 年 12 月份会计分录

2014 年		凭证号数	摘　要	账户名称		金　额	
月	日			总账账户	明细账户	借方	贷方
12	1	转账 501 号	购入甲材料 300 吨，款未付	在途物资 应交税费 应付账款	甲材料 应交增值税 宏达公司	36 000 6 120	 42 120
	2	现付 201 号	张某出差借支	其他应收款 库存现金	张某	800	 800
	2	银付 401 号	支付甲材料运费	在途物资 银行存款	甲材料	1 500	 1 500
	3	转账 502 号	甲材料 300 吨验收入库	原材料 在途物资	甲材料 甲材料	37 500	 37 500
	3	银付 402 号	支付上月应交税费	应交税费 银行存款		1 700	 1 700
	3	银收 301 号	应收票据到期，收到款项	银行存款 应收票据		19 600	 19 600
	4	银付 403 号 1/2	购入乙材料 300 公斤	在途物资 应交税费 银行存款	乙材料 应交增值税	15 000 2 550	 17 550
	4	银付 403 号 2/2	乙材料验收入库	原材料 在途物资	乙材料 乙材料	15 000	 15 000
	4	转账 503 号	销售 A 产品 150 件，款未收	应收账款 主营业务收入 应交税费	华新公司 应交增值税	52 650	 45 000 7 650
	5	银收 302 号	收到华新公司前欠货款	银行存款 应收账款	 华新公司	5 800	 5 800
	6	转账 504 号	领用甲材料 200 吨 其中：A 产品 150 吨 B 产品 50 吨	生产成本 原材料	A 产品 B 产品 甲材料	18 750 6 250	 25 000
	7	转账 505 号	领用乙材料 216 公斤 其中：A 产品 100 公斤，B 产品 80 公斤，车间 36 公斤	生产成本 制造费用 原材料	A 产品 B 产品 乙材料	5 000 4 000 1 800	 10 800
	8	银付 404 号	支付宏达公司账款	应付账款 银行存款	宏达公司	17 600	 17 600

2014年		凭证号数	摘　要	账户名称		金　额	
月	日			总账账户	明细账户	借方	贷方
12	9	现收101号	张某报销差旅费，交回余款	库存现金 管理费用 其他应收款	 张某	50 750 	 800
	10	现付202号	李某报销医药费	应付职工薪酬 库存现金		1 900	 1 900
	10	银付405号	提取现金	库存现金 银行存款		2 000	 2 000
	13	转账506号	出售B产品100件，收到承兑汇票	应收票据 主营业务收入 应交税费	金龙公司 应交增值税	23 400	 20 000 3 400
	14	银收303号	金龙公司偿还货款	银行存款 应收账款	 金龙公司	6 000	 6 000
	15	银付406号	归还宏达公司购货款	应付账款 银行存款	宏达公司	41 120	 41 120
	17	现付203号	付办公用品费	管理费用 库存现金		800	 800
	19	银付407号	付销售B产品运费	销售费用 银行存款		1 000	 1 000
	20	银收304号	收华新公司货款	银行存款 应收账款	 华新公司	30 000	 30 000
	24	转账507号	东方公司发来甲材料100吨，款已预付	原材料 应交税费 预付账款	甲材料 应交增值税 东方公司	12 500 2 125 	 14 625
	24	银收305号	销售A产品150件，款存银行	银行存款 主营业务收入 应交税费	 应交增值税	52 650	 45 000 7 650
	25	银收306号	出售乙材料100公斤，款存银行	银行存款 其他业务收入 应交税费	 应交增值税	8 190	 7 000 1 190
	25	转账508号	结转已售乙材料成本	其他业务成本 原材料	 乙材料	5 000	 5 000
	27	银付408号	支付水电费	制造费用 管理费用 银行存款		800 200 	 1 000

2014年		凭证号数	摘要	账户名称		金额	
月	日			总账账户	明细账户	借方	贷方
12	27	现付204号	支付罚款	营业外支出		1 100	
				库存现金			1 100
	29	转账509号	计提本月职工工资	生产成本	A产品	9 800	
					B产品	6 200	
				制造费用		3 000	
				管理费用		3 500	
				应付职工薪酬			22 500
	29	转账510号	计提本月折旧费	制造费用		4 000	
				管理费用		800	
				累计折旧			4 800
	29	银付409号	提取现金	库存现金		22 500	
				银行存款			22 500
	30	现付205号	发放工资	应付职工薪酬		22 500	
				库存现金			22 500
	30	银付410号	支付借款利息	应付利息		600	
				财务费用		300	
				银行存款			900
	31	转账511号	结转制造费用	生产成本	A产品	5 880	
			A产品5 880		B产品	3 720	
			B产品3 720	制造费用			9 600
	31	转账512号	结转完工产品成本：	库存商品	A产品	27 200	
			A产品200件		B产品	11 445	
			B产品150件	生产成本	A产品		27 200
					B产品		11 445
	31	转账513号	计提教育费附加	营业税金及附加		5 500	
			11万×5%	应交税费	应交教育费附加		5 500
	31	转账514号	结转已售产品销售成本：	主营业务成本		48 430	
			A产品40 800元	库存商品	A产品		40 800
			B产品7 630元		B产品		7 630
	31	转账514号 1/2	结转本月损益类科目	本年利润			117 000
				主营业务收入		110 000	
				其他业务收入		7 000	

2014年		凭证号数	摘要	账户名称		金额	
月	日			总账账户	明细账户	借方	贷方
12	31	转账514号 2/2	结转本月损益类科目	主营业务成本 其他业务成本 营业税金及附加 销售费用 管理费用 财务费用 营业外支出 本年利润		67 380	48 430 5 000 5 500 1 000 6 050 300 1 100
	31	转账515号 1/2	计提应交所得税（117 000 − 67 380）＊25%	所得税费用 应交税费	应交所得税	12405	12405
		转账515号 2/2	结转所得税	本年利润 所得税费用		12405	12405
	31	转账516号	提取盈余公积（117 000 − 67 380 − 12405）＊15%	利润分配 盈余公积		5582．25	5582．25
	31	转账516号	结转1－12月份本年利润	本年利润 利润分配		64802	64802

（二）根据审核无误的收款凭证、付款凭证逐日逐笔登记现金日记账和银行存款日记账，如表9－17、表9－18所示。

表9－17　现金日记账

2014年		凭证		摘要	对方科目	收入	付出	结余
月	日	字	号					
12	1			期初余额				2 688
	2	现付	201	出差借支	其他应收款		800	1 888
	9	现收	101	张某交回出差余款	其他应收款	50		1 938
	10	现付	202	付职工医药费	应付职工薪酬		1 900	38
	10	银付	405	提取现金	银行存款	2 000		2 038
	17	现付	203	付办公用品费	管理费用		800	1 238
	27	现付	204	支付罚款	营业外支出		1 100	138
	29	银付	409	提取现金	银行存款	22 500		22 638
	30	现付	205	发放工资	应付职工薪酬		22 500	138
				本月合计		24 550	27 100	138

表 9－18 银行存款日记账

2014年		凭证		摘 要	对方科目	借方	贷方	余额
月	日	字	号					
12	1			期初余额				58 800
	2	银付	401	付甲材料运费	在途物资		1 500	57 300
	3	银付	402	付上月税款	应交税费		1 700	55 600
	3	银收	301	收票据款	应收票据	19 600		75 200
	4	银付	403	付乙材料款	在途物资		17 550	57 650
	5	银收	302	收华新公司款	应收账款	5 800		63 450
	8	银付	404	付宏达公司款	应付账款		17 600	45 850
	10	银付	405	提取现金	库存现金		2 000	43 850
	14	银收	303	收金龙公司款	应收账款	6 000		49 850
	15	银付	406	还宏达公司款	应付账款		41 120	8 730
	19	银付	407	付销售B产品运费	销售费用		1 000	7 730
	20	银收	304	收华新公司货款	应收账款	30 000		37 730
	24	银收	305	出售A产品150件	主营业务收入	52 650		90 380
	25	银收	306	售乙材料100公斤	其他业务收入	8 190		98 570
	27	银付	408	付水电费	制造费用等		1 000	97 570
	29	银付	409	提取现金	库存现金		22 500	75 070
	30	银付	410	支付借款利息	应付利息		900	74 170
				本月合计		122 240	106 870	74 170

（三）根据记账凭证、原始凭证和原始凭证汇总表登记相关明细账。在实际工作中，各单位常根据实际需要对有关总账账户设置明细分类账。如对”管理费用”、”销售费用”等费用账户须按费用项目设置明细分类账；对”应收账款”、”应付账款”等账户须按对应单位设置明细分类账。本例限于篇幅，只例示部分明细账，如表9－19至表9－27所示。

表 9－19 库存商品明细账

产品名称：A产品

2014年		凭证号数	摘 要	收 入			发 出			结 存		
月	日			数量	单价	金额	数量	单价	金额	数量	单价	金额
12	1		期初余额							240	136	32 640
	31	转账512	结转入库产品	200	136	27 200				440	136	59 840
	31	转账514	结转已售产品				300	136	40 800	140	136	19 040
			本月合计	200	136	27 200	300	136	40 800	140	136	19 040

表 9－20 **库存商品明细账**

产品名称：B 产品

2014 年		凭证号数	摘 要	收 入			发 出			结 存		
月	日			数量	单价	金额	数量	单价	金额	数量	单价	金额
12	1		期初余额							200	76. 3	15 260
	31	转账 512	结转入库产品	150	76. 3	11 445				350	76. 3	26 705
	31	转账 514	结转已售产品				100	76. 3	7 630	250	76. 3	19 075
			本月合计	150	76. 3	11 445	100	76. 3	7 630	250	76. 3	19 075

表 9－21 **原材料明细账 1**

材料编号 01 计量单位：吨

材料类别：最高存量：

材料名称及规格：甲材料最低存量：

2014 年		凭证号数	摘 要	收 入			发 出			结 存		
月	日			数量	单价	金额	数量	单价	金额	数量	单价	金额
12	1		期初余额							192	125	24 000
	13	转账 502	购入	300	125	37 500				492	125	61 500
	6	转账 504	生产领用				200	125	25 000	292	125	36 500
	24	转账 507	购入	100	125	12 500				392	125	49 000
			本月合计	400	125	50 000	200	125	25 000	392	125	49 000

表 9－22 **原材料明细账 2**

原材料明细账

材料编号 02　　量单位：公斤　　材料类别：　　最高存量：

材料名称及规格：乙材料　　最低存量：

2014 年		凭证号数	摘 要	收 入			发 出			结 存		
月	日			数量	单价	金额	数量	单价	金额	数量	单价	金额
12	1		期初余额							240	50	12 000
	4	银付 403	购入	300	50	15 000				540	50	27 000
	7	转账 505	领用生产				216	50	10 800	324	50	16 200
	25	转账 508	出售				100	50	5 000	224	50	11 200
			本月合计	300	50	15 000	316	50	15 800	224	50	11 200

表 9－23

成本明细账 1

生产成本明细账

产品名称：A 产品

2014 年		凭证号数	摘　要	借　方			
月	日			直接材料	直接人工	制造费用	合计
12	6	转账 504	耗用甲材料	18 750			18 750
	7	转账 505	耗用乙材料	5 000			5 000
	29	转账 509	生产工人工资		9 800		9 800
	31	转账 511	分配制造费用			5 880	5 880
	31		结转完工产品成本	16 095	6 750	4 355	27 200
			本月合计	7 655	3 050	1 525	12 230

表 9－24

成本明细账 2

生产成本明细账

产品名称：B 产品

2014 年		凭证号数	摘　要	借　方			
月	日			直接材料	直接人工	制造费用	合计
12	6	转账 504	耗用甲材料	6 250			6 250
	7	转账 505	耗用乙材料	4 000			4 000
	29	转账 509	生产工人工资		6 200		6 200
	31	转账 511	分配制造费用			3 720	3 720
	31		结转完工产品成本	4 433	4 164	2 848	11 445
			本月合计	5 817	2 036	872	8 725

表 9－25

应收账款明细账 1

应收账款明细账

二级科目：金龙公司

2014 年		凭证号数	摘　要	借　方	贷　方	借或贷	余　额
月	日						
12	1		期初余额			借	10 000
	14	银收 303	归还货款		6 000	借	4 000
			本月合计		6 000	借	4 000

表 9-26 **应收账款明细账 2**

应收账款明细账

二级科目：华新公司

2014 年		凭证号数	摘 要	借 方	贷 方	借或贷	余 额
月	日						
12	1		期初余额			借	5 800
	4	转账 503	A 产品款	52 650		借	58 450
	5	银收 302	归还货款		5 800	借	52 650
	20	银收 304	归还货款		30 000		22 650
			本月合计	52 650	35 800	借	22 650

表 9-27 **应付账款明细账 1**

应付账款明细账

二级科目：宏达公司

2014 年		凭证号数	摘 要	借 方	贷 方	借或贷	余 额
月	日						
12	1		期初余额			贷	17 600
	1	转账 501	欠甲材料款		42 120	贷	59 720
	8	银付 404	偿还货款	17 600		贷	42 120
	15	银付 406	偿还货款	41 120		贷	1 000
			本月合计	58 720	42 120	贷	1 000

（四）根据记账凭证定期编制科目汇总表，该公司按旬汇总，每月编制一张“科目汇总表”，汇总结果应显示借贷方发生额相等，其格式与结果如会计科目发生额汇总表如表 9-28 所示。

表 9-28 **会计科目发生额汇总表**

总账账户	1-10 日发生额		11-20 日发生额		21-31 日发生额		合 计	
	借方	贷方	借方	贷方	借方	贷方	借方	贷方
库存现金	2 050	2 700		800	22 500	23 600	24 550	27 100
银行存款	25 400	40 350	36 000	42 120	60 840	24 400	122 240	106 870
应收账款	52 650	5 800		36 000			52 650	41 800
其他应收款	800	800					800	800
应收票据		19 600	23 400				23 400	19 600
在途物资	52 500	52 500					52 500	52 500
原材料	52 500	35 800			12 500	5 000	65 000	40 800
生产成本	34 000				25 600	38 645	59 600	38 645
制造费用	1 800				7 800	9 600	9 600	9 600

总账账户	1－10 日发生额		11－20 日发生额		21－31 日发生额		合　计	
	借方	贷方	借方	贷方	借方	贷方	借方	贷方
库存商品					38 645	48 430	38 645	48 430
累计折旧						4 800	0	4 800
应付账款	17 600	42 120	41 120				58 720	42 120
应付职工薪酬	1 900				22 500	22 500	24 400	22 500
应交税费	10 370	7 650		3 400	2 125	26745	12 495	37795
应付利息					600		600	0
盈余公积						5582．25	0	5582．25
利润分配					5582．25	64802	5582．25	64802
本年利润					144 587	117 000	144 587	117 000
主营业务收入		45 000		20 000	110 000	45 000	110 000	110 000
主营业务成本					48 430	48 430	48 430	48 430
销售费用			1 000			1 000	1 000	1 000
管理费用	750		800		4 500	6 050	6 050	6 050
财务费用					300	300	300	300
所得税费用					12405	12405	12405	12405
预付账款						14 625	0	14 625
其他业务收入					7 000	7 000	7 000	7 000
其他业务成本					5 000	5 000	5 000	5 000
营业外支出					1 100	1 100	1 100	1 100
营业税金及附加					5 500	5 500	5 500	5 500
合　计	252 320	252 320	102 320	102 320	537514．25	537514．25	892154．25	892154．25

（五）根据编制的科目汇总表登记总分类账。月末，根据所编制的科目汇总表，登记各有关总分类账。见表 9－29 至表 9－63。

表 9－29　　库存现金总分类账

会计科目：库存现金

2014 年		凭证号数	摘　要	借　方	贷　方	借或贷	余　额
月	日						
12	1		期初余额			借	2 688
	10		1－10 日发生额	2 050	2 700	借	2 038
	20		11－20 日发生额		800	借	1 238
	31		21－31 日发生额	22 500	23 600	借	138
			本月合计	24 550	27 100	借	138

表 9－30 银行存款总分类账

会计科目：银行存款

2014 年		凭证号数	摘 要	借 方	贷 方	借或贷	余 额
月	日						
12	1		期初余额			借	58 800
	10		1－10 日发生额	25 400	40 350	借	43 850
	20		11－20 日发生额	36 000	42 120	借	37 730
	21		21－31 日发生额	60 840	24 400	借	74 170
			本月合计	122 240	106 870	借	74 170

表 9－31 应收票据总分类账

会计科目：应收票据

2014 年		凭证号数	摘 要	借 方	贷 方	借或贷	余 额
月	日						
12	1		期初余额			借	19 600
	10		1－10 日发生额		19 600	借	0
	20		11－20 日发生额	23 400		借	23 400
			本月合计	23 400	19 600	借	23 400

表 9－32 应收账款总分类账

会计科目：应收账款

2014 年		凭证号数	摘 要	借 方	贷 方	借或贷	余 额
月	日						
12	1		期初余额			借	15 800
	10		1－10 日发生额	52 650	5 800	借	62 650
	20		11－20 日发生额		36 000	借	26 650
			本月合计	52 650	41 800	借	26 650

表 9－33 预付账款总分类账

会计科目：预付账款

2014 年		凭证号数	摘 要	借 方	贷 方	借或贷	余 额
月	日						
12	1		期初余额			借	20 000
	31		21－31 日发生额		14 625	借	5 375
			本月合计		14 625	借	5 375

表 9－34 **其他应收款总分类账**

会计科目：其他应收款

2014 年		凭证号数	摘 要	借 方	贷 方	借或贷	余 额
月	日						
12	1		期初余额			借	0
	10		1－10 日发生额	800	800	借	0
			本月合计	800	800	借	0

表 9－35 **库存商品总分类账**

会计科目：库存商品

2014 年		凭证号数	摘 要	借 方	贷 方	借或贷	余 额
月	日						
12	1		期初余额			借	47 900
	31		21－31 日发生额	38 645	48 430	借	38 115
			本月合计	38 645	48 430	借	38 115

表 9－36 **原材料总分类账**

会计科目：原材料

2014 年		凭证号数	摘 要	借 方	贷 方	借或贷	余 额
月	日						
12	1		期初余额			借	36 000
	10		1－10 日发生额	52 500	35 800	借	52 700
	31		21－31 日发生额	12 500	5 000	借	60 200
			本月合计	65 000	40 800	借	60 200

表 9－37 **在途物资总分类账**

会计科目：在途物资

2014 年		凭证号数	摘 要	借 方	贷 方	借或贷	余 额
月	日						
12	1		期初余额			借	0
	10		1－10 日发生额	52 500	52 500	借	0
			本月合计	52 500	52 500	借	0

表 9－38　　固定资产总分类账

会计科目：固定资产

2014 年		凭证号数	摘　要	借　方	贷　方	借或贷	余　额
月	日						
12	1		期初余额			借	197 920
			本月合计			借	197 920

表 9－39　　累计折旧总分类账

会计科目：累计折旧

2014 年		凭证号数	摘　要	借　方	贷　方	借或贷	余　额
月	日						
12	1		期初余额			贷	65 000
	31		21－31 日发生额		4 800	贷	69 800
			本月合计		4 800	贷	69 800

表 9－40　　无形资产总分类账

会计科目：无形资产

2014 年		凭证号数	摘　要	借　方	贷　方	借或贷	余　额
月	日						
12	1		期初余额			借	17 000
			本月合计			借	17 000

表 9－41　　短期借贷总分类账

会计科目：短期借款

2014 年		凭证号数	摘　要	借　方	贷　方	借或贷	余　额
月	日						
12	1		期初余额			贷	60 000
			本月合计			贷	60 000

表 9－42 应付账款总分类账

会计科目：应付账款

2014 年		凭证号数	摘　要	借　方	贷　方	借或贷	余　额
月	日						
12	1		期初余额			贷	17 600
	10		1－10 日发生额	17 600	42 120	贷	42 120
	20		11－21 日发生额	41 120		贷	1 000
			本月合计	58 720	42 120	贷	1 000

表 9－43 应付利息总分类账

会计科目：应付利息

2014 年		凭证号数	摘　要	借　方	贷　方	借或贷	余　额
月	日						
12	1		期初余额			贷	2 500
	31		21－31 日发生额	600		贷	1 900
			本月合计	600		贷	1 900

表 9－44 应付票据总分类账

会计科目：应付票据

2014 年		凭证号数	摘　要	借　方	贷　方	借或贷	余　额
月	日						
12	1		期初余额			贷	20 000
			本月合计			贷	20 000

表 9－45 应付职工薪酬总分类账

会计科目：应付职工薪酬

2014 年		凭证号数	摘　要	借　方	贷　方	借或贷	余　额
月	日						
12	1		期初余额			贷	4 500
	10		1－10 日发生额	1 900		贷	2 600
	31		21－31 日发生额	22 500	22 500	贷	2 600
			本月合计	24 400	22 500	贷	2 600

表 9－46　　应交税费总分类账

会计科目：应交税费

2014 年 月	日	凭证号数	摘　要	借　方	贷　方	借或贷	余　额
12	1		期初余额			贷	1 700
	10		1－10 日发生额	10 370	7 650	借	1 020
	20		11－20 日发生额		3 400	贷	2 380
	31		21－31 日发生额	2 125	26745	贷	27000
			本月合计	12 495	37795	贷	27000

表 9－47　　实收资本总分类账

会计科目：实收资本

2014 年 月	日	凭证号数	摘　要	借　方	贷　方	借或贷	余　额
12	1		期初余额			贷	199 000
			本月合计			贷	199 000

表 9－48　　资本公积总分类账

总分类账会计科目：资本公积

2014 年 月	日	凭证号数	摘　要	借　方	贷　方	借或贷	余　额
12	1		期初余额			贷	13 744
			本月合计			贷	13 744

表 9－49　　盈余公积总分类账

会计科目：盈余公积

2014 年 月	日	凭证号数	摘　要	借　方	贷　方	借或贷	余　额
12	1		期初余额			贷	5 277
	31		21－31 日发生额		5582．25	贷	10859．25
			本月合计		5582．25	贷	10859．25

表 9－50 **本年利润总分类账**

会计科目：本年利润

2014 年		凭证号数	摘 要	借 方	贷 方	借或贷	余 额
月	日						
12	1		期初余额			贷	27 587
	31		21－31 日发生额	144 587	117 000	贷	0
			本月合计	144 587	117 000	贷	0

表 9－51 **利润分配总分类账**

会计科目：利润分配

2014 年		凭证号数	摘 要	借 方	贷 方	借或贷	余 额
月	日						
12	1		期初余额			贷	0
	31		21－31 日发生额	5582．25	64802	贷	59219．75
			本月合计	5582．25	64802	贷	59219．75

表 9－52 **生产成本总分类账**

会计科目：生产成本

2014 年		凭证号数	摘 要	借 方	贷 方	借或贷	余 额
月	日						
12	1		期初余额			借	0
	10		1－10 日发生额	34 000		借	34 000
	31		21－31 日发生额	25 600	38 645	借	20 955
			本月合计	59 600	38 645	借	20 955

表 9－53 **制造费用总分类账**

会计科目：制造费用

2014 年		凭证号数	摘 要	借 方	贷 方	借或贷	余 额
月	日						
12	1		期初余额			借	0
	10		1－10 日发生额	1 800		借	1 800
	31		21－31 日发生额	7 800	9 600	借	0
			本月合计	9 600	9 600	借	0

表 9－54 **主营业务收入总分类账**

会计科目：主营业务收入

2014 年		凭证号数	摘要	借方	贷方	借或贷	余额
月	日						
12			期初余额			贷	0
	1		1－10 日发生额		45 000	贷	45 000
	10		11－21 日发生额		20 000	贷	65 000
			21－31 日发生额	110 000	45 000	贷	0
			本月合计	110 000	110 000	贷	0

表 9－55 **主营业务成本总分类账**

会计科目：主营业务成本

2014 年		凭证号数	摘要	借方	贷方	借或贷	余额
月	日						
12	1		期初余额			借	
	31		21－31 日发生额	48 430	48 430	借	0
			本月合计	48 430	48 430	借	0

表 9－56 **销售费用总分类账**

会计科目：销售费用

2014 年		凭证号数	摘要	借方	贷方	借或贷	余额
月	日						
12	1		期初余额			借	
	21		11－20 日发生额	1 000		借	1 000
	31		21－31 发生额		1 000	借	0
			本月合计	1 000	1 000	借	0

表 9－57 **管理费用总分类账**

会计科目：管理费用

2014 年		凭证号数	摘要	借方	贷方	借或贷	余额
月	日						
12	1		期初余额			借	0
	10		1－10 日发生额	750		借	750
	20		11－20 日发生额	800		借	1 550
	31		21－31 日发生额	4 500	6 050	借	0
			本月合计	6 050	6 050	借	0

表 9－58

财务费用总分类账

会计科目：财务费用

2014 年		凭证号数	摘　要	借　方	贷　方	借或贷	余　额
月	日						
12	1		期初余额			借	0
	31		21－31 日发生额	300	300	借	0
			本月合计			借	0

表 9－59

所得税费用总分类账

会计科目：所得税费用

2014 年		凭证号数	摘　要	借　方	贷　方	借或贷	余　额
月	日						
12	1		期初余额			借	0
	31		21－31 日发生额	12405	12405	借	0
			本月合计	12405	12405	借	0

表 9－60

其他业务收入总分类账

会计科目：其他业务收入

2014 年		凭证号数	摘　要	借　方	贷　方	借或贷	余　额
月	日						
12	1		期初余额			贷	0
	31		21－31 日发生额	7 000	7 000	贷	0
			本月合计	7 000	7 000	贷	0

表 9－61

其他业务成本总分类账

会计科目：其他业务成本

2014 年		凭证号数	借　方	贷　方	借或贷	余　额	
月	日						
12	1		期初余额			借	0
	31		21－31 日发生额	5 000	5 000	借	0
			本月合计	5 000	5 000	借	0

表 9-62　　营业外支出总分类账

会计科目：营业外支出

2014 年		凭证号数	摘　要	借　方	贷　方	借或贷	余　额
月	日						
12	1		期初余额			借	0
	31		21-31 日发生额	1 100	1 100	借	0
			本月合计	1 100	1 100	借	0

表 9-63　　营业税金及附加总分类账

会计科目：营业税金及附加

2014 年		凭证号数	摘　要	借　方	贷　方	借或贷	余　额
月	日						
12	1		期初余额			借	0
	31		21-31 日发生额	5 500	5 500	借	0
			本月合计	5 500	5 500	借	0

（六）月末，将日记账、明细分类账与总分类账相互核对相符：

1）将日记账与总分类账核对相符。现金日记账中现金余额 138 元与现金总分类账中余额相等；银行存款日记账中银行存款余额 74 170 元与银行存款总分类账中余额相符。

2）将总分类账与其所属明细分类账和合计数核对相符。在本例中，须核对以下账目：

① 将库存商品明细分类账与其总分类账进行核对，A 产品与 B 产品余额合计数为：19 040 + 19 075 = 38 115 元，与库存商品总分类账中余额相符；

② 将原材料明细分类账与其总分类账进行核对，甲、乙两种原材料余额合计数为：49 000 + 11 200 = 60 200 元，与原材料总分类账中余额相符；

以此类推，将生产成本、应收账款及应付账款总分类账与其所属各明细分类账相互核对相符，此处不再赘述。

（七）编制总分类账户本期发生额及余额表。编制华美公司 2014 年 12 月总分类账户发生额及余额表。见表 9-64。

表 9-64　　华美公司总分类账户本期发生额及余额表

2014 年 12 月

账户名称	期初余额		本期发生额		期末余额	
	借方	贷方	借方	贷方	借方	贷方
库存现金	2 688		24 550	27 100	138	
银行存款	58 800		122 240	106 870	74 170	
应收账款	15 800		52 650	41 800	26 650	
其他应收款			800	800	0	
应收票据	19 600		23 400	19 600	23 400	

账户名称	期初余额		本期发生额		期末余额	
	借方	贷方	借方	贷方	借方	贷方
预付账款	20 000			14 625	5 375	
在途物资			52 500	52 500	0	
原材料	36 000		65 000	40 800	60 200	
生产成本			59 600	38 645	20 955	
制造费用			9 600	9 600	0	
库存商品	47 900		38 645	48 430	38 115	
固定资产	197 920				197 920	
累计折旧		65 000		4 800		69 800
无形资产	18200				18200	
短期借款		60 000				60 000
应付账款		17 600	58 720	42 120		1 000
应付票据		20 000				20 000
应付职工薪酬		4 500	24 400	22 500		2 600
应交税费		1 700	12 495	37795		27000
应付利息		2 500	600			1 900
实收资本		199 000				199 000
资本公积		13 744				13 744
盈余公积		5 277		5582. 25		10859. 25
利润分配			5582. 25	64802		59219. 75
本年利润		27 587	144 587	117 000		0
主营业务收入			110 000	110 000		0
主营业务成本			48 430	48 430		0
销售费用			1 000	1 000		0
管理费用			6 050	6 050		0
财务费用			300	300		0
所得税费用			12405	12405		0
其他业务收入			7 000	7 000		0
其他业务成本			5 000	5 000		0
营业外支出			1 100	1 100		0
营业税金及附加			5 500	5 500		0
合　计	416 908	416 908	892154. 25	892154. 25	466323	466323

（八）根据核对无误的总分类账、明细分类账的相关资料，编制财务报表。编制的”资产负债表”和“利润表”。见表9－65和表9－66。

表 9－65　　华美公司 2014 年 12 月资产负债表（简表）

编报单位：华美公司　　2014 年 12 月　　单位：元

资　　产	期末余额	年初余额	负债和所有者权益	期末余额	年初余额
流动资产：			流动负债：		
货币资金	74 308	61 488	短期借款	60 000	60 000
应收票据	23 400	19 600	应付票据	20 000	20 000
应收账款	26 650	15 800	应付账款	1 000	17 600
预付款项	5375	20000	应付利息	1 900	2 500
其他应收款			应付职工薪酬	2 600	4 500
存货	119 270	83 900	应交税费	27000	1 700
流动资产合计	250 203	201 988	其他应付款		
非流动资产：			流动负债合计	112500	106 300
固定资产	128 120	132 920	所有者权益：		
无形资产	18200	18200	实收资本	199 000	199 000
非流动资产合计	145 120	149 920	资本公积	13 744	13 744
			盈余公积	10859．25	5 277
			未分配利润	59219．75	27 587
			所有者权益合计	282823	245 608
资产总计	395 323	351 908	负债及所有者权益总计	395 323	351 908

表 9－66　　华美公司 2014 年 12 月利润表

编报单位：华美公司　　2014 年 12 月　　单位：元

项　　目	本月数	本年累计数
一、营业收入	117 000	964 435
减：营业成本	53 430	563 530
营业税金及附加	5 500	170 700
销售费用	1 000	9 960
管理费用	6 050	95 650
财务费用	300	17 500
资产减值损失		
加：公允价值变动净收益		
投资净收益		
二、营业利润	50 720	107 095
加：营业外收入		2 500
减：营业外支出	1 100	18 800
三、利润总额	49 620	90 795
减：所得税费用	12405	25993
四、净利润	37215	64802
五、每股收益		

[本章小结]

本章主要阐述了账务处理程序中会计凭证、会计账簿和财务报告之间的关系形成的程序以及各种具体组织程序的特点、适用范围。在我国的会计核算单位中实际运用的账务处理程序主要有记账凭证账务处理程序、汇总记账凭证账务处理程序、科目汇总表账务处理程序、日记总账账务处理程序、多栏式日记账账务处理程序、通用日记账账务处理程序。

账务处理程序是规定凭证、账簿的种类、格式和登记方法及各种凭证之间、账簿之间和各种凭证与账簿之间，以及各种报表之间，各种账簿与报表之间的相互联系及编制的程序。选择适当的账务处理程序，对于科学地组织本单位的会计核算工作具有重要意义。

记账凭证账务处理程序是最基本的一种账务处理程序，在这种账务处理程序下，要求直接根据记账凭证逐笔登记总分类账。这种账务处理程序的主要优点是简单明了，方法易学，总分类账能详细反映经济业务状况，方便会计核对与查账；但登记总分类账的工作量较大，也不利于分工。因此，一般适用于规模较小、经济业务较简单的企业。

汇总记账凭证账务处理程序主要特点是：定期将记账凭证分类编制汇总记账凭证，然后根据汇总记账凭证登记总分类账。这种账务处理程序的主要优点是能通过汇总记账凭证中有关科目的对应关系，了解经济业务的来龙去脉，而且可大大地简化总分类账的登记工作；但由于汇总转账凭证是根据每一账户的贷方而不是按经济业务类型归类汇总的，故不利于会计分工。因此，一般适用于规模较大、经济业务较多的企业。

在科目汇总表账务处理程序下，要求定期将记账凭证编制成科目汇总表，然后根据科目汇总表登记总分类账。这种账务处理程序的主要优点是根据定期编制的科目汇总表登记总分类账，可大大地简化总分类账的登记工作；其次，通过科目汇总表的编制，可进行发生额试算平衡，及时发现差错。但由于科目汇总表是定期汇总计算每一账户的借方、贷方发生额，并不考虑账户间的对应关系，因而在科目汇总表和总分类账中，不能明确反映账户的对应关系，不便于了解经济业务的具体内容。其主要适用于经济业务量较大的企业。

在日记总账账务处理程序下，要求把所有账目都在日记总账中进行登记。这种账务处理程序的主要优点是：账务处理程序较简单，日记总账按全部总账科目分借贷方设置，且直接根据记账凭证逐日逐笔进行登记，便于了解各项经济业务的来龙去脉，有利于会计资料的分析和运用。但由于所有会计科目都集中在一张账页上，总分类账的账页过长，不便于记账的分工与查阅。因而，其主要适用于规模小、经济业务简单、使用会计科目不多的企业。

在多栏式日记账账务处理程序下，要求现金日记账和银行存款日记账都采用多栏式日记账，并据以登记总账。对于转账业务，则根据转账凭证逐笔登记总账，或根据转账凭证编制科目汇总表，据以登记总账。多栏式日记账的主要优点是：可以简化总分类账的登记工作；同时，多栏式现金、银行存款日记账较好地反映了账户的对应关系。但多栏式日记账中会计科目的数量受到一定的限制，不可太多。因而，其主要适用于涉及会计科目不多的企业。

通用日记账账务处理程序是指对所有的经济业务都不填制记账凭证，而是直接以分录的形式登入通用日记账，并以此来登记总分类账的一种会计账务处理程序。其主要特点是：不填制记账凭证，将所有的经济业务以分录的形式直接登记通用日记账，并据以登记总分类账。在通用日记账账务处理程序下，由于只需按经济业务发生的先后顺序登入通用日记账，便于查找且操作简单；其次，不需填制记账凭证，减少了编制记账凭证的工作量。但是该账务处理程序只设一本通用日记账来记录所有的经济业务，根据每笔经济业务在通用日记账的记录来登记总分类账，使登记总分类账的工作量较大，不便于会计核算的分工；而且直接根据原始凭证或原始凭证汇总表登记通用日记账，易发生差错。故这种账务处理程序一般适用于已实施电算化会计信息系统的单位。

[复习题]

一、问答题

1. 什么是账务处理程序？账务处理程序一般有哪几种？

2. 试述账务处理程序的意义。

3. 试述选择账务处理程序的要求。

4. 试比较各种账务处理程序的基本内容、特点及其适用范围。

5. 记账凭证账务处理程序有何特点？记账凭证账务处理程序如何？

6. 汇总记账凭证的特点是什么？其账务处理程序又是怎么的？

7. 科目汇总表账务处理程序有什么特点？科目汇总表账务处理程序的核算步骤是怎样的？

8. 多栏式日记账账务处理程序的特点是什么？其优缺点是什么？

9. 简述汇总记账凭证账务处理程序与科目汇总表账务处理程序的主要特点和优缺点，以及两者的不同。

10. 试描绘各种账务处理程序的流程图。

二、选择题

1. 企业的会计凭证和账簿组织与账务处理过程相结合的方式称为（ ）。

A. 账簿组织

B. 账务处理程序

C. 记账工作步骤

D. 会计组织形式

2. 各种账务处理程序的主要区别在于（ ）。

A. 登记总账的依据和方法不同

B. 登记明细账的依据和方法不同

C. 会计凭证的种类不同

D. 登记明细账的依据不同

3. 科目汇总表账务处理程序和汇总记账凭证处理程序的主要相同点是（ ）。

A. 记账凭证汇总的方法相同

B. 登记总账的依据相同

C. 会计凭证的种类相同

D. 记账凭证都需要汇总并且记账步骤相同

4. 汇总记账凭证账务处理程序运用于（ ）单位。

A. 规模较小，业务不多

B. 规模较大，业务较多

C. 事业、行政

D. 会计科目不多

5. 各种账务处理程序的相同之处表现为（　）。

A. 根据原始凭证编制汇总原始凭证

B. 根据记账凭证和有关原始凭证或汇总原始凭证登记明细分类账

C. 根据记账凭证逐笔登记总分类账

D. 根据总分类账及明细分类账编制财务报表

三、判断题

1. 同一个企业可以同时采用几种不同的账务处理程序。（　）

2. 多栏式日记账账务处理程序一般适用于规模小，但收支业务较多的企业单位。（　）

3. 各种账务处理程序之间的主要区别在于登记总账的依据和方法不同。（　）

4. 科目汇总表账务处理程序，是以科目汇总表作为登记总账和明细账的依据。（　）

5. 在汇总凭证账务处理程序下，记账凭证必须使用收、付、转三种格式，以便于进行汇总。（　）

第十章　会计工作组织

［教学目标］

1. 了解会计机构的设置
2. 了解会计工作的组织方式及岗位的设置
3. 掌握会计人员任职资格的要求和主要权限
4. 熟悉会计的法规体系
5. 熟悉会计档案的范围、归档和保管

［教学内容］

1. 会计工作组织的意义和要求
2. 会计工作的组织方式及会计工作岗位的设置
3. 会计人员的职责、主要权限、任职要求及职业道德
4. 会计法规体系构成内容
5. 会计档案管理工作的具体要求

第一节　组织会计工作的意义与要求

一、组织会计工作的意义

会计工作的组织，主要是根据会计工作特点，通过设置会计机构，配备会计人员，制定与执行会计规章制度，实施与改进会计工作的技术手段，进行会计工作与其他经济管理工作之间的协调，以保证合理、有效地进行会计工作。

会计工作是一项综合性、政策性、严密性都很强的经济管理活动，科学合理地组织会计工作，对于实现会计目标，发挥会计职能作用具有重要的意义。

1. 科学合理地组织会计工作，有利于提高会计工作的效率和质量

会计反映的是社会再生产过程中各个阶段以货币表现的经济活动，具体可表现为循环往复的资金运动。会计工作要把这些经济活动从取得、编制凭证到登记账簿再到编制报表，连续地进行确认、计量、记录、计算、汇总和分析等，这不但涉及复杂的计算，而且包括一系列的程序和手续。各个程序之间、各种手续之间联系密切，任何一个环节出现问题都会造成整个核算结果错误，影响会计工作的顺利进行和核算结果的准确性。如果没有一套工作制度

和程序，就不能科学地组织会计工作，更谈不上什么效率了，所以科学合理地组织好会计工作，建立健全会计机构，配备合理的会计人员和不断完善会计法规体系，是提高会计信息质量，提高会计工作效率的重要保证。

2. 科学合理地组织会计工作，有利于协调会计工作与其他经济管理工作的关系，充分发挥会计的职能和作用

会计工作不但与宏观经济（如国家财政、税收、金融等）密切相关，而且与各单位内部的计划、统计、内部审计等工作密切相关。它们在共同的目标之下相互影响、相互促进、相互配合。会计工作必须首先服从国家的宏观经济政策。只有按照一定的要求科学地组织会计工作，才能处理好会计工作同其他经济管理工作的关系。

3. 科学合理地组织会计工作，有利于巩固与健全单位内部经济责任制，促进经济效益的提高

经济责任制是各经营单位实行内部控制和管理的重要手段，会计作为经济管理的重要组成部分，无疑要在贯彻经济责任制方面发挥重要作用。实行内部经济控制离不开会计，科学地组织会计工作可以促进单位内部各部分更好地履行自己的经济责任，有效地利用资金，增收节支，提高管理水平，从而提高经济效益，为企业尽可能地创造利润，获得最佳的资金使用效果。

4. 科学地组织会计工作，能够充分发挥会计监督的作用

会计工作是一项政策性很强的工作，具有认真贯彻国家有关方针、政策和法令、制度，并揭露制止一切违法乱纪行为的重要任务。因此，正确、科学地组织会计工作，充分发挥会计监督职能，对于贯彻执行国家的方针、政策和法令、制度，维护财经纪律，建立良好的社会经济秩序具有十分重要的意义。

二、组织会计工作应遵循的要求

组织会计工作应遵循的要求，是指组织会计工作必须遵循的管理工作的一般规律。它是做好会计工作，提高会计工作质量和效率必须遵守的原则。合理组织会计工作，应遵循以下几项基本要求。

1. 既要符合国家对会计工作的统一要求，又要适应各单位生产经营的特点

合理组织会计工作，必须按照《中华人民共和国会计法》对会计工作的统一要求，贯彻执行国家的有关规定。只有按照统一要求组织会计工作，才能发挥会计工作在维护社会市场经济秩序，加强经济管理，提高经济效益中的作用。因而，遵守国家统一的规定是组织会计工作的首位要求。

此外，每个单位的经济活动各有特点，规模大小不一，业务繁简程度不等，对会计的信息要求也不尽相同。因此组织会计工作，要在符合国家统一规定的前提下，结合各单位的自身特点和内部管理的需要，制定具有办法和补充规定等，才能对本单位的会计工作作出切合实际的安排，以利于加强管理，使会计真正成为经济管理工作的一个组成部分。

2. 必须符合精简节约原则，既要保证核算工作的质量，又要节约人力物力，提高工作效率

会计工作十分复杂，如果组织不好，就会重复劳动，造成资源浪费。故对会计管理程序

的规定，所有会计凭证、账簿、会计报告的设计，会计机构的设置以及会计人员的配置等，都应避免繁琐、力求精简，更好地发挥会计其职能的作用。

3. 既要保证贯彻整个单位的经济责任制，又要建立会计工作的责任制度

科学地组织会计工作，应在保证贯彻整个企业单位的经济责任制的同时，建立和完善会计工作本身的责任制度，合理分工，建立会计岗位，实现会计处理手续和会计工作程序的规范化。

第二节 会计机构

企业、事业、机关、团体等单位会计机构的设置，必须满足社会经济对会计工作的要求，并且应与国家的会计管理体制相适应。自 2000 年 7 月 1 日起修订实施的《中华人民共和国会计法》明确规定：国务院财政部门主管全国的会计工作。县级以上地方各级人民政府财政部门管理本行政区域内的会计工作。为此，财政部设有会计事务管理专职机构。该机构的主要职责是，负责制定和组织实施全国性的会计法令、规章、准则和制度；负责了解、检查会计工作情况，总结交流会计工作经验，研究、拟订和改进会计工作的措施，制定全国会计人员的业务培训规划，管理全国会计人员的技术职称工作等。各省、市、自治区的财政部分一般也设有相应的会计事务管理办事机构，管理本地区的会计工作。中央和地方的各级业务主管部门一般也设有财务会计机构，负责管理本单位的会计工作。所以，我国会计工作在管理体制上实行“统一领导，分级管理”的原则。

一、会计机构的设置

会计机构是直接从事和组织领导会计工作的职能部分。建立和健全各单位的会计机构是保证会计工作正常进行、充分发挥会计管理作用的重要条件。

各个企业、行政事业单位原则上都必须设立专职的会计工作机构。由于会计工作与财务工作都是综合性的经济管理工作，它们的关系十分紧密。在我国实际工作中，通常把处理财务和会计工作的机构合并为一个部门，称为财务处、科、股、组等，具体视企业、单位组织规模大小而定。设置合理的会计机构，建立健全会计工作岗位责任制，对每一项会计工作都应定人定岗，专人负责。对会计工作的管理分工，还必须体现内部牵制制度的要求，建立稽核制度，有利于防止和发现工作中的差错、失误和弊端。

除上述情况外，我国有关法规还规定：

（1）不具备单独设置会计机构条件的单位，应在有关机构中配备专职会计人员，并指定会计主管人员。

（2）没有设置会计机构和配备专职会计人员的单位，应当委托经批准设立从事会计代理记账业务的中介结构（如会计师事务所或持有代理记账许可证的其他代理记账机构）代理记账。

二、会计工作的组织方式

会计工作的组织形式应根据企业的具体情况不同分为集中核算和非集中核算两种。

集中核算组织方式，就是指企业经济业务的明细核算、总分类核算、会计报表编制和各有关项目的分析考核等会计工作，集中由厂级会计部门进行。其他职能部门、车间、仓库的会计组织和会计人员，只负责登记原始凭证和填制原始凭证，经初步整理后，为厂级会计进一步核算提供资料。实行集中核算组织方式可以减少核算层次，精简会计人员。

非集中核算又称分散核算组织方式，就是其他职能部门、车间、仓库的会计组织或会计人员在厂部会计部门的指导和监督下，分别进行与其业务有关的凭证整理、明细分类核算、有关会计报表，特别适应企业内部单位日常管理需要的内部报表的编制和分析。但总分类核算、全厂性会计报表的编制和分析仍由厂级会计部门集中进行。实行非集中核算组织形式，有利于各业务部门和车间及时地利用核算资料进行日常的分析和考核，因地制宜地解决生产经营上的问题。

一个单位实行集中核算还是非集中核算组织形式，主要取决于本身经营管理的需要。集中核算与非集中核算是相对的，而不是绝对的。在一个单位内部，对各个业务部门可以根据管理的要求，分别采用集中核算和非集中核算。况且，集中核算和非集中核算的具体内容和方法也可以不一定完全相同。但是，无论采用哪种组织形式，各单位对外的货币性资产收付、物资购销和债权债务的结算都应由会计部门集中统一办理。

三、会计工作岗位的设置

会计工作的岗位，就是在财务会计机构的内部按照会计工作的内容和会计人员的配备情况，进行管理的分工，使每项工作都有专人负责，每位会计人员都能明确自己的职责。

1. 会计工作岗位的基本状况

为了科学地组织会计工作，应建立健全会计部门内部的岗位责任制，将会计部门的工作分成若干个岗位，并为每个岗位规定职责和要求，使每一项会计工作都有专人负责，每一个会计人员都明确自己的职责。在大中型企业一般按工作内容分设专业职能组，每个组的职责和要求是：

（1）综合组。负责总账的登记，并与有关的日记账和明细账相核对；进行总账余额的试算平衡，编制资产负债表，并与其他会计报表进行核对；保管会计档案，进行企业财务情况的综合分析，编写财务情况说明书；进行财务预测，制定或参与制定财务计划，参与企业生产经营决策。

（2）财务组。负责货币资金的出纳、保管和日记账的登记；审核货币资金的收付凭证；办理企业与供应、购买等单位之间的往结算；监督企业贯彻执行国家现金管理制度、结算制度和信贷制度的情况；分析货币资金收支计划和银行借款计划的执行情况，制定或参与制定货币资金收支和银行借款计划。

（3）工资核算组。负责计算职工的各种工资和奖金；办理与职工的工资结算，并进行有关的明细核算，分析工资总额计划的执行情况，控制工资总额支出；参与制定工资总额计划。在由各车间、部门的工资员分散计算和发放工资的组织方式下，还应协助企业劳动工资部门负责指导和监督各车间、部门的工资计算和发放工作。

（4）固定资产核算组。负责审核固定资产购建、调拨、内部转移、租赁、清理的凭证；进行固定资产的明细核算；参与固定资产清查；编制有关固定资产增减变动的报表；分析固定资产和固定资金的使用效果；参与制定固定资产重置、更新和修理计划；指导监督固定资产管理部门和使用部门的固定资产核算工作。

（5）材料核算组。负责审核材料采购的发票、账单等结算凭证进行材料采购收发结存的明细核算；参与库存材料清查；分析采购资金使用情况、采购成本超支、节约情况和储备资金占用情况，参与制定材料采购成本和材料资金占用；参与制定材料采购资金计划和材料计划成本；指导和监督供应部门、材料仓库和使用材料的车间部门的材料核算情况。

（6）成本组。会同有关部门建立健全各项原始记录、消耗定额和计量检验制度；改进成本管理的基础工作；负责审核各项费用开支；参与自制半成品和产成品的清查；核算产品成本，编制成本报表；分析成本计划执行情况；控制产品成本和生产资金占用；进行成本预测，制定成本计划，配合成本分口分级管理将成本指标分解、落实到各部门、车间、班组；指导、监督和组织各部门、车间、班组的成本核算和厂内经济核算工作。

（7）销售和利润核算组。负责审核产成品收发、销售和营业收支凭证；参与产成品清查；进行产成品、销售和利润的明细核算；计算应交税金，进行利润分配，编制损益表；分析成品资金占用情况，销售收入、利润及其分配计划的执行情况；参与市场预测，制定或参与制定销售和利润计划。

（8）资金组。负责资金的筹集、使用、调度。随时了解、掌握资金市场动态，为企业筹集资金以满足生产经营活动的需要，要不断降低资金成本，提高资金使用的经济效益。还应负责编制财务状况变动表或现金流量表。

2. 会计工作岗位的人员落实

会计工作岗位应逐个落实在上述各组中．可以一人一岗、一人多岗或一岗多人，但出纳人员不得兼管稽核、会计档案保管和收入、费用、债权债务账目的登记工作。按照内部牵制制度规定，会计工作岗位设置中不相容的业务不得由同一会计人员执行。记账人员与经济业务事项和会计事项的审批人员、经办人员、财物保管人员的职责权限应当明确，并相互分离、相互制约。这是保护企业、单位财产安全、完整，会计人员顺利工作的必要前提条件。

另外，在会计工作岗位设定后，会计人员的工作岗位应当有计划地分期地进行轮换。这样，一方面能使会计人员较多地熟悉本单位内部的各项核算工作，使其具有较强的综合工作能力；另一方面还可以促使各岗位会计人员相互配合、协调工作，发挥团队作用。

第三节 会计人员

为了充分发挥会计的职能作用，完成会计工作任务，各企业、单位的会计机构，都必须根据实际需要合理配备会计人员。为了充分调动会计人员的工作积极性，国家规定了会计人员的职责，并赋予相应的权限，对符合规定条件的还授予专业技术职称。

一、会计人员的职责

会计人员的主要职责包括以下五个方面：

1. 进行会计核算

会计人员应按照会计制度的规定，切实做好记账、算账、报账等会计核算工作。必须根据实际发生的经济业务事项认真填制和审核原始凭证，编制记账凭证，登记账簿，正确计算各项收入、支出、成本、费用、财务成果。按期结算、核对账目、进行财产清查、编制财务会计报告，保证账证相符、账账相符、账实相符，手续完备，数字真实。

2. 实行会计监督

通过会计工作，对本单位的各项经济业务和会计手续的合法性、合理性进行监督。对不真实、不合法的会计事项，会计人员应拒绝办理或者按照职权予以纠正。对重大经济业务事项，如重大的对外投资、资产处置、资金调度等的决策和执行的相互监督、相互制约程序应当明确；对财产清查的范围、期限和组织程序也应当明确；对于账簿记录与实物、款项不符的问题，应按有关规定进行处理或及时向本单位领导人报告；对会计资料定期进行内部审计的办法和程序应当明确。此外，各单位必须按照法律和国家有关规定，接受财政、审计、税务机关的监督，如实提供会计凭证、会计账簿、财务会计报告和其他会计资料以及有关情况，不得拒绝、隐匿、谎报。

3. 拟定本单位办理会计事务的具体办法

根据国家的法规、财政经济方针政策和上级的有关规定以及本单位的具体情况，拟订本单位办理会计事务的具体办法。如会计人员岗位责任制度、内部稽核制度、内部牵制制度、财产清查制度和成本计算方法，等等。

4. 参与制定经济计划、业务计划，编制预算和财务计划、考核分析其执行情况

财务会计部分应负责制定财务计划、预算。财会人员应根据会计资料结合统计核算、财务核算等有关资料，考核分析财务计划、预算的执行情况，检查成本、费用升降和盈亏形成的原因，总结经验，揭露问题，并提出改进的建议和措施，促使有关部门改善经营管理。此外，财会人员还应参与拟定本单位的其他经济计划和业务计划。应以掌握的系统的、翔实的会计数据资料，为加强经济核算提供重要依据，在经济管理的各个方面发挥其应有的作用。

5. 办理其他会计事项

其他会计事项是指上述各项尚未包括的其他会计业务。如：协助企业其他管理部门做好企业管理的基础工作，搞好企业、单位管理人员的财会知识的培训，等等。

二、会计人员的主要权限

为了保障会计人员顺利地履行其职责，国家在明确会计人员职责的同时，也赋予了必要的权限。

1. 会计人员有权要求本单位有关部门、人员认真执行国家批准的计划、预算。

即督促本单位有关部门严格遵守国家财经纪律和财务会计制度；如果本单位有关部门有违反国家法规的情况，会计人员有权拒绝付款、拒绝报销或拒绝执行，并及时向本单位领导或上级有关部门报告。

2. 会计人员有权参与本单位编制计划、制订定额、对外签订经济合同参加有关的生产、经营管理会议和业务会议。

即会计人员有权以其特有的专业地位参加企业的各种管理活动，了解企业的生产经营情况，并提出自己的建议。企业领导人和有关部门对会计人员提出的财务开支和经济效益方面

的问题和意见，要认真考虑，合理的意见要加以采纳。

3. 会计人员有权对本单位各部门进行会计监督。

即会计人员有权监督、检查本单位有关部门的财务收支、资金使用和财产保管、收发、计量、检验等情况，本单位有关部门要大力协助会计人员的工作。

为了保障会计人员行使工作权限，各级领导和有关部门要支持会计人员正确地使用工作权限。同时，会计人员也应做好广泛的宣传解释工作，以取得更好的成就。

三、会计人员的任职要求

（一）会计人员的任职资格

会计人员的任职要求是对会计工作各级岗位人员业务素质的基本规定。具体内容可体现为以下几个方面：

1. 对从事会计工作人员的任职要求

即各企业、单位应当根据会计业务的需要配备取得会计从业资格证书的会计人员；未取得会计从业资格证书的人员，一律不得从事会计工作。会计从业资格证是会计人员从事会计工作的“准入证”或“通行证”，从事会计工作必须持证上岗。

2. 对会计机构负责人、会计主管人员的任职要求

会计机构负责人、会计主管人员是一个单位内具有负责会计工作的中层领导人员，负有组织、管理本单位所有会计工作的责任，其工作水平的高低、工作质量的好坏，直接关系到整个单位的会计工作的水平和质量。会计机构负责人、会计主管人员应具备的基本条件有：(1）坚持原则，廉洁奉公；(2）具有会计师以上专业技术职务资格或从事会计工作三年以上经历，必须具有一定的实践经验；(3）熟悉国家财经法律、法规、规章制度和方针政策，掌握财务会计理论及本行业业务管理的有关专业知识；(4）必须具备一定的领导才能和组织能力，包括协调能力、综合分析能力，等等；(5）必须有较好的身体情况，以适应和胜任本职工作。

3. 对总会计师的任职要求

总会计师是企业单位经济核算和财务会计工作的行政领导成员，协助单位主要行政领导人工作，直接对单位主要行政领导人负责。总会计师是一个行政职位，而不是会计专业技术职务。但总会计师必须是取得会计师任职资格，主管一个单位或单位内一个重要方面的财务会计工作时间不少于三年的会计人员。

对于总会计师，根据《总会计师条例》的规定，担任总会计师，应当具备以下条件：(1）坚持社会主义方向，积极为社会主义市场经济建设个改革开放服务；(2）坚持原则，廉洁奉公；(3）取得会计师以上专业技术资格后，主管一个单位或单位内一个重要方面的财务会计工作不短于三年；(4）要有较高理论、政策水平，熟悉国家财经法律、法规、方针、政策和制度，掌握现代化管理的知识；(5）具备本行业的基本业务知识，熟悉行业情况，有较强的组织领导能力，以及其他基本要求等。

总会计师的基本职责基本包括：(1）负责组织本单位编制和执行预算、财务收支计划、信贷计划，拟订资金筹措和使用方案，开辟财源，有效地使用资金；(2）负责进行成本费用预测、计划、控制、核算、分析与考核，督促本单位有关部门降低消耗、节约费用、提高

经济效益；（3）负责建立健全经济核算制度，利用财务会计资料进行经济活动分析；（4）负责对本单位财会机构的设置和会计人员的配备、会计专业职务的设置和聘任提出方案，组织会计人员的业务培训和考核，支持会计人员依法行使职权；（5）协助单位主要领导对企业的生产经营、基建投资等问题做出决策，参与新产品开发、技术改造、科技研究、商品价格和工资奖金等方案的制订，参与重大经济合同和经济协议的研究、审查。

（二）会计专业职务

为了充分调动会计人员的积极性和创造性，国家从1992年8月起，试行会计人员专业技术职务任职资格考试制度。会计专业技术职务务分别定为：高级会计师、会计师、助理会计师。各级专业职务的基本要求是：

（1）助理会计师。助理会计师应掌握一般的财务会计理论和业务知识，熟悉并执行有关的财经方针、政策和财务会计法规、制度，能担负一个方面或某个重要岗位的财务会计工作，具有规定学历和专业工作经历。

（2）会计师。会计师应较系统地掌握财务会计基础理论和专业知识，掌握并能贯彻执行有关的财经方针、政策和财务会计法规、制度，具有一定的财务会计工作经验，能担负一个单位或管理一个地区、一个部门、一个系统某个方面的财务会计工作，具备规定学历和专业工作经历。

（3）高级会计师。高级会计师应较系统地掌握经济、财务会计理论和专业知识，具有较高的政策水平和丰富的财务会计工作经验，能担负一个地区、一个部门、一个系统的财务会计管理工作，具有规定学历和工作经历。

会计人员除应当具备上述必要的专业知识和专业技能外，国家法规还规定：会计人员应当按照国家有关规定参加会计业务的培训；各单位应当合理安排会计人员培训，保证会计人员每年有一定时间用于学习和参加培训。

（三）注册会计师任职要求

注册会计师是指经国家批准依法独立执行会计查账验证业务和会计咨询业务的人员。注册会计师并不直接从事会计工作，而是对企业、单位的会计工作提供咨询、验证。其工作机构称为会计事务所。

根据《中华人民共和国注册会计师条例》的规定，申请担任注册会计师的人员，需具备规定的学历和一定的实际工作经验，经全国统一考试合格，由财政部门批准注册后，才能从事注册会计师工作。

四、会计人员的职业道德

会计人员的职业道德，是指会计人员从事会计一工作应当遵循的道德标准。会计人员在会计工作中应当遵守职业道德，树立良好的职业品质和严谨的工作作风，严守工作纪律，努力提高工作效率和工作质量。关于会计人员的职业道德，财政部发布的《会计基础工作规范》专门对会计人员的职业道德问题作出了规定，主要包括以下几点：

（1）敬业爱岗。会计人员应当热爱本职工作，努力钻研业务，使自己的知识和技能适应所从事工作的要求。

（2）熟悉法规。会计人员应当熟悉财经法律、法规、规章和国家统一会计制度，并结合会计工作进行广泛宣传。

（3）依法办事。会计人员应当按照会计法律、法规和国家统一会计制度规定的程序和要求进行会计工作，保证所提供的会计信息合法、真实、准确、及时、完整。

（4）客观公正。会计人员办理会计事务应当实事求是、客观公正。

（5）搞好服务。会计人员应当熟悉本单位的生产经营和业务管理情况，运用掌握的会计信息和会计方法，为改善单位内部管理、提高经济效益服务。

（6）保守秘密。会计人员应当保守本单位的商业秘密，除法律规定和单位领导人同意外，不能私自向外界提供或者泄露单位的会计信息。

《会计基础工作规范》同时要求财政部门、业务主管部门和各单位应当定期检查会计人员遵守职业道德的情况，并作为会计人员晋升、晋级、聘任专业职务、表彰奖励的重要考核依据。会计人员违反职业道德的，由所在单位进行处罚，情节严重的，由会计证发证机关吊销其会计证。

第四节　会计法规制度

一、会计法规制度的作用

会计法规制度，是指组织和从事会计工作，处理会计事务必须遵循的法律、原则、程序和方法的总称。建立、健全并实行会计法规制度，可以保证会计工作贯彻执行党和国家有关的财经方针、政策，保证会计工作沿着市场经济方向正确运行；可以保证会计指标在全国范围内口径一致，以便于会计资料的汇总和利用，满足国民经济管理和综合平衡的需要；可以使各单位会计机构提供的会计资料和会计信息真实、及时、有用、可靠，更好地满足各个方面的需要，更圆满地完成会计的任务。

我国的会计法规制度是一个以《中华人民共和国会计法》为中心，《企业会计准则》和《企业会计制度》为补充的较为完备的会计法规制度体系。

二、会计法规制度体系

我国会计法规制度体系主要包括会计法、会计准则和会计制度等会计核算方面的法规。

1. 会计法

我国的会计法，即《中华人民共和国会计法》（以下简称“会计法”），是会计工作的基本法。会计法由全国人民代表大会常务委员会制定，以国家主席令的形式发布，是我国从事会计工作、办理会计事务的法律规范，是拟定各项会计法规、制度的法律依据。因此，会计法也被称为是一切会计法规制度的" 母法" 或根本大法。

《中华人民共和国会计法》于 1985 年 1 月 21 日由第六届全国人民代表大会常务委员会第九次会议通过，并于当日由中华人民共和国主席令第 21 号发布，自 1985 年 5 月 1 日起施行。为适应我国社会主义市场经济的发展和深化改革的需要，1993 年和 1999 年我国对《中华人民共和国会计法》进行了两次修订。

新修订的会计法共七章五十二条，分别为总则、会计核算、公司与企业会计核算的特别规定、会计监督、会计机构和会计人员、法律责任和附则。修订后的会计法自2000年7月1日起施行。

新会计法是针对会计工作中存在的主要问题而制定的，只对会计核算和会计监督等会计基本工作职能提出了要求规范，没有对会计人员参与经济预测和决策，进行会计控制、分析、考评等方面提出具体要求。同时作为会计根本大法的会计法具有高度的概括性和原则性，该法只针对会计工作中那些最基本的、最主要的、需要和能够辨别合法与非法界限的，并要强制执行的内容作出了规定。比如会计法只对会计凭证的填制和审核、账簿的登记、会计报表的编报等提出原则要求，作为辨别合法与否的标准。至于填制、审核、登记的具体操作方法，在会计法中则没有必要作出具体的规定，这些问题在其他会计法规如《会计基础工作规范》中加以明确。

修订后的会计法，补充、完善了会计核算和会计记账的基本制度和基本规则，强化了单位负责人对本单位会计工作和会计资料真实性、完整性负责的责任制，加强了对会计人员的资格管理，强化了对会计活动的制约和监督，加大了对违法行为的处罚力度，适应了当前经济和财务管理的需要。主要表现为以下方面：

（1）明确规定了单位负责人对本单位的会计工作和会计资料的真实性、完整性负责。明确了单位负责人与会计机构各成员的工作责任关系及正确处理这些关系的法定性原则。

（2）防范会计信息失真责任体系的建立固然重要，但要发挥其作用，关键在于不断地维护和强化这个体系。故而，新会计法中专门设定了较为具体的禁则和罚则，即实行或不实行某种行为的界限。而原法在这方面的规定却不很具体。

（3）新会计法明确了执行主体——县级以上人民政府的财政部门，而原法对这方面的规定不甚明确。

2. 会计准则

企业会计准则经国务院批准，由主管国家会计工作的财政部依据会计法制定和颁布的，是统一会计核算标准，保证会计信息质量的基本准则。会计准则是会计核算工作的基本规范。它处于会计工作规范体系的第二个层次，主要就会计核算的原则和经济业务的会计处理方法及程序作出规定。它是我国企业会计核算工作的基本规范，它以会计法为指导，同时又指导会计制度，是会计制度的制定依据。

会计准则又分基本会计准则和具体会计准则。基本准则是进行会计核算工作必须共同遵守的基本要求，体现了会计核算的基本规律。基本准则一般由会计核算的前提条件、一般原则、会计要素准则和会计报表准则组成，是对会计核算要求所作的原则性规定。它具有覆盖面广、概括性强等特点。主要包括以下内容：关于会计核算基本前提的规定；关于会计核算一般原则的规定；关于会计要素准则的规定；关于财务报告体系的规定。具体准则是根据基本准则的要求，对经济业务的会计处理作出具体规定的准则。它的特点是操作性强，可以根据其直接组织该项业务的核算。其内容包括基本业务会计准则、会计报表准则、特殊行业会计准则和特殊业务会计准则四个方面的内容。

我国的企业会计准则从1993年7月1日全面施行至今经历数次修订。2006年2月，财政部颁布了新的《企业会计准则体系》，这是目前我国迄今为止最为完备的会计准则体系。它为不同类型和不同所有制性质的企业组织和处理经济业务提供了基本规范指南。

3. 会计制度

从广义上讲，会计制度应该包括会计工作制度、会计人员管理制度和会计核算制度等内容，而习惯上所称的会计制度则仅指会计核算制度。

虽然我国在 1992 年以财政部令的形式颁布了会计准则，并于 1993 年 7 月 1 日起正式执行。但由于受我国长期计划经济等国情的制约，全面制定及推行企业会计准则存在一些现实问题。因此，为了保障各企业的会计报表能够统一可比，层层汇总，满足国家宏观调控的需要，并规范企业会计工作，财政部采取了制定、公布分行业会计制度的办法，从而形成了企业会计准则和企业会计制度长期并存的局面。总体来说，我国先后共制定了 13 个行业会计制度和 1 个股份有限公司会计制度。这 13 个行业会计制度包括：工业企业会计制度，商品流通企业会计制度，旅游、饮食服务企业会计制度，交通运输企业会计制度，邮电通信企业会计制度，施工企业会计制度，房地产开发企业会计制度，对外经济合作企业会计制度，金融企业会计制度，农业企业会计制度，民航企业会计制度，铁路运输企业会计制度，保险企业会计制度。为了进一步贯彻执行会计法，规范企业的会计核算工作，提高企业的会计信息质量，我国又于 2001 年制定了国家统一的会计制度——《企业会计制度》，并自 2001 年 1 月 1 日起暂在股份有限公司范围内执行。

新颁布的《企业会计制度》的最大特点就是统一性强。按照《企业会计制度》的要求，各行业在会计核算的一般原则上实现了高度统一；在会计科目的使用和会计报表的项目、内容上实现了高度统一；在会计处理方法和程序上实现了高度统一。各行业根据《企业会计准则》的要求，参照分行业会计制度，结合本企业的具体情况，制定本企业会计制度正确进行账务处理。

2006 年颁布的新《企业会计准则》体系实现了与国际会计准则的“实质性趋同”，随着会计准则完善和运用的不断深入，企业会计制度的模式也将最终被舍弃，用准则代替制度是会计国际化发展的必然。考虑到我国国情，财政部还是审慎地保留了企业会计制度的基本内容，但不再颁布并执行单独的企业会计制度，而是将其作为企业会计准则应用指南，以《企业会计准则应用指南——会计科目和主要账务处理》的形式出现。会计准则体系的三个层次——基本准则、具体准则和应用指南均具有强制性，企业必须执行。但是与以前的企业会计制度相比，会计科目和主要账务处理不再与企业会计准则处于平行地位。当会计科目和账务处理与基本准则和具体准则相冲突时，企业应当以基本准则和具体准则的规定为准并执行。

除此之外，会计法规体系还包括一些会计规章制度以及单位内部的一些具体的管理制度。各种法律法规的组成如图 10－1 所示。

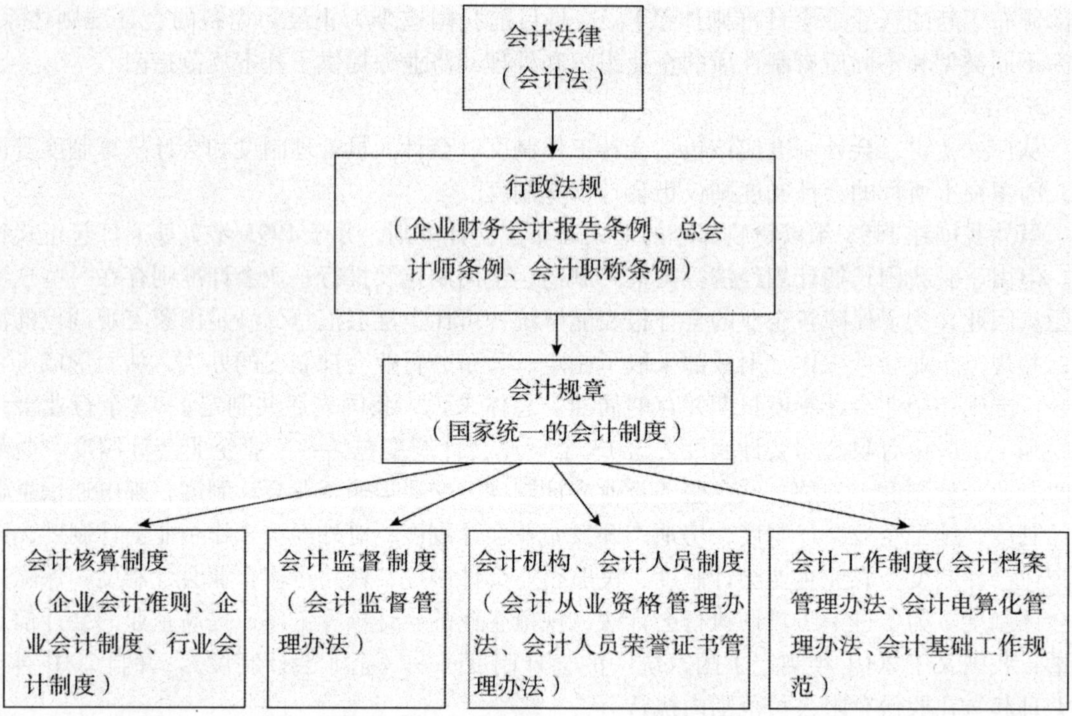

图 10－1　会计法规体系的构成和层次

第五节　会计档案管理

一、会计档案的种类

会计档案是指会计凭证、会计账簿、财务会计报表以及其他会计资料等会计核算的专业资料。它是记录和反映经济业务事项的重要历史资料和证据，是国家经济档案的重要组成部分，也是各单位的重要档案之一。

会计档案一般分为以下几类：

会计凭证类。包括原始凭证、记账凭证、汇总凭证等；

会计账簿类。包括总账、日记账、明细账、辅助账等；

财务会计报表类。包括月度、季度、半年度、年度会计报表及相关文字分析材料等；

其他类。包括会计移交清册、会计档案保管清册、会计档案销毁清册等。

根据有关规定，各单位的预算、计划、制度等文件材料属于文书档案，不属于会计档案。

二、会计档案管理的意义

会计档案是会计活动的产物，又是会计活动的客观表现。会计档案管理工作具有十分重要的意义，具体表现在以不几方面：

第一，为检查、监督经济活动提供原始依据。由于会计信息直接反映财会工作活动过程，一方面可以利用会计档案检查企业、行政事业单位的经济活动和财务收支情况；另一方面可以根据会计档案的原始性和真实性的特点，了解会计凭证、账簿和会计报表中所记录、反映的经济业务的有关情况。

第二，是维护社会主义市场经济正常秩序的有力工具。会计档案是经济活动用会计核算工具表现的产物，具有史料作用和查证作用，并具有法律效力，是打击经济领域犯罪、清理债权、债务、解决经济纠纷以及处理会计事务的重要依据，是维护社会主义市场经济正常秩序的有力工具。

第三，会计挡案有利于促进单位提高管理水平。会计挡案是对单位经济活动和财务收支进行价值量的记录和描述，反映了经济活动和财务收支的质的变化，可据以开展预测、决策经济活动，编制财务收支计划，开展会计分析等工作，提高管理水平。

第四，在经济科学的研究中，会计挡案具有重要的史料价值，为经济科学研究提供历史的原始资料。

三、会计挡案管理的具体要求

为了加强我国会计档案的科学管理，统一全国会计挡案工作制度，《会计法》和《会计基础工作规范》都对会计挡案管理作出了明确的规定，但会计档案管理的具体要求应当依据《会计挡案管理办法》

（一）会计挡案的整理、归档、保管和利用

1. 会计档案的整理。为了更好地发挥会计档案的作用，必须对会计资料进行挑选，然后集中保存。集中以后的会计档案数量较多，如果堆放零乱，就不便于管理和利用。这就需要将会计档案分门别类、按序存放，这就是会计档案的整理工作。整理内容包括会计凭证、会计账簿、会计报表及其他会计资料（如年季度成本、利润计划、月度财务收支计划、经济活动分析报告、工资计算表及一些重要的经济合同等）。会计档案的整理要规范化，封面、盒、袋要按统一的尺寸、规格制作，卷脊、封面的内容要按统一的项目印制、填写。做到收集按范围，装订按标准，整理要规范。

2. 会计档案的归档。各单位每年形成的会计档案，在财务会计部门整理立卷或装订成册后，如果是当年会计档案，在会计年度终了后，可暂由本单位财会部门保管一年，期满后，原则上应由财务会计部门编造清册移交本单位的档案部门保管。档案部门接收保管的会计档案，原则上应当保持原卷册的封袋，个别需要拆封重新整理的，应当会同原财会部门和经办人共同拆封整理，以分清责任。

3. 会计档案的保管。由于自然和社会和各种原因，会计档案始终处于渐进性的自毁过程中。首先，要严格执行安全和保密制度。安全是指档案完好无缺，做到不丢失、不破损、不霉烂、不被虫咬等。保密是指会计档案的信息不能超过规定传递的范围；其次，要严格执行检查、保管制度，要有专人负责保管，有关单位、人员要定期地检查会计档案的保存情况，要严格按规定的程序、技术方法处理档案保管中的问题。

各种会计档案的保管期限，根据其特点，分为永久、定期二类。定期保管期限分为3年、5年、10年、15年、25年5种。会计档案的保管期限，从会计年度终了后的第一天算起。以企业会计为例，各种会计档案的保管期限如表10－2所示。

表 10 - 2　　　　　　　　　　企业会计档案保管期限

顺序号	档案名称	保管期限	备注
一	会计凭证类		
1	原始凭证	15 年	
2	记账凭证	15 年	
3	汇总凭证	15 年	
二	会计账薄类		
4	总账	15 年	包括日记总账
5	明细账	15 年	
6	日记账	15 年	现金和银行存款日记账保管 25 年
7	固定资产卡片		固定资产报废清理后保管 5 年
8	辅助账簿	15 年	
三	财务报告类		包括各级主管部门汇总财务报告
9	月、季度财务报告	5 年	包括文字分析
10	年度财务报告（决算）	永久	包括文字分析
四	其他类		
11	会计移交清册	15 年	
12	会计档案保管清册	永久	
13	会计档案销毁清册	永久	
14	银行余额调节表	5 年	
15	银行对账单	5 年	

4. 会计档案的利用。保存会计档案的最终目的是为了利用，会计档案的整理、归档、保管等工作，只是为利用奠定基础。调阅会计档案应履行登记手续，一般应在档案室查阅。外单位借阅档案，归还时要清点。查阅会计档案人员，不许在会计档案上做任何记录、勾、划和涂改，更不能抽撤单据，违者应视情节轻重进行严肃处理。

（二）会计挡案的鉴定与销毁

1. 会计档案的鉴定。会计档案的保管期满，需要销毁时，由本单位档案部门提出销毁意见，会同财务会计部门共同鉴定，严格审查，编制会计档案销毁清册。机关、团体和事业单位报本单位领导批准后销毁，国有企业经企业领导审查，报经上级主管部门批准后销毁。对于其中未了结的债权、债务的原始凭证，应单独抽出，另行立卷，由档案部门保管到结清债权、债务时为止，建设单位在建设期间的会计档案，不得销毁。

2. 会计档案的销毁。各单位按规定销毁会计档案时，应由档案部门和财务会计部门共同派员监督销毁。各级主管部门销毁会计档案时，还应有同级财政部门、审计部门派员参加监销。各级财务部门在销毁会计档案时，由同级审计机关参加监销。

销毁人在销毁会计档案以前，应当认真清点核对，销毁后，在销毁清册上签名盖章，并将销毁情况报告本单位领导。

[本章小结]

本章主要介绍了会计工作组织、会计机构、会计人员、会计职业道德和会计法规和会计档案的内容。

会计工作组织就是根据会计工作的特点，设置会计机构，确定会计人员，制定与执行会计规范以及保管会计档案，保证有序、有效、合理地进行会计工作。只有正确而科学地组织会计工作，才能实现会计的职能，完成会计的任务，发挥会计的作用。

会计机构是直接从事和组织领导会计工作的职能部分。建立和健全各单位的会计机构是保证会计工作正常进行、充分发挥会计管理作用的重要条件。各个企业、行政事业单位原则上都必须设立专职的会计工作机构。

为了充分发挥会计的职能作用，完成会计工作任务，各企业、单位的会计机构，都必须根据实际需要合理配备会计人员。为充分调动会计人员的工作积极性，国家规定了会计人员的职责，并赋予相应的权限，对符合规定条件的还授予专业技术职称。

会计职业道德是会计人员在进行会计活动、处理会计关系时形成的职业规律、职业观念和职业原则等总和。会计职业道德主要包括爱岗敬业、熟悉法规、依法办事、客观公正、搞好服务、保守秘密。

会计法规制度，是指组织和从事会计工作，处理会计事务必须遵循的法律、原则、程序和方法的总称。我国的会计法规制度是一个以《中华人民共和国会计法》为中心，《企业会计准则》和《企业会计制度》为补充的较为完备的会计法规制度体系。

会计档案是指会计凭证、会计账簿、财务会计报表以及其他会计资料等会计核算的专业资料。它是记录和反映经济业务事项的重要历史资料和证据，是国家经济档案的重要组成部分，也是各单位的重要档案之一。各单位必须加强对会计档案管理的领导，建立和健全会计档案的立卷、归档、保管、查阅和销毁等管理制度，保证会计档案妥善保管、有序存放以方便查阅、严防损毁、散失和泄密。

复习题

一、判断题

1. 基本会计准则是制定具体会计准则的依据。(　)

2. 企业会计制度规定，既要以会计准则为依据，又要适应各个行业的条件。(　)

3. 会计工作岗位责任制要求一人一岗，以符合内部控制制度的要求。(　)

4. 会计人员专业技术职称分为以下几种：总会计师、高级会计师、注册会计师、会计师、助理会计师和会计员。(　)

5. 无论企业是采用集中核算还是非集中核算，其所属各车间、部门一般不能与外单位

直接发生经济往来。( )

6. 为了便于查阅历史证据，各种会计资料应永久保存。( )

7. 一个实行独立核算的单位，其工作组织形式既可以选择集中核算形式，也可以选择非集中核算形式。( )

8.《会计法》是我国会计法规体系中最高层次的法律规范。( )

9. 无论企业规模大小都必须设置总会计师。( )

10. 目前，在我国取得注册会计师资格的唯一途径和前提通过全国统一的注册会计师考试。( )

二、单选题

1. 会计法规包括（ ）。

A. 会计法、会计制度、会计准则

B. 会计法、会计准则、会计制度和有关其它法规

C. 会计法、会计制度、会计准则和公司法

D. 会计法、会计准则、会计制度和税法

2. 会计人员专业技术职称主要包括（ ）。

A. 高级会计师、总会计师、会计师和助理会计师

B. 总会计师、高级会计师、注册会计师、会计师

C. 高级会计师、会计师、助理会计师、会计员

D. 注册会计师、高级会计师、会计师、会计员

3. 企业财务机构的具体名称一般视（ ）而定。

A. 企业的行业特性

B. 企业的规模大小

C. 企业的组织形式

D. 企业对财会工作的重视程度

4. 我国开始实行会计专业技术资格全国统一考试制度的年份是（ ）。

A. 1990 年　　B. 1993 年　　C. 1991 年　　D. 1992 年

5. 现行制度规定，应永久保存的会计档案是（ ）。

A. 年度会计报表　　B. 季度、月度会计报表

C. 会计凭证　　D. 会计账簿

6. 采用集中核算，整个企业的会计工作主要集中在（ ）进行。

A. 企业的会计部门　　B. 企业内部的各职能部门

C. 上级主管部门　　D. 会计师事务所

7. 企业单位记帐凭证和汇总凭证的保管年限是（ ）。

A. 3 年　　B. 5 年　　C. 15 年　　D. 永久

8. 下列不属于会计执业资格的是（ ）。

A、会计师　　B. 注册会计师　　C. 会计员　　D. 总会计师。

9、企业单位现金日记帐和银行存款日记帐的保管期限是（ ）。

A. 3 年　　B. 5 年　　C. 15 年　　D. 25 年

10. 会计工作组织形式一般分为（ ）。

A. 集中核算和分散核算
B. 永续盘存制和实地盘存制
C. 应计制和现金制
D. 确认、计量、记录和报告

三、多选题

1. 会计工作组织的内容包括（　　）。
A. 会计机构的设置　B. 会计人员的配备
C. 会计规范的制订与执行　D. 会计档案的保管
E. 会计人员的培训

2. 会计法规定会计人员的主要职责是（　）。
A. 进行会计核算　B. 会计监督
C. 经营决策　D. 保管会计资料
E. 进行商业谈判

3. 下列关于总会计师表述正确的是（　　）。
A. 它是一个专业技术资格　B. 它是一个行政职务
C. 它是一个会计职称　D. 它必须是会计师以上专业技术资格的人员担任
E. 总会计师直接对单位主要行政领导人负责

4. 下列属于会计人员的违法行为的有（　　）。
A. 伪造．变造．变质虚假会计资料
B. 隐匿或故意销毁依法应当保存的会计资料
C. 不依法进行会计管理．核算和监督
D. 按规定发布企业会计信息
E. 随意丢失会计档案

5. 会计法规包括（　）。
A. 会计法　B. 会计准则　C. 会计制度　D. 其它有关法规
E. 企业财经制度

6. 下列属于会计执业资格的是（　）。
A. 会计师　B. 注册会计师　C. 会计员　D. 总会计师
E. 高级会计师

附录一：

模拟试卷一

一、单项选择题

1）反映企业某一特定日期财务状况的报表是（　）。

A. 资产负债表　　B. 损益表　　C. 利润分配表　　D. 现金流量表

2）科目汇总表核算形式的缺点之一是（　）。

A. 只适用于经济业务量小的单位　　B. 不能简化登记总账的工作量

C. 不能试算平衡　　D. 不能反映经济业务的来龙去脉

3）下列记账错误，可以通过试算平衡发现的是（　）。

A. 重记某项经济业务　　B. 漏记某项经济业务

C. 借贷方向相反　　D. 借贷金额不一致

4）下列各项中，会引起资产和负债同时增加的是（　）。

A. 将现金存入银行　　B. 赊购原材料

C. 以银行存款归还银行借款　　D. 向银行借款偿还应付账款

5）编制资产负债表的理论依据是（　）。

A. 复式记账　　B. 记账规则　　C. 会计等式　　D. 试算平衡

6）材料明细账账页的格式应采用（　）

A. 三栏式　　B. 数量金额式　　C. 借方多栏式　　D. 贷方多栏式

7）在借贷记账法下，账户的借方表示（　）。

A. 费用的增加和收入的减少　　B. 收入的增加和资产的减少

C. 利润的增加和负债的减少　　D. 利润的增加和费用的减少

8）“利润分配”账户年终结转后，借方余额表示历年积存的（　）。

A. 未分配利润额　　B. 已分配利润额

C. 未弥补亏损额　　D. 已实现利润额

9）期初和期末余额均在借方的账户，一般属于（　）。

A. 资产类账户　　B. 负债类账户

C. 所有者权益类账户　　D. 费用类账户

10）对财产清查结果进行账务处理的主要目的是保证（　）。

A. 账表相符　　B. 账实相符　　C. 账证相符　　D. 账账相符

二、名词解释

1）资产

2）借贷记账法

3）永续盘存制

4）实质重于形式原则：

三、简答题

1. 简述会计核算的基本前提（会计假设）。

2. 什么是未达账项，未达账项有哪些情形？

四、图表题

1. 完成下表表格的空白处内容。

项　目	期初余额	本期借方发生	本期贷方发生	期末余额	期末－期初
资产	7 000		2 000		
负债		2 000			4 000
所有者权益	4 000		2 000		2 000

2. 根据下列左、中、右三列所列项目的关系，用划线正确连接。

1）接受投资 2）接受捐赠 3）股本溢价 4）股东分红 5）计提工资		A. 应付职工薪酬 B. 资本公积 C. 股本 D. 营业外收入 E. 应付股利		F. 资产类 G. 负债类 H. 所有者权益类 I. 损益类 J. 成本类

五、分录题

1）归还从银行获得的短期借款本金 100 万元，利息 30 万元（借款期间未预提利息）；
2）采购材料一批，价款 100 万元，增值税率 17%，开出承兑的商业汇票；
3）上述材料验收入库；
4）车间领用材料用于 A 产品的生产，材料成本 20 万元；
5）计提车间设备折旧 10 万元、行政部门固定资产折旧 40 万元；
6）一批 A 产品完工入库，A 产品生产成本为 50 万元；
7）销售 A 产品一批，售价 1 000 万元，增值税率 17%，款项未收；
8）结转上述所售 A 产品的生产成本 600 万元；
9）计提本月销售产品应交消费税 10 万元；
10）月末，结转上述收入类科目余额；
11）月末，结转上述费用类科目余额；
12）计提本月应交所得税 20 万元；
13）将所得税费用转入“本年利润”科目；
14）结转本月的净利润；
15）按净利润的 10% 计提法定盈余公积；
16）结转已分配利润；
17）收到客户支付的上月所欠货款 60 万元；

模拟试卷二

一、单项选择题

1. 会计的基本职能是（　）。

A. 计算和监督　B. 反映和监督　C. 管理和监督　D. 核算和管理

2. 在资产、负债的计价及损益的确定时，不预计任何可能的收益，但合理预计可能发生的损失和费用，这体现了（　）的具体运用。

A. 一贯性原则　B. 谨慎性原则　C. 重要性原则　D. 可比性原则

3. 反映企业财务状况的会计要素是（　）。

A. 资产、负债和所有者权益　B. 资产、收入和费用

C. 资产、利润和所有者权益　D. 所有者权益、利润和费用

4. 在以下各项中，属于资产类科目的是（　）。

A. 其他业务收入　B. 管理费用　C. 累计折旧　D. 应付账款

5. 采用借贷记账法时，负债账户的结构特点是（　）。

A. 借方登记增加数，贷方登记减少数，期末余额在借方

B. 借方登记增加数，贷方登记减少数，期末一般无余额

C. 借方登记减少数，贷方登记增加数，期末余额在贷方

D. 借方登记减少数，贷方登记增加数，期末一般无余额

6. 在采用“收款凭证”、“付款凭证”和“转账凭证”等专用记账凭证的情况下，企业从银行提取现金，应填制（　）。

A. 现金收款凭证　B. 银行付款凭证

C. 转账凭证　D. 现金付款凭证

7. 账簿按其用途不同，可分为（　）。

A. 日记账、分类账和备查账簿

B. 总分类账簿和明细分类账簿

C. 三栏式账簿、多栏式账簿和数量金额式账簿

D. 订本账、活页账和卡片账

8. 各种账务处理程序中，最基本的账务处理程序是（　）。

A. 日记总账账务处理程序　B. 记账凭证账务处理程序

C. 科目汇总表账务处理程序　D. 汇总记账凭证账务处理程序

9. 企业在财产清查过程中，盘亏材料一批，计3 000元人民币，经查明原因属于自然损耗。该损失应计入（　）。

A. 制造费用　B. 营业外支出　C. 管理费用　D. 产品成本

10. 下列财务报表中属于静态报表的是（　）。

A. 现金流量表　B. 利润表

C. 所有者权益变动表　D. 资产负债表

二、名词解释

1. 持续经营

2. 权责发生制原则

3. 复式记账法

4. 利润表

三、简答题

1. 简述财务报表的作用。

2. 简述错账的划线更正法。

3. 期末，根据“所有资产类账户期末余额合计－所有资产类账户期初余额合计数”就可以计算出一定会计期间内资产总额的增加额。但除了这一方法，请你用别的方法计算特定期间内资产总额的增加额。

四、分录题

1）张三出差，借支差旅费1万元，开出现金支票；

2）一批在途物资验收入库，材料的采购成本共计10万元；

3）转账支付前欠货款20万元；

4）从银行取得3月期借款100万元；

5）收到客户交来其所欠的上月货款234万元；

6）计提固定资产折旧，其中车间折旧10万元，行政管理部门折旧20万元；

7）计提职工薪酬，其中行政人员10万元、生产人员（A产品）20万元、车间管理人员5万元；

8）盘亏设备一台，设备原价10万元，已提折旧8万元；

9）经批准备，将上述盘亏设备的净值转入“营业外支出”；

10）出租仓库使用权，收到当月的租金1万元；

11）销售产品一批，售价100万元，增值税率17%；收到商业汇票；

12）结转上述所售产品的生产成本60万元；

13）存款支付销售产品运费1万元；

14）期末，将本期收入转入“本年利润”账户（假设当期实现“主营业务收入”100万元、“其他业务收入”30万元、“营业外收入”10万元）；

15）期末，将本期费用转入“本年利润”账户（假设当发生“主营业务成本”60万元、“管理费用”20万元、“销售费用”10万元、“营业外支出”20万元、“所得税费用”10万元）；

16）将上述净利润转入“利润分配—未分配利润”；

17）按净利润的10%计提法定盈余公积；

18）结转已分配利润；

19）偿还短期借款本金100万元、利息30万元（借款期间未计提利息）；

20）商业汇票到期，收到票款117万元存入银行。

附录二：

企业会计准则——基本准则

第一章 总 则

第一条 为了规范企业会计确认、计量和报告行为，保证会计信息质量，根据《中华人民共和国会计法》和其他有关法律、行政法规，制定本准则。

第二条 本准则适用于在中华人民共和国境内设立的企业（包括公司，下同）。

第三条 企业会计准则包括基本准则和具体准则，具体准则的制定应当遵循本准则。

第四条 企业应当编制财务会计报告（又称财务报告，下同）。财务会计报告的目标是向财务会计报告使用者提供与企业财务状况、经营成果和现金流量等有关的会计信息，反映企业管理层受托责任履行情况，有助于财务会计报告使用者做出经济决策。

财务会计报告使用者包括投资者、债权人、政府及其有关部门和社会公众等。

第五条 企业应当对其本身发生的交易或者事项进行会计确认、计量和报告。

第六条 企业会计确认、计量和报告应当以持续经营为前提。

第七条 企业应当划分会计期间，分期结算账目和编制财务会计报告。

会计期间分为年度和中期。中期是指短于一个完整的会计年度的报告期间。

第八条 企业会计应当以货币计量。

第九条 企业应当以权责发生制为基础进行会计确认、计量和报告。

第十条 企业应当按照交易或者事项的经济特征确定会计要素。会计要素包括资产、负债、所有者权益、收入、费用和利润。

第十一条 企业应当采用借贷记账法记账。

第二章 会计信息质量要求

第十二条 企业应当以实际发生的交易或者事项为依据进行会计确认、计量和报告，如实反映符合确认和计量要求的各项会计要素及其他相关信息，保证会计信息真实可靠、内容完整。

第十三条 企业提供的会计信息应当与财务会计报告使用者的经济决策需要相关，有助于财务会计报告使用者对企业过去、现在或者未来的情况做出评价或者预测。

第十四条 企业提供的会计信息应当清晰明了，便于财务会计报告使用者理解和使用。

第十五条 企业提供的会计信息应当具有可比性。

同一企业不同时期发生的相同或者相似的交易或者事项，应当采用一致的会计政策，不得随意变更。确需变更的，应当在附注中说明。

不同企业发生的相同或者相似的交易或者事项，应当采用规定的会计政策，确保会计信息口径一致、相互可比。

第十六条　企业应当按照交易或者事项的经济实质进行会计确认、计量和报告，不应仅以交易或者事项的法律形式为依据。

第十七条　企业提供的会计信息应当反映与企业财务状况、经营成果和现金流量等有关的所有重要交易或者事项。

第十八条　企业对交易或者事项进行会计确认、计量和报告应当保持应有的谨慎，不应高估资产或者收益、低估负债或者费用。

第十九条　企业对于已经发生的交易或者事项，应当及时进行会计确认、计量和报告，不得提前或者延后。

第三章　资　产

第二十条　资产是指企业过去的交易或者事项形成的、由企业拥有或者控制的、预期会给企业带来经济利益的资源。

前款所指的企业过去的交易或者事项包括购买、生产、建造行为或其他交易或者事项。预期在未来发生的交易或者事项不形成资产。

由企业拥有或者控制，是指企业享有某项资源的所有权，或者虽然不享有某项资源的所有权，但该资源能被企业所控制。

预期会给企业带来经济利益，是指直接或者间接导致现金和现金等价物流入企业的潜力。

第二十一条　符合本准则第二十条规定的资产定义的资源，在同时满足以下条件时，确认为资产：

（一）与该资源有关的经济利益很可能流入企业；

（二）该资源的成本或者价值能够可靠地计量。

第二十二条　符合资产定义和资产确认条件的项目，应当列入资产负债表；符合资产定义、但不符合资产确认条件的项目，不应当列入资产负债表。

第四章　负　债

第二十三条　负债是指企业过去的交易或者事项形成的、预期会导致经济利益流出企业的现时义务。

现时义务是指企业在现行条件下已承担的义务。未来发生的交易或者事项形成的义务，不属于现时义务，不应当确认为负债。

第二十四条　符合本准则第二十三条规定的负债定义的义务，在同时满足以下条件时，确认为负债：

（一）与该义务有关的经济利益很可能流出企业；

（二）未来流出的经济利益的金额能够可靠地计量。

第二十五条　符合负债定义和负债确认条件的项目，应当列入资产负债表；符合负债定义、但不符合负债确认条件的项目，不应当列入资产负债表。

第五章　所有者权益

第二十六条　所有者权益是指企业资产扣除负债后由所有者享有的剩余权益。

公司的所有者权益又称为股东权益。

第二十七条　所有者权益的来源包括所有者投入的资本、直接计入所有者权益的利得和损失、留存收益等。

直接计入所有者权益的利得和损失，是指不应计入当期损益、会导致所有者权益发生增减变动的、与所有者投入资本或者向所有者分配利润无关的利得或者损失。

利得是指由企业非日常活动所形成的、会导致所有者权益增加的、与所有者投入资本无关的经济利益的流入。

损失是指由企业非日常活动所发生的、会导致所有者权益减少的、与向所有者分配利润无关的经济利益的流出。

第二十八条　所有者权益金额取决于资产和负债的计量。

第二十九条　所有者权益项目应当列入资产负债表。

第六章　收　入

第三十条　收入是指企业在日常活动中形成的、会导致所有者权益增加的、与所有者投入资本无关的经济利益的总流入。

第三十一条　收入只有在经济利益很可能流入从而导致企业资产增加或者负债减少、且经济利益的流入额能够可靠计量时才能予以确认。

第三十二条　符合收入定义和收入确认条件的项目，应当列入利润表。

第七章　费　用

第三十三条　费用是指企业在日常活动中发生的、会导致所有者权益减少的、与向所有者分配利润无关的经济利益的总流出。

第三十四条　费用只有在经济利益很可能流出从而导致企业资产减少或者负债增加、且经济利益的流出额能够可靠计量时才能予以确认。

第三十五条　企业为生产产品、提供劳务等发生的可归属于产品成本、劳务成本等的费用，应当在确认产品销售收入、劳务收入等时，将已销售产品、已提供劳务的成本等计入当期损益。

企业发生的支出不产生经济利益的，或者即使能够产生经济利益但不符合或者不再符合资产确认条件的，应当在发生时确认为费用，计入当期损益。

企业发生的交易或者事项导致其承担了一项负债而又不确认为一项资产的，应当在发生时确认为费用，计入当期损益。

第三十六条　符合费用定义和费用确认条件的项目，应当列入利润表。

第八章　利　　润

第三十七条　利润是指企业在一定会计期间的经营成果。利润包括收入减去费用后的净额、直接计入当期利润的利得和损失等。

第三十八条　直接计入当期利润的利得和损失，是指应当计入当期损益、会导致所有者权益发生增减变动的、与所有者投入资本或者向所有者分配利润无关的利得或者损失。

第三十九条　利润金额取决于收入和费用、直接计入当期利润的利得和损失金额的计量。

第四十条　利润项目应当列入利润表。

第九章　会计计量

第四十一条　企业在将符合确认条件的会计要素登记入账并列报于财务报表及其附注（又称财务报表，下同）时，应当按照规定的会计计量属性进行计量，确定其金额。

第四十二条　会计计量属性主要包括：

（一）历史成本。在历史成本计量下，资产按照购置时支付的现金或者现金等价物的金额，或者按照购置资产时所付出的对价的公允价值计量。负债按照因承担现时义务而实际收到的款项或者资产的金额，或者承担现时义务的合同金额，或者按照日常活动中为偿还负债预期需要支付的现金或者现金等价物的金额计量。

（二）重置成本。在重置成本计量下，资产按照现在购买相同或者相似资产所需支付的现金或者现金等价物的金额计量。负债按照现在偿付该项债务所需支付的现金或者现金等价物的金额计量。

（三）可变现净值。在可变现净值计量下，资产按照其正常对外销售所能收到现金或者现金等价物的金额扣减该资产至完工时估计将要发生的成本、估计的销售费用以及相关税费后的金额计量。

（四）现值。在现值计量下，资产按照预计从其持续使用和最终处置中所产生的未来净现金流入量的折现金额计量。负债按照预计期限内需要偿还的未来净现金流出量的折现金额计量。

（五）公允价值。在公允价值计量下，资产和负债按照在公平交易中，熟悉情况的交易双方自愿进行资产交换或者债务清偿的金额计量。

第四十三条　企业在对会计要素进行计量时，一般应当采用历史成本，采用重置成本、可变现净值、现值、公允价值计量的，应当保证所确定的会计要素金额能够取得并可靠计量。

第十章　财务会计报告

第四十四条　财务会计报告是指企业对外提供的反映企业某一特定日期的财务状况和某一会计期间的经营成果、现金流量等会计信息的文件。

财务会计报告包括财务报表及其附注和其他应当在财务会计报告中披露的相关信息和资料。财务报表至少应当包括资产负债表、利润表、现金流量表等报表。

小企业编制的财务报表可以不包括现金流量表。

第四十五条　资产负债表是指反映企业在某一特定日期的财务状况的财务报表。

第四十六条　利润表是指反映企业在一定会计期间的经营成果的财务报表。

第四十七条　现金流量表是指反映企业在一定会计期间的现金和现金等价物流入和流出的财务报表。

第四十八条　附注是指对在财务报表中列示项目所作的进一步说明，以及对未能在这些报表中列示项目的说明等。

第十一章　附　　则

第四十九条　本准则由财政部负责解释。

第五十条　本准则自 2007 年 1 月 1 日起施行。

附录三：

常用会计科目简介及主要账务处理

1001 库存现金

一、本科目核算企业的库存现金。企业有内部周转使用备用金的，可以单独设置“备用金”科目。

二、企业增加库存现金，借记本科目，贷记“银行存款”等科目；减少库存现金做相反的会计分录。

三、企业应当设置“现金日记账”，根据收付款凭证，按照业务发生顺序逐笔登记。每日终了，应当计算当日的现金收入合计额、现金支出合计额和结余额，将结余额与实际库存额核对，做到账款相符。

四、本科目期末借方余额，反映企业持有的库存现金。

1002 银行存款

一、本科目核算企业存入银行或其他金融机构的各种款项。银行汇票存款、银行本票存款、信用卡存款、信用证保证金存款、存出投资款、外埠存款等，在“其他货币资金”科目核算。

二、企业增加银行存款，借记本科目，贷记“库存现金”、“应收账款”等科目；减少银行存款做相反的会计分录。

三、企业可按开户银行和其他金融机构、存款种类等设置“银行存款日记账”，根据收付款凭证，按照业务的发生顺序逐笔登记。每日终了，应结出余额。“银行存款日记账”应定期与“银行对账单”核对，至少每月核对一次。企业银行存款账面余额与银行对账单余额之间如有差额，应编制“银行存款余额调节表”调节相符。

四、本科目期末借方余额，反映企业存在银行或其他金融机构的各种款项。

1012 其他货币资金

一、本科目核算企业的银行汇票存款、银行本票存款、信用卡存款、信用证保证金存款、存出投资款、外埠存款等其他货币资金。

二、企业增加其他货币资金，借记本科目，贷记“银行存款”科目；减少其他货币资金，借记有关科目，贷记本科目。

三、本科目可按银行汇票或本票、信用证的收款单位，外埠存款的开户银行，分别“银行汇票”、“银行本票”、“信用卡”、“信用证保证金”、“存出投资款”、“外埠存款”等进行明细核算。

四、本科目期末借方余额，反映企业持有的其他货币资金。

1101 交易性金融资产

一、本科目核算企业为交易目的所持有的债券投资、股票投资、基金投资等交易性金融资产的公允价值。企业持有的直接指定为以公允价值计量且其变动计入当期损益的金融资产，也在本科目核算。

二、本科目可按交易性金融资产的类别和品种，分别“成本”、“公允价值变动”等进行明细核算。

三、交易性金融资产的主要账务处理。

（一）企业取得交易性金融资产，按其公允价值，借记本科目（成本），按发生的交易费用，借记“投资收益”科目，按已到付息期但尚未领取的利息或已宣告但尚未发放的现金股利，借记“应收利息”或“应收股利”科目，按实际支付的金额，贷记“银行存款”、“结算备付金”等科目。

（二）交易性金融资产持有期间被投资单位宣告发放的现金股利，或在资产负债表日按分期付息、一次还本债券投资的票面利率计算的利息，借记“应收股利”或“应收利息”科目，贷记“投资收益”科目。

（三）资产负债表日，交易性金融资产的公允价值高于其账面余额的差额，借记本科目（公允价值变动），贷记“公允价值变动损益”科目；公允价值低于其账面余额的差额做相反的会计分录。

（四）出售交易性金融资产，应按实际收到的金额，借记“银行存款”、“结算备付金”等科目，按该金融资产的账面余额，贷记本科目，按其差额，贷记或借记“投资收益”科目。同时，将原计入该金融资产的公允价值变动转出，借记或贷记“公允价值变动损益”科目，贷记或借记“投资收益”科目。

四、本科目期末借方余额，反映企业持有的交易性金融资产的公允价值。

1121 应收票据

一、本科目核算企业因销售商品、提供劳务等而收到的商业汇票，包括银行承兑汇票和商业承兑汇票。

二、本科目可按开出、承兑商业汇票的单位进行明细核算。

三、应收票据的主要账务处理。

（一）企业因销售商品、提供劳务等而收到开出、承兑的商业汇票，按商业汇票的票面金额，借记本科目，按确认的营业收入，贷记“主营业务收入”等科目。涉及增值税销项税额的，还应进行相应的处理。

（二）持未到期的商业汇票向银行贴现，应按实际收到的金额（即减去贴现息后的净额），借记“银行存款”等科目，按贴现息部分，借记“财务费用”等科目，按商业汇票的票面金额，贷记本科目或“短期借款”科目。

（三）将持有的商业汇票背书转让以取得所需物资，按应计入取得物资成本的金额，借记“材料采购”或“原材料”、“库存商品”等科目，按商业汇票的票面金额，贷记本科目，如有差额，借记或贷记“银行存款”等科目。涉及增值税进项税额的，还应进行相应的处理。

（四）商业汇票到期，应按实际收到的金额，借记“银行存款”科目，按商业汇票的票面金额，贷记本科目。

四、企业应当设置“应收票据备查簿”，逐笔登记商业汇票的种类、号数和出票日、票面金额、交易合同号和付款人、承兑人、背书人的姓名或单位名称、到期日、背书转让日、贴现日、贴现率和贴现净额以及收款日和收回金额、退票情况等资料。商业汇票到期结清票款或退票后，在备查簿中应予注销。

五、本科目期末借方余额，反映企业持有的商业汇票的票面金额。

1122　应收账款

一、本科目核算企业因销售商品、提供劳务等经营活动应收取的款项。实质上具有融资性质的，在“长期应收款”科目核算。

二、本科目可按债务人进行明细核算。

三、企业发生应收账款，按应收金额，借记本科目，按确认的营业收入，贷记“主营业务收入”、“手续费及佣金收入”、“保费收入”等科目。收回应收账款时，借记“银行存款”等科目，贷记本科目。涉及增值税销项税额的，还应进行相应的处理。

代购货单位垫付的包装费、运杂费，借记本科目，贷记“银行存款”等科目。收回代垫费用时，借记“银行存款”科目，贷记本科目。四、企业与债务人进行债务重组，应当分别债务重组的不同方式进行处理。

（一）收到债务人清偿债务的款项小于该项应收账款账面价值的，应按实际收到的金额，借记“银行存款”等科目，按重组债权已计提的坏账准备，借记“坏账准备”科目，按重组债权的账面余额，贷记本科目，按其差额，借记“营业外支出”科目。

收到债务人清偿债务的款项大于该项应收账款账面价值的，应按实际收到的金额，借记“银行存款”等科目，按重组债权已计提的坏账准备，借记“坏账准备”科目，按重组债权的账面余额，贷记本科目，按其差额，贷记“资产减值损失”科目。

以下债务重组涉及重组债权减值准备的，应当比照此规定进行处理。

（二）接受债务人用于清偿债务的非现金资产，应按该项非现金资产的公允价值，借记“原材料”、“库存商品”、“固定资产”、“无形资产”等科目，按重组债权的账面余额，贷记本科目，按应支付的相关税费和其他费用，贷记“银行存款”、“应交税费”等科目，按其差额，借记“营业外支出”科目。涉及增值税进项税额的，还应进行相应的处理。

（三）将债权转为投资，应按享有股份的公允价值，借记“长期股权投资”科目，按重组债权的账面余额，贷记本科目，按应支付的相关税费和其他费用，贷记“银行存款”、“应交税费”等科目，按其差额，借记“营业外支出”科目。

（四）以修改其他债务条件进行清偿的，应按修改其他债务条件后债权的公允价值，借记本科目，按重组债权的账面余额，贷记本科目，按其差额，借记“营业外支出”科目。

五、本科目期末借方余额，反映企业尚未收回的应收账款；期末如为贷方余额，反映企业预收的账款。

1123　预付账款

一、本科目核算企业按照合同规定预付的款项。预付款项情况不多的，也可以不设置本科目，将预付的款项直接记入“应付账款”科目。企业进行在建工程预付的工程价款，也在本科目核算。

二、预付账款的主要账务处理。

（一）企业因购货而预付的款项，借记本科目，贷记“银行存款”等科目。

收到所购物资，按应计入购入物资成本的金额，借记“材料采购”或“原材料”、“库存商品”等科目，按应支付的金额，贷记本科目。补付的款项，借记本科目，贷记“银行存款”等科目；退回多付的款项做相反的会计分录。涉及增值税进项税额的，还应进行相应的处理。

（二）企业进行在建工程预付的工程价款，借记本科目，贷记“银行存款”等科目。按工程进度结算工程价款，借记“在建工程”科目，贷记本科目、“银行存款”等科目。

三、本科目期末借方余额，反映企业预付的款项；期末如为贷方余额，反映企业尚未补付的款项。

1131　应收股利

一、本科目核算企业应收取的现金股利和应收取其他单位分配的利润。

二、本科目可按被投资单位进行明细核算。

三、应收股利的主要账务处理。

（一）企业取得交易性金融资产，按支付的价款中所包含的、已宣告但尚未发放的现金股利，借记本科目，按交易性金融资产的公允价值，借记“交易性金融资产——成本”科目，按发生的交易费用，借记“投资收益”科目，按实际支付的金额，贷记“银行存款”等科目。

交易性金融资产持有期间被投资单位宣告发放的现金股利，按应享有的份额，借记本科目，贷记“投资收益”科目。

（二）取得长期股权投资，按支付的价款中所包含的、已宣告但尚未发放的现金股利，借记本科目，按确定的长期股权投资成本，借记“长期股权投资——成本”科目，按实际支付的金额，贷记“银行存款”等科目。

持有期间被投资单位宣告发放现金股利或利润的，按应享有的份额，借记本科目，贷记“投资收益”（成本法）或“长期股权投资—— 损益调整”科目（权益法）。

被投资单位宣告发放的现金股利或利润属于其在取得本企业投资前实现净利润的分配额，借记本科目，贷记“长期股权投资——成本”等科目。

（三）取得可供出售的金融资产，按支付的价款中所包含的、已宣告但尚未发放的现金股利，借记本科目，按可供出售金融资产的公允价值与交易费用之和，借记“可供出售金融资产——成本”科目，按实际支付的金额，贷记“银行存款”等科目。

可供出售权益工具持有期间被投资单位宣告发放的现金股利，按应享有的份额，借记本科目，贷记“投资收益”科目。

（四）实际收到现金股利或利润，借记“银行存款”等科目，贷记本科目等。

四、本科目期末借方余额，反映企业尚未收回的现金股利或利润。

1132　应收利息

一、本科目核算企业交易性金融资产、持有至到期投资、可供出售金融资产、发放贷款、存放中央银行款项、拆出资金、买入返售金融资产等应收取的利息。

企业购入的一次还本付息的持有至到期投资持有期间取得的利息，在“持有至到期投资”科目核算。

二、本科目可按借款人或被投资单位进行明细核算。

三、应收利息的主要账务处理。

（一）企业取得的交易性金融资产，按支付的价款中所包含的、已到付息期但尚未领取的利息，借记本科目，按交易性金融资产的公允价值，借记“交易性金融资产——成本”科目，按发生的交易费用，借记“投资收益”科目，按实际支付的金额，贷记“银行存款”等科目。

（二）取得的持有至到期投资，应按该投资的面值，借记“持有至到期投资——成本”科目，按支付的价款中包含的、已到付息期但尚未领取的利息，借记本科目，按实际支付的金额，贷记“银行存款”等科目，按其差额，借记或贷记“持有至到期投资——利息调整”科目。

资产负债表日，持有至到期投资为分期付息、一次还本债券投资的，应按票面利率计算确定的应收未收利息，借记本科目，按持有至到期投资摊余成本和实际利率计算确定的利息收入，贷记“投资收益”科目，按其差额，借记或贷记“持有至到期投资——利息调整”科目。

持有至到期投资为一次还本付息债券投资的，应于资产负债表日按票面利率计算确定的应收未收利息，借记“持有至到期投资——应计利息”科目，按持有至到期投资摊余成本和实际利率计算确定的利息收入，贷记“投资收益”科目，按其差额，借记或贷记“持有至到期投资——利息调整”科目。

（三）取得的可供出售债券投资，比照（二）的相关规定进行处理。

（四）发生减值的持有至到期投资、可供出售债券投资的利息收入，应当比照“贷款”科目相关规定进行处理。

（五）应收利息实际收到时，借记“银行存款”等科目，贷记本科目。

四、本科目期末借方余额，反映企业尚未收回的利息。

1221　其他应收款

一、本科目核算企业除存出保证金、买入返售金融资产、应收票据、应收账款、预付账款、应收股利、应收利息、长期应收款等以外的其他各种应收及暂付款项。

二、本科目可按对方单位（或个人）进行明细核算。

三、采用售后回购方式融出资金的，应按实际支付的金额，借记本科目，贷记“银行存款”科目。销售价格与原购买价格之间的差额，应在售后回购期间内按期计提利息费用，借记本科目，贷记“财务费用”科目。按合同约定返售商品时，应按实际收到的金额，借记“银行存款”科目，贷记本科目。

四、企业发生其他各种应收、暂付款项时，借记本科目，贷记“银行存款”、“固定资产清理”等科目；收回或转销各种款项时，借记“库存现金”、“银行存款”等科目，贷记本科目。

五、本科目期末借方余额，反映企业尚未收回的其他应收款项。

1231 坏账准备

一、本科目核算企业应收款项的坏账准备。

二、本科目可按应收款项的类别进行明细核算。

三、坏账准备的主要账务处理。

（一）资产负债表日，应收款项发生减值的，按应减记的金额，借记“资产减值损失”科目，贷记本科目。本期应计提的坏账准备大于其账面余额的，应按其差额计提；应计提的坏账准备小于其账面余额的差额做相反的会计分录。

（二）对于确实无法收回的应收款项，按管理权限报经批准后作为坏账，转销应收款项，借记本科目，贷记“应收票据”、“应收账款”、“预付账款”、“其他应收款”、“长期应收款”等科目。

（三）已确认并转销的应收款项以后又收回的，应按实际收回的金额，借记“应收票据”、“应收账款”、“预付账款”、“应收分保账款”、“其他应收款”、“长期应收款”等科目，贷记本科目；同时，借记“银行存款”科目，贷记“应收票据”、“应收账款”、“预付账款”、“其他应收款”、“长期应收款”等科目。

对于已确认并转销的应收款项以后又收回的，也可以按照实际收回的金额，借记“银行存款”科目，贷记本科目。

四、本科目期末贷方余额，反映企业已计提但尚未转销的坏账准备。

1401 材料采购

一、本科目核算企业采用计划成本进行材料日常核算而购入材料的采购成本。采用实际成本进行材料日常核算的，购入材料的采购成本，在“在途物资”科目核算。委托外单位加工材料、商品的加工成本，在“委托加工物资”科目核算。

购入的工程用材料，在“工程物资”科目核算。

二、本科目可按供应单位和材料品种进行明细核算。

三、材料采购的主要账务处理。

（一）企业支付材料价款和运杂费等，按应计入材料采购成本的金额，借记本科目，按实际支付或应支付的金额，贷记“银行存款”、“库存现金”、“其他货币资金”、“应付账款”、“应付票据”、“预付账款”等科目。涉及增值税进项税额的，还应进行相应的处理。

（二）期末，企业应将仓库转来的外购收料凭证，分别下列不同情况进行处理：

1. 对于已经付款或已开出、承兑商业汇票的收料凭证，应按实际成本和计划成本分别汇总，按计划成本，借记“原材料”、“周转材料”等科目，贷记本科目；将实际成本大于计划成本的差异，借记“材料成本差异”科目，贷记本科目；实际成本小于计划成本的差异做相反的会计分录。

2. 对于尚未收到发票账单的收料凭证，应按计划成本暂估入账，借记“原材料”、“周转材料”等科目，贷记“应付账款——暂估应付账款”科目，下期初做相反分录予以冲回。

下期收到发票账单的收料凭证，借记本科目，贷记“银行存款”、“应付账款”、“应付票据”等科目。涉及增值税进项税额的，还应进行相应的处理。

四、本科目期末借方余额，反映企业在途材料的采购成本。

1402 在途物资

一、本科目核算企业采用实际成本（或进价）进行材料、商品等物资的日常核算、货款已付尚未验收入库的在途物资的采购成本。

二、本科目可按供应单位和物资品种进行明细核算。

三、在途物资的主要账务处理。

（一）企业购入材料、商品，按应计入材料、商品采购成本的金额，借记本科目，按实际支付或应支付的金额，贷记“银行存款”、“应付账款”、“应付票据”等科目。涉及增值税进项税额的，还应进行相应的处理。

（二）所购材料、商品到达验收入库，借记“原材料”、“库存商品”等科目，贷记本科目。

库存商品采用售价核算的，按售价，借记“库存商品”科目，按进价，贷记本科目，进价与售价之间的差额，借记或贷记“商品进销差价”科目。

四、本科目期末借方余额，反映企业在途材料、商品等物资的采购成本。

1403 原材料

一、本科目核算企业库存的各种材料，包括原料及主要材料、辅助材料、外购半成品（外购件）、修理用备件（备品备件）、包装材料、燃料等的计划成本或实际成本。

收到来料加工装配业务的原料、零件等，应当设置备查簿进行登记。

二、本科目可按材料的保管地点（仓库）、材料的类别、品种和规格等进行明细核算。

三、原材料的主要账务处理。

（一）企业购入并已验收入库的材料，按计划成本或实际成本，借记本科目，按实际成本，贷记“材料采购”或“在途物资”科目，按计划成本与实际成本的差异，借记或贷记“材料成本差异”科目。

（二）自制并已验收入库的材料，按计划成本或实际成本，借记本科目，按实际成本，贷记“生产成本”科目，按计划成本与实际成本的差异，借记或贷记“材料成本差异”科目。

委托外单位加工完成并已验收入库的材料，按计划成本或实际成本，借记本科目，按实际成本，贷记“委托加工物资”科目，按计划成本与实际成本的差异，借记或贷记“材料成本差异”科目。

（三）生产经营领用材料，借记“生产成本”、“制造费用”、“销售费用”、“管理费用”等科目，贷记本科目。出售材料结转成本，借记“其他业务成本”科目，贷记本科目。发出委托外单位加工的材料，借记“委托加工物资”科目，贷记本科目。采用计划成本进行材料日常核算的，发出材料还应结转材料成本差异，将发出材料的计划成本调整为实际成本。

采用实际成本进行材料日常核算的，发出材料的实际成本，可以采用先进先出法、加权平均法或个别认定法计算确定。

四、本科目期末借方余额，反映企业库存材料的计划成本或实际成本。

1404　材料成本差异

一、本科目核算企业采用计划成本进行日常核算的材料计划成本与实际成本的差额。企业也可以在“原材料”、“周转材料”等科目设置“成本差异”明细科目。

二、本科目可以分别“原材料”、“周转材料”等，按照类别或品种进行明细核算。

三、材料成本差异的主要账务处理。

（一）入库材料发生的材料成本差异，实际成本大于计划成本的差异，借记本科目，贷记“材料采购”科目；实际成本小于计划成本的差异做相反的会计分录。

入库材料的计划成本应当尽可能接近实际成本。除特殊情况外，计划成本在年度内不得随意变更。

（二）结转发出材料应负担的材料成本差异，按实际成本大于计划成本的差异，借记“生产成本”、“管理费用”、“销售费用”、“委托加工物资”、“其他业务成本”等科目，贷记本科目；实际成本小于计划成本的差异做相反的会计分录。

发出材料应负担的成本差异应当按期（月）分摊，不得在季末或年末一次计算。发出材料应负担的成本差异，除委托外部加工发出材料可按期初成本差异率计算外，应使用当期的实际差异率；期初成本差异率与本期成本差异率相差不大的，也可按期初成本差异率计算。计算方法一经确定，不得随意变更。材料成本差异率的计算公式如下：

本期材料成本差异率＝（期初结存材料的成本差异＋本期验收入库材料的成本差异）÷（期初结存材料的计划成本＋本期验收入库材料的计划成本）×100%

期初材料成本差异率＝期初结存材料的成本差异÷期初结存材料的计划成本×100%

发出材料应负担的成本差异＝发出材料的计划成本×材料成本差异率

四、本科目期末借方余额，反映企业库存材料等的实际成本大于计划成本的差异；贷方余额反映企业库存材料等的实际成本小于计划成本的差异。

1405　库存商品

一、本科目核算企业库存的各种商品的实际成本（或进价）或计划成本（或售价），包括库存产成品、外购商品、存放在门市部准备出售的商品、发出展览的商品以及寄存在外的商品等。

接受来料加工制造的代制品和为外单位加工修理的代修品，在制造和修理完成验收入库后，视同企业的产成品，也通过本科目核算。

二、本科目可按库存商品的种类、品种和规格等进行明细核算。

三、库存商品的主要账务处理。

（一）企业生产的产成品一般应按实际成本核算，产成品的入库和

出库，平时只记数量不记金额，期（月）末计算入库产成品的实际成本。生产完成验收入库的产成品，按其实际成本，借记本科目、“农产品”等科目，贷记“生产成本”等科目。

产成品种类较多的，也可按计划成本进行日常核算，其实际成本与计划成本的差异，可

以单独设置“产品成本差异”科目，比照“材料成本差异”科目核算。

采用实际成本进行产成品日常核算的，发出产成品的实际成本，可以采用先进先出法、加权平均法或个别认定法计算确定。

对外销售产成品（包括采用分期收款方式销售产成品），结转销售成本时，借记“主营业务成本”科目，贷记本科目。采用计划成本核算的，发出产成品还应结转产品成本差异，将发出产成品的计划成本调整为实际成本。

（二）购入商品采用进价核算的，在商品到达验收入库后，按商品进价，借记本科目，贷记“银行存款”、“在途物资”等科目。委托外单位加工收回的商品，按商品进价，借记本科目，贷记“委托加工物资”科目。

购入商品采用售价核算的，在商品到达验收入库后，按商品售价，借记本科目，按商品进价，贷记“银行存款”、“在途物资”等科目，按商品售价与进价的差额，贷记“商品进销差价”科目。委托外单位加工收回的商品，按商品售价，借记本科目，按委托加工商品的账面余额，贷记“委托加工物资”科目，按商品售价与进价的差额，贷记“商品进销差价”科目。

对外销售商品（包括采用分期收款方式销售商品），结转销售成本时，借记“主营业务成本”科目，贷记本科目。采用进价进行商品日常核算的，发出商品的实际成本，可以采用先进先出法、加权平均法或个别认定法计算确定。采用售价核算的，还应结转应分摊的商品进销差价。

（三）企业（房地产开发）开发的产品，达到预定可销售状态时，按实际成本，借记“开发产品”科目，贷记“开发成本”科目。期末，企业结转对外转让、销售和结算开发产品的实际成本，借记“主营业务成本”科目，贷记“开发产品”科目。

企业将开发的营业性配套设施用于本企业从事第三产业经营用房，应视同自用固定资产进行处理，并按营业性配套设施的实际成本，借记“固定资产”科目，贷记“开发产品”科目。

四、本科目期末借方余额，反映企业库存商品的实际成本（或进价）或计划成本（或售价）。

1406 发出商品

一、本科目核算企业未满足收入确认条件但已发出商品的实际成本（或进价）或计划成本（或售价）。采用支付手续费方式委托其他单位代销的商品，也可以单独设置“委托代销商品”科目。

二、本科目可按购货单位、商品类别和品种进行明细核算。

三、发出商品的主要账务处理。

（一）对于未满足收入确认条件的发出商品，应按发出商品的实际成本（或进价）或计划成本（或售价），借记本科目，贷记“库存商品”科目。

发出商品发生退回的，应按退回商品的实际成本（或进价）或计划成本（或售价），借记“库存商品”科目，贷记本科目。

（二）发出商品满足收入确认条件时，应结转销售成本，借记“主营业务成本”科目，贷记本科目。采用计划成本或售价核算的，还应结转应分摊的产品成本差异或商品进销差价。

四、本科目期末借方余额，反映企业发出商品的实际成本（或进价）或计划成本（或售价）。

1407 商品进销差价

一、本科目核算企业采用售价进行日常核算的商品售价与进价之间的差额。

二、本科目可按商品类别或实物管理负责人进行明细核算。

三、商品进销差价的主要账务处理。

（一）企业购入、加工收回以及销售退回等增加的库存商品，按商品售价，借记“库存商品”科目，按商品进价，贷记“银行存款”、“委托加工物资”等科目，按售价与进价之间的差额，贷记本科目。

（二）期（月）末分摊已销商品的进销差价，借记本科目，贷记“主营业务成本”科目。销售商品应分摊的商品进销差价，按以下公式计算：商品进销差价率＝期末分摊前本科目余额÷（“库存商品”科目期末余额＋“委托代销商品”科目期末余额＋“发出商品”科目期末余额＋本期“主营业务收入”科目贷方发生额）×100% 本期销售商品应分摊的商品进销差价＝本期“主营业务收入”科目贷方发生额×商品进销差价率

企业的商品进销差价率各期之间比较均衡的，也可以采用上期商品进销差价率计算分摊本期的商品进销差价。年度终了，应对商品进销差价进行核实调整。

四、本科目的期末贷方余额，反映企业库存商品的商品进销差价。

1408 委托加工物资

一、本科目核算企业委托外单位加工的各种材料、商品等物资的实际成本。

二、本科目可按加工合同、受托加工单位以及加工物资的品种等进行明细核算。

三、委托加工物资的主要账务处理。

（一）企业发给外单位加工的物资，按实际成本，借记本科目，贷记“原材料”、“库存商品”等科目；按计划成本或售价核算的，还应同时结转材料成本差异或商品进销差价。

（二）支付加工费、运杂费等，借记本科目，贷记“银行存款”等科目；需要交纳消费税的委托加工物资，由受托方代收代交的消费税，借记本科目（收回后用于直接销售的）或“应交税费——应交消费税”科目（收回后用于继续加工的），贷记“应付账款”、“银行存款”等科目。

（三）加工完成验收入库的物资和剩余的物资，按加工收回物资的实际成本和剩余物资的实际成本，借记“原材料”、“库存商品”等科目，贷记本科目。

采用计划成本或售价核算的，按计划成本或售价，借记“原材料”或“库存商品”科目，按实际成本，贷记本科目，按实际成本与计划成本或售价之间的差额，借记或贷记“材料成本差异”或贷记“商品进销差价”科目。

采用计划成本或售价核算的，也可以采用上期材料成本差异率或商品进销差价率计算分摊本期应分摊的材料成本差异或商品进销差价。

四、本科目期末借方余额，反映企业委托外单位加工尚未完成物资的实际成本。

1411 周转材料

一、本科目核算企业周转材料的计划成本或实际成本，包括包装物、低值易耗品，以及企业（建造承包商）的钢模板、木模板、脚手架等。

企业的包装物、低值易耗品，也可以单独设置“包装物”、“低值易耗品”科目。

二、本科目可按周转材料的种类，分别“在库”、“在用”和“摊销”进行明细核算。

三、周转材料的主要账务处理。

（一）企业购入、自制、委托外单位加工完成并已验收入库的周转材料等，比照“原材料”科目的相关规定进行处理。

（二）采用一次转销法的，领用时应按其账面价值，借记“管理费用”、“生产成本”、“销售费用”、“工程施工”等科目，贷记本科目。

周转材料报废时，应按报废周转材料的残料价值，借记“原材料”等科目，贷记“管理费用”、“生产成本”、“销售费用”、“工程施工”等科目。

（三）采用其他摊销法的，领用时应按其账面价值，借记本科目（在用），贷记本科目（在库）；摊销时应按摊销额，借记“管理费用”、“生产成本”、“销售费用”、“工程施工”等科目，贷记本科目（摊销）。

周转材料报废时应补提摊销额，借记“管理费用”、“生产成本”、“销售费用”、“工程施工”等科目，贷记本科目（摊销）；同时，按报废周转材料的残料价值，借记“原材料”等科目，贷记“管理费用”、“生产成本”、“销售费用”、“工程施工”等科目；并转销全部已提摊销额，借记本科目（摊销），贷记本科目（在用）。

（四）周转材料采用计划成本进行日常核算的，领用等发出周转材料时，还应同时结转应分摊的成本差异。

四、本科目期末借方余额，反映企业在库周转材料的计划成本或实际成本以及在用周转材料的摊余价值。

1471 存货跌价准备

一、本科目核算企业存货的跌价准备。

二、本科目可按存货项目或类别进行明细核算。

三、存货跌价准备的主要账务处理。

（一）资产负债表日，存货发生减值的，按存货可变现净值低于成本的差额，借记“资产减值损失”科目，贷记本科目。

已计提跌价准备的存货价值以后又得以恢复，应在原已计提的存货跌价准备金额内，按恢复增加的金额，借记本科目，贷记“资产减值损失”科目。

发出存货结转存货跌价准备的，借记本科目，贷记“主营业务成本”、“生产成本”等科目。

（二）企业（建造承包商）建造合同执行中预计总成本超过合同总收入的，应按其差额，借记“资产减值损失”科目，贷记本科目。合同完工时，借记本科目，贷记“主营业务成本”科目。

四、本科目期末贷方余额，反映企业已计提但尚未转销的存货跌价准备。

1501　持有至到期投资

一、本科目核算企业持有至到期投资的摊余成本。

二、本科目可按持有至到期投资的类别和品种，分别“成本”、“利息调整”、“应计利息”等进行明细核算。

三、持有至到期投资的主要账务处理。

（一）企业取得的持有至到期投资，应按该投资的面值，借记本科目（成本），按支付的价款中包含的已到付息期但尚未领取的利息，借记“应收利息”科目，按实际支付的金额，贷记“银行存款”等科目，按其差额，借记或贷记本科目（利息调整）。

（二）资产负债表日，持有至到期投资为分期付息、一次还本债券投资的，应按票面利率计算确定的应收未收利息，借记“应收利息”科目，按持有至到期投资摊余成本和实际利率计算确定的利息收入，贷记“投资收益”科目，按其差额，借记或贷记本科目（利息调整）。

持有至到期投资为一次还本付息债券投资的，应于资产负债表日按票面利率计算确定的应收未收利息，借记本科目（应计利息），按持有至到期投资摊余成本和实际利率计算确定的利息收入，贷记“投资收益”科目，按其差额，借记或贷记本科目（利息调整）。

（三）将持有至到期投资重分类为可供出售金融资产的，应在重分类日按其公允价值，借记“可供出售金融资产”科目，按其账面余额，贷记本科目（成本、利息调整、应计利息），按其差额，贷记或借记“资本公积——其他资本公积”科目。已计提减值准备的，还应同时结转减值准备。

（四）出售持有至到期投资，应按实际收到的金额，借记“银行存款”等科目，按其账面余额，贷记本科目（成本、利息调整、应计利息），按其差额，贷记或借记“投资收益”科目。已计提减值准备的，还应同时结转减值准备。

四、本科目期末借方余额，反映企业持有至到期投资的摊余成本。

1502　持有至到期投资减值准备

一、本科目核算企业持有至到期投资的减值准备。

二、本科目可按持有至到期投资类别和品种进行明细核算。

三、资产负债表日，持有至到期投资发生减值的，按应减记的金额，借记“资产减值损失”科目，贷记本科目。

已计提减值准备的持有至到期投资价值以后又得以恢复，应在原已计提的减值准备金额内，按恢复增加的金额，借记本科目，贷记“资产减值损失”科目。

四、本科目期末贷方余额，反映企业已计提但尚未转销的持有至到期投资减值准备。

1503　可供出售金融资产

一、本科目核算企业持有的可供出售金融资产的公允价值，包括划分为可供出售的股票投资、债券投资等金融资产。

二、本科目按可供出售金融资产的类别和品种，分别“成本”、“利息调整”、“应计利息”、“公允价值变动”等进行明细核算。

可供出售金融资产发生减值的，可以单独设置“可供出售金融资产减值准备”科目。

三、可供出售金融资产的主要账务处理。

（一）企业取得可供出售的金融资产，应按其公允价值与交易费用之和，借记本科目（成本），按支付的价款中包含的已宣告但尚未发放的现金股利，借记“应收股利”科目，按实际支付的金额，贷记“银行存款”等科目。

企业取得的可供出售金融资产为债券投资的，应按债券的面值，借记本科目（成本），按支付的价款中包含的已到付息期但尚未领取的利息，借记“应收利息”科目，按实际支付的金额，贷记“银行存款”等科目，按差额，借记或贷记本科目（利息调整）。

（二）资产负债表日，可供出售债券为分期付息、一次还本债券投资的，应按票面利率计算确定的应收未收利息，借记“应收利息”科目，按可供出售债券的摊余成本和实际利率计算确定的利息收入，贷记“投资收益”科目，按其差额，借记或贷记本科目（利息调整）。

可供出售债券为一次还本付息债券投资的，应于资产负债表日按票面利率计算确定的应收未收利息，借记本科目（应计利息），按可供出售债券的摊余成本和实际利率计算确定的利息收入，贷记“投资收益”科目，按其差额，借记或贷记本科目（利息调整）。

（三）资产负债表日，可供出售金融资产的公允价值高于其账面余额的差额，借记本科目（公允价值变动），贷记“资本公积——其他资本公积”科目；公允价值低于其账面余额的差额做相反的会计分录。

确定可供出售金融资产发生减值的，按应减记的金额，借记“资产减值损失”科目，按应从所有者权益中转出原计入资本公积的累计损失金额，贷记“资本公积——其他资本公积”科目，按其差额，贷记本科目（公允价值变动）。

对于已确认减值损失的可供出售金融资产，在随后会计期间内公允价值已上升且客观上与确认原减值损失事项有关的，应按原确认的减值损失，借记本科目（公允价值变动），贷记“资产减值损失”科目；但可供出售金融资产为股票等权益工具投资的（不含在活跃市场上没有报价、公允价值不能可靠计量的权益工具投资），借记本科目（公允价值变动），贷记“资本公积——其他资本公积”科目。

（四）将持有至到期投资重分类为可供出售金融资产的，应在重分类日按其公允价值，借记本科目，按其账面余额，贷记“持有至到期投资”科目，按其差额，贷记或借记“资本公积——其他资本公积”科目。已计提减值准备的，还应同时结转减值准备。

（五）出售可供出售的金融资产，应按实际收到的金额，借记“银行存款”等科目，按其账面余额，贷记本科目（成本、公允价值变动、利息调整、应计利息），按应从所有者权益中转出的公允价值累计变动额，借记或贷记“资本公积——其他资本公积”科目，按其差额，贷记或借记“投资收益”科目。

四、本科目期末借方余额，反映企业可供出售金融资产的公允价值。

1511　长期股权投资

一、本科目核算企业持有的采用成本法和权益法核算的长期股权投资。

二、本科目可按被投资单位进行明细核算。

长期股权投资采用权益法核算的，还应当分别“成本”、“损益调整”、“其他权益变动”进行明细核算。

三、长期股权投资的主要账务处理。

（一）初始取得长期股权投资

同一控制下企业合并形成的长期股权投资，应在合并日按取得被合并方所有者权益账面价值的份额，借记本科目，按享有被投资单位已宣告但尚未发放的现金股利或利润，借记“应收股利”科目，按支付的合并对价的账面价值，贷记有关资产或借记有关负债科目，按其差额，贷记“资本公积——资本溢价或股本溢价”科目；为借方差额的，借记“资本公积——资本溢价或股本溢价”科目，资本公积（资本溢价或股本溢价）不足冲减的，借记“盈余公积”、“利润分配——未分配利润”科目。

非同一控制下企业合并形成的长期股权投资，应在购买日按企业合并成本（不含应自被投资单位收取的现金股利或利润），借记本科目，按享有被投资单位已宣告但尚未发放的现金股利或利润，借记“应收股利”科目，按支付合并对价的账面价值，贷记有关资产或借记有关负债科目，按发生的直接相关费用，贷记“银行存款”等科目，按其差额，贷记“营业外收入”或借记“营业外支出”等科目。非同一控制下企业合并涉及以库存商品等作为合并对价的，应按库存商品的公允价值，贷记“主营业务收入”科目，并同时结转相关的成本。涉及增值税的，还应进行相应的处理。

以支付现金、非现金资产等其他方式（非企业合并）形成的长期股权投资，比照非同一控制下企业合并形成的长期股权投资的相关规定进行处理。

投资者投入的长期股权投资，应按确定的长期股权投资成本，借记本科目，贷记“实收资本”或“股本”科目。

（二）采用成本法核算的长期股权投资

长期股权投资采用成本法核算的，应按被投资单位宣告发放的现金股利或利润中属于本企业的部分，借记“应收股利”科目，贷记“投资收益”科目；属于被投资单位在取得本企业投资前实现净利润的分配额，应作为投资成本的收回，借记“应收股利”科目，贷记本科目。

（三）采用权益法核算的长期股权投资

1. 长期股权投资的初始投资成本大于投资时应享有被投资单位可辨认净资产公允价值份额的，不调整已确认的初始投资成本。长期股权投资的初始投资成本小于投资时应享有被投资单位可辨认净资产公允价值份额的，应按其差额，借记本科目（成本），贷记“营业外收入”科目。

2. 根据被投资单位实现的净利润或经调整的净利润计算应享有的份额，借记本科目（损益调整），贷记“投资收益”科目。被投资单位发生净亏损做相反的会计分录，但以本科目的账面价值减记至零为限；还需承担的投资损失，应将其他实质上构成对被投资单位净投资的“长期应收款”等的账面价值减记至零为限；除按照以上步骤已确认的损失外，按照投资合同或协议约定将承担的损失，确认为预计负债。发生亏损的被投资单位以后实现净利润的，应按与上述相反的顺序进行处理。

被投资单位以后宣告发放现金股利或利润时，企业计算应分得的部分，借记“应收股利”科目，贷记本科目（损益调整）。收到被投资单位宣告发放的股票股利，不进行账务处理，但应在备查簿中登记。

3. 在持股比例不变的情况下，被投资单位除净损益以外所有者权益的其他变动，企业按持股比例计算应享有的份额，借记或贷记本科目（其他权益变动），贷记或借记“资本公积——其他资本公积”科目。

（四）长期股权投资核算方法的转换

将长期股权投资自成本法转按权益法核算的，应按转换时该项长期股权投资的账面价值作为权益法核算的初始投资成本，初始投资成本小于转换时占被投资单位可辨认净资产公允价值份额的差额，借记本科目（成本），贷记“营业外收入”科目。

长期股权投资自权益法转按成本法核算的，除构成企业合并的以外，应按中止采用权益法时长期股权投资的账面价值作为成本法核算的初始投资成本。

（五）处置长期股权投资

处置长期股权投资时，应按实际收到的金额，借记“银行存款”等科目，按其账面余额，贷记本科目，按尚未领取的现金股利或利润，贷记“应收股利”科目，按其差额，贷记或借记“投资收益”科目。已计提减值准备的，还应同时结转减值准备。

采用权益法核算长期股权投资的处置，除上述规定外，还应结转原记入资本公积的相关金额，借记或贷记“资本公积——其他资本公积”科目，贷记或借记“投资收益”科目。

四、本科目期末借方余额，反映企业长期股权投资的价值。

1512　长期股权投资减值准备

一、本科目核算企业长期股权投资的减值准备。

二、本科目可按被投资单位进行明细核算。

三、资产负债表日，长期股权投资发生减值的，按应减记的金额，借记“资产减值损失”科目，贷记本科目。

处置长期股权投资时，应同时结转已计提的长期股权投资减值准备。

四、本科目期末贷方余额，反映企业已计提但尚未转销的长期股权投资减值准备。

1521　投资性房地产

一、本科目核算企业采用成本模式计量的投资性房地产的成本。

企业采用公允价值模式计量投资性房地产的，也通过本科目核算。

采用成本模式计量的投资性房地产的累计折旧或累计摊销，可以单独设置“投资性房地产累计折旧（摊销）”科目，比照“累计折旧”等科目进行处理。

采用成本模式计量的投资性房地产发生减值的，可以单独设置“投资性房地产减值准备”科目，比照“固定资产减值准备”等科目进行处理。

二、本科目可按投资性房地产类别和项目进行明细核算。

采用公允价值模式计量的投资性房地产，还应当分别“成本”和“公允价值变动”进行明细核算。

三、采用成本模式计量投资性房地产的主要账务处理。

（一）企业外购、自行建造等取得的投资性房地产，按应计入投资性房地产成本的金额，借记本科目，贷记“银行存款”、“在建工程”等科目。

（二）将作为存货的房地产转换为投资性房地产的，应按其在转换日的账面余额，借记本科目，贷记“开发产品”等科目。已计提跌价准备的，还应同时结转跌价准备。

将自用的建筑物等转换为投资性房地产的，应按其在转换日的原价、累计折旧、减值准备等，分别转入本科目、“投资性房地产累计折旧（摊销）”、“投资性房地产减值准备”科目。

（三）按期（月）对投资性房地产计提折旧或进行摊销，借记“其他业务成本”科目，贷记“投资性房地产累计折旧（摊销）”科目。取得的租金收入，借记“银行存款”等科目，贷记“其他业务收入”科目。

（四）将投资性房地产转为自用时，应按其在转换日的账面余额、累计折旧、减值准备等，分别转入“固定资产”、“累计折旧”、“固定资产减值准备”等科目。

（五）处置投资性房地产时，应按实际收到的金额，借记“银行存款”等科目，贷记“其他业务收入”科目。按该项投资性房地产的累计折旧或累计摊销，借记“投资性房地产累计折旧（摊销）”科目，按该项投资性房地产的账面余额，贷记本科目，按其差额，借记“其他业务成本”科目。已计提减值准备的，还应同时结转减值准备。

四、采用公允价值模式计量投资性房地产的主要账务处理。

（一）企业外购、自行建造等取得的投资性房地产，按应计入投资性房地产成本的金额，借记本科目（成本），贷记“银行存款”、“在建工程”等科目。

（二）将作为存货的房地产转换为投资性房地产的，应按其在转换日的公允价值，借记本科目（成本），按其账面余额，贷记“开发产品”等科目，按其差额，贷记“资本公积——其他资本公积”科目或借记“公允价值变动损益”科目。已计提跌价准备的，还应同时结转跌价准备。

将自用的建筑物等转换为投资性房地产的，按其在转换日的公允价值，借记本科目（成本），按已计提的累计折旧等，借记“累计折旧”等科目，按其账面余额，贷记“固定资产”等科目，按其差额，贷记“资本公积——其他资本公积”科目或借记“公允价值变动损益”科目。已计提减值准备的，还应同时结转减值准备。

（三）资产负债表日，投资性房地产的公允价值高于其账面余额的差额，借记本科目（公允价值变动），贷记“公允价值变动损益”科目；公允价值低于其账面余额的差额做相反的会计分录。

取得的租金收入，借记“银行存款”等科目，贷记“其他业务收入”科目。

（四）将投资性房地产转为自用时，应按其在转换日的公允价值，借记“固定资产”等科目，按其账面余额，贷记本科目（成本、公允价值变动），按其差额，贷记或借记“公允价值变动损益”科目。

（五）处置投资性房地产时，应按实际收到的金额，借记“银行存款”等科目，贷记“其他业务收入”科目。按该项投资性房地产的账面余额，借记“其他业务成本”科目，贷记本科目（成本）、贷记或借记本科目（公允价值变动）；同时，按该项投资性房地产的公允价值变动，借记或贷记“公允价值变动损益”科目，贷记或借记“其他业务收入”科目。按该项投资性房地产在转换日记入资本公积的金额，借记“资本公积——其他资本公积”科目，贷记“其他业务收入”科目。

五、投资性房地产作为企业主营业务的，应通过“主营业务收入”和“主营业务成本”科目核算相关的损益。

六、本科目期末借方余额，反映企业采用成本模式计量的投资性房地产成本。企业采用公允价值模式计量的投资性房地产，反映投资性房地产的公允价值。

1531　长期应收款

一、本科目核算企业的长期应收款项，包括融资租赁产生的应收款项、采用递延方式具有融资性质的销售商品和提供劳务等产生的应收款项等。

实质上构成对被投资单位净投资的长期权益，也通过本科目核算。

二、本科目可按债务人进行明细核算。

三、长期应收款的主要账务处理。

（一）出租人融资租赁产生的应收租赁款，在租赁期开始日，应按租赁开始日最低租赁收款额与初始直接费用之和，借记本科目，按未担保余值，借记“未担保余值”科目，按融资租赁资产的公允价值（最低租赁收款额和未担保余值的现值之和），贷记“融资租赁资产”科目，按融资租赁资产的公允价值与账面价值的差额，借记“营业外支出”科目或贷记“营业外收入”科目，按发生的初始直接费用，贷记“银行存款”等科目，按其差额，贷记“未实现融资收益”科目。

（二）采用递延方式分期收款销售商品或提供劳务等经营活动产生的长期应收款，满足收入确认条件的，按应收的合同或协议价款，借记本科目，按应收合同或协议价款的公允价值（折现值），贷记“主营业务收入”等科目，按其差额，贷记“未实现融资收益”科目。涉及增值税的，还应进行相应的处理。

（三）如有实质上构成对被投资单位净投资的长期权益，被投资单位发生的净亏损应由本企业承担的部分，在“长期股权投资”的账面价值减记至零以后，还需承担的投资损失，应以本科目中实质上构成了对被投资单位净投资的长期权益部分账面价值减记至零为限，继续确认投资损失，借记“投资收益”科目，贷记本科目。除上述已确认投资损失外，投资合同或协议中约定仍应承担的损失，确认为预计负债。

四、本科目的期末借方余额，反映企业尚未收回的长期应收款。

1532　未实现融资收益

一、本科目核算企业分期计入租赁收入或利息收入的未实现融资收益。

二、本科目可按未实现融资收益项目进行明细核算。

三、未实现融资收益的主要账务处理。

（一）出租人融资租赁产生的应收租赁款，在租赁期开始日，应按租赁开始日最低租赁收款额与初始直接费用之和，借记“长期应收款”科目，按未担保余值，借记“未担保余值”科目，按融资租赁资产的公允价值（最低租赁收款额的现值和未担保余值的现值之和），贷记“融资租赁资产”科目，按融资租赁资产的公允价值与账面价值的差额，借记“营业外支出”科目或贷记“营业外收入”科目，按发生的初始直接费用，贷记“银行存款”等科目，按其差额，贷记本科目。

采用实际利率法按期计算确定的融资收入，借记本科目，贷记“租赁收入”科目。

（二）采用递延方式分期收款、实质上具有融资性质的销售商品或提供劳务等经营活动产生的长期应收款，满足收入确认条件的，按应收的合同或协议价款，借记“长期应收款”

科目，按应收的合同或协议价款的公允价值，贷记“主营业务收入”等科目，按其差额，贷记本科目。涉及增值税的，还应进行相应的处理。

采用实际利率法按期计算确定的利息收入，借记本科目，贷记“财务费用”科目。

四、本科目期末贷方余额，反映企业尚未转入当期收益的未实现融资收益。

1601　固定资产

一、本科目核算企业持有的固定资产原价。建造承包商的临时设施，以及企业购置计算机硬件所附带的、未单独计价的软件，也通过本科目核算。

二、本科目可按固定资产类别和项目进行明细核算。融资租入的固定资产，可在本科目设置“融资租入固定资产”明细科目。

三、固定资产的主要账务处理。

（一）企业购入不需要安装的固定资产，按应计入固定资产成本的金额，借记本科目，贷记“银行存款”等科目。购入需要安装的固定资产，先记入“在建工程”科目，达到预定可使用状态时再转入本科目。

购入固定资产超过正常信用条件延期支付价款、实质上具有融资性质的，按应付购买价款的现值，借记本科目或“在建工程”科目，按应支付的金额，贷记“长期应付款”科目，按其差额，借记“未确认融资费用”科目。

（二）自行建造达到预定可使用状态的固定资产，借记本科目，贷记“在建工程”科目。已达到预定可使用状态、但尚未办理竣工决算手续的固定资产，应按估计价值入账，待确定实际成本后再进行调整。

（三）融资租入的固定资产，在租赁期开始日，按应计入固定资产成本的金额（租赁开始日租赁资产公允价值与最低租赁付款额现值两者中较低者，加上初始直接费用），借记本科目或“在建工程”科目，按最低租赁付款额，贷记“长期应付款”科目，按发生的初始直接费用，贷记“银行存款”等科目，按其差额，借记“未确认融资费用”科目。

租赁期届满，企业取得该项固定资产所有权的，应将该项固定资产从“融资租入固定资产”明细科目转入有关明细科目。

（四）固定资产存在弃置义务的，应在取得固定资产时，按预计弃置费用的现值，借记本科目，贷记“预计负债”科目。在该项固定资产的使用寿命内，计算确定各期应负担的利息费用，借记“财务费用”科目，贷记“预计负债”科目。

（五）处置固定资产时，按该项固定资产账面价值，借记“固定资产清理”科目，按已提的累计折旧，借记“累计折旧”科目，按其账面原价，贷记本科目。已计提减值准备的，还应同时结转已计提的减值准备。

四、本科目期末借方余额，反映企业固定资产的原价。

1602　累计折旧

一、本科目核算企业固定资产的累计折旧。

二、本科目可按固定资产的类别或项目进行明细核算。

三、按期（月）计提固定资产的折旧，借记“制造费用”、“销售费用”、“管理费用”、“研发支出”、“其他业务成本”等科目，贷记本科目。处置固定资产还应同时结转累计折旧。

四、本科目期末贷方余额，反映企业固定资产的累计折旧额。

1603　固定资产减值准备

一、本科目核算企业固定资产的减值准备。

二、资产负债表日，固定资产发生减值的，按应减记的金额，借记“资产减值损失”科目，贷记本科目。处置固定资产还应同时结转减值准备。

三、本科目期末贷方余额，反映企业已计提但尚未转销的固定资产减值准备。

1604　在建工程

一、本科目核算企业基建、更新改造等在建工程发生的支出。在建工程发生减值的，可以单独设置“在建工程减值准备”科目，

比照“固定资产减值准备”科目进行处理。企业（石油天然气开采）发生的油气勘探支出和油气开发支出，可以单独设置“油气勘探支出”、“油气开发支出”科目。

二、本科目可按“建筑工程”、“安装工程”、“在安装设备”、“待摊支出”以及单项工程等进行明细核算。

三、企业在建工程发生的管理费、征地费、可行性研究费、临时设施费、公证费、监理费及应负担的税费等，借记本科目（待摊支出），贷记“银行存款”等科目。

四、企业发包的在建工程，应按合理估计的发包工程进度和合同规定结算的进度款，借记本科目，贷记“银行存款”、“预付账款”等科目。将设备交付建造承包商建造安装时，借记本科目（在安装设备），贷记“工程物资”科目。

工程完成时，按合同规定补付的工程款，借记本科目，贷记“银行存款”科目。

五、企业自营在建工程的主要账务处理。

（一）自营的在建工程领用工程物资、原材料或库存商品的，借记本科目，贷记“工程物资”、“原材料”、“库存商品”等科目。采用计划成本核算的，应同时结转应分摊的成本差异。涉及增值税的，还应进行相应的处理。

在建工程应负担的职工薪酬，借记本科目，贷记“应付职工薪酬”科目。

辅助生产部门为工程提供的水、电、设备安装、修理、运输等劳务，借记本科目，贷记“生产成本——辅助生产成本”等科目。

在建工程发生的借款费用满足借款费用资本化条件的，借记本科目，贷记“长期借款”、“应付利息”等科目。

（二）在建工程进行负荷联合试车发生的费用，借记本科目（待摊支出），贷记“银行存款”、“原材料”等科目；试车形成的产品或副产品对外销售或转为库存商品的，借记“银行存款”、“库存商品”等科目，贷记本科目（待摊支出）。

（三）在建工程达到预定可使用状态时，应计算分配待摊支出，借记本科目（××工程），贷记本科目（待摊支出）；结转在建工程成本，借记“固定资产”等科目，贷记本科目（××工程）。

在建工程完工已领出的剩余物资应办理退库手续，借记“工程物资”科目，贷记本科目。

（四）建设期间发生的工程物资盘亏、报废及毁损净损失，借记本科目，贷记“工程物资”科目；盘盈的工程物资或处置净收益做相反的会计分录。

由于自然灾害等原因造成的在建工程报废或毁损，减去残料价值和过失人或保险公司等赔款后的净损失，借记“营业外支出——非常损失”科目，贷记本科目（建筑工程、安装工程等）。

六、本科目的期末借方余额，反映企业尚未达到预定可使用状态的在建工程的成本。

1605 工程物资

一、本科目核算企业为在建工程准备的各种物资的成本，包括工程用材料、尚未安装的设备以及为生产准备的工器具等。

二、本科目可按“专用材料”、“专用设备”、“工器具”等进行明细核算。工程物资发生减值的，可以单独设置“工程物资减值准备”科目，比照“固定资产减值准备”科目进行处理。

三、工程物资的主要账务处理。

（一）购入为工程准备的物资，借记本科目，贷记“银行存款”、“其他应付款”等科目。

（二）领用工程物资，借记“在建工程”科目，贷记本科目。工程完工后将领出的剩余物资退库时做相反的会计分录。已计提减值准备的，还应同时结转减值准备。

（三）工程完工后剩余的工程物资转作本企业存货的，借记“原材料”等科目，贷记本科目。

四、本科目期末借方余额，反映企业为在建工程准备的各种物资的成本。

1606 固定资产清理

一、本科目核算企业因出售、报废、毁损、对外投资、非货币性资产交换、债务重组等原因转出的固定资产价值以及在清理过程中发生的费用等。

二、本科目可按被清理的固定资产项目进行明细核算。

三、固定资产清理的主要账务处理。

（一）企业因出售、报废、毁损、对外投资、非货币性资产交换、债务重组等转出的固定资产，按该项固定资产的账面价值，借记本科目，按已计提的累计折旧，借记“累计折旧”科目，按其账面原价，贷记“固定资产”科目。已计提减值准备的，还应同时结转减值准备。

（二）清理过程中应支付的相关税费及其他费用，借记本科目，贷记“银行存款”、“应交税费——应交营业税”等科目。收回出售固定资产的价款、残料价值和变价收入等，借记“银行存款”、“原材料”等科目，贷记本科目。应由保险公司或过失人赔偿的损失，借记“其他应收款”等科目，贷记本科目。

（三）固定资产清理完成后，属于生产经营期间正常的处理损失，借记“营业外支出——处置非流动资产损失”科目，贷记本科目；属于自然灾害等非正常原因造成的损失，借记“营业外支出——非常损失”科目，贷记本科目。如为贷方余额，借记本科目，贷记“营业外收入”科目。

四、本科目期末借方余额，反映企业尚未清理完毕的固定资产清理净损失。

1701　无形资产

一、本科目核算企业持有的无形资产成本，包括专利权、非专利技术、商标权、著作权、土地使用权等。

二、本科目可按无形资产项目进行明细核算。

三、无形资产的主要账务处理。

（一）企业外购的无形资产，按应计入无形资产成本的金额，借记本科目，贷记“银行存款”等科目。

自行开发的无形资产，按应予资本化的支出，借记本科目，贷记“研发支出”科目。

（二）无形资产预期不能为企业带来经济利益的，应按已计提的累计摊销，借记“累计摊销”科目，按其账面余额，贷记本科目，按其差额，借记“营业外支出”科目。已计提减值准备的，还应同时结转减值准备。

（三）处置无形资产，应按实际收到的金额等，借记“银行存款”等科目，按已计提的累计摊销，借记“累计摊销”科目，按应支付的相关税费及其他费用，贷记“应交税费”、“银行存款”等科目，按其账面余额，贷记本科目，按其差额，贷记“营业外收入——处置非流动资产利得”科目或借记“营业外支出——处置非流动资产损失”科目。已计提减值准备的，还应同时结转减值准备。

四、本科目期末借方余额，反映企业无形资产的成本。

1702　累计摊销

一、本科目核算企业对使用寿命有限的无形资产计提的累计摊销。

二、本科目可按无形资产项目进行明细核算。

三、企业按期（月）计提无形资产的摊销，借记“管理费用”、“其他业务成本”等科目，贷记本科目。处置无形资产还应同时结转累计摊销。

四、本科目期末贷方余额，反映企业无形资产的累计摊销额。

1703　无形资产减值准备

一、本科目核算企业无形资产的减值准备。

二、本科目可按无形资产项目进行明细核算。

三、资产负债表日，无形资产发生减值的，按应减记的金额，借记“资产减值损失”科目，贷记本科目。处置无形资产还应同时结转减值准备。

四、本科目期末贷方余额，反映企业已计提但尚未转销的无形资产减值准备。

1711　商誉

一、本科目核算企业合并中形成的商誉价值。商誉发生减值的，可以单独设置“商誉减值准备”科目，比照“无形资产减值准备”科目进行处理。

二、非同一控制下企业合并中确定的商誉价值，借记本科目，贷记有关科目。

三、本科目期末借方余额，反映企业商誉的价值。

1801　长期待摊费用

一、本科目核算企业已经发生但应由本期和以后各期负担的分摊期限在 1 年以上的各项费用，如以经营租赁方式租入的固定资产发生的改良支出等。

二、本科目可按费用项目进行明细核算。

三、企业发生的长期待摊费用，借记本科目，贷记“银行存款”、“原材料”等科目。摊销长期待摊费用，借记“管理费用”、“销售费用”等科目，贷记本科目。

四、本科目期末借方余额，反映企业尚未摊销完毕的长期待摊费用。

1811　递延所得税资产

一、本科目核算企业确认的可抵扣暂时性差异产生的递延所得税资产。

二、本科目应按可抵扣暂时性差异等项目进行明细核算。根据税法规定可用以后年度税前利润弥补的亏损及税款抵减产生的所得税资产，也在本科目核算。

三、递延所得税资产的主要账务处理。

（一）资产负债表日，企业确认的递延所得税资产，借记本科目，贷记“所得税费用——递延所得税费用”科目。资产负债表日递延所得税资产的应有余额大于其账面余额的，应按其差额确认，借记本科目，贷记“所得税费用——递延所得税费用”等科目；资产负债表日递延所得税资产的应有余额小于其账面余额的差额做相反的会计分录。

企业合并中取得资产、负债的入账价值与其计税基础不同形成可抵扣暂时性差异的，应于购买日确认递延所得税资产，借记本科目，贷记“商誉”等科目。

与直接计入所有者权益的交易或事项相关的递延所得税资产，借记本科目，贷记“资本公积——其他资本公积”科目。

（二）资产负债表日，预计未来期间很可能无法获得足够的应纳税所得额用以抵扣可抵扣暂时性差异的，按原已确认的递延所得税资产中应减记的金额，借记“所得税费用——递延所得税费用”、“资本公积——其他资本公积”等科目，贷记本科目。

四、本科目期末借方余额，反映企业确认的递延所得税资产。

1901　待处理财产损溢

一、本科目核算企业在清查财产过程中查明的各种财产盘盈、盘亏和毁损的价值。物资在运输途中发生的非正常短缺与损耗，也通过本科目核算。企业如有盘盈固定资产的，应作为前期差错记入“以前年度损益调整”科目。

二、本科目可按盘盈、盘亏的资产种类和项目进行明细核算。

三、待处理财产损溢的主要账务处理。

（一）盘盈的各种材料、产成品、商品、生物资产等，借记“原材料”、“库存商品”等科目，贷记本科目。

盘亏、毁损的各种材料、产成品、商品、生物资产等，盘亏的固定资产，借记本科目，贷记“原材料”、“库存商品”、“固定资产”等科目。材料、产成品、商品采用计划成本（或售价）核算的，还应同时结转成本差异（或商品进销差价）。涉及增值税的，还应进行相应处理。

（二）盘亏、毁损的各项资产，按管理权限报经批准后处理时，按残料价值，借记“原材料”等科目，按可收回的保险赔偿或过失人赔偿，借记“其他应收款”科目，按本科目余额，贷记本科目，按其借方差额，借记“管理费用”、“营业外支出”等科目。

盘盈的除固定资产以外的其他财产，借记本科目，贷记“管理费用”、“营业外收入”等科目。

四、企业的财产损溢，应查明原因，在期末结账前处理完毕，处理后本科目应无余额。

2001　短期借款

一、本科目核算企业向银行或其他金融机构等借入的期限在1年以下（含1年）的各种借款。

二、本科目可按借款种类、贷款人和币种进行明细核算。

三、企业借入的各种短期借款，借记“银行存款”科目，贷记本科目；归还借款做相反的会计分录。资产负债表日，应按计算确定的短期借款利息费用，借记“财务费用”、“利息支出”等科目，贷记“银行存款”、“应付利息”等科目。

四、本科目期末贷方余额，反映企业尚未偿还的短期借款。

2101　交易性金融负债

一、本科目核算企业承担的交易性金融负债的公允价值。企业持有的直接指定为以公允价值计量且其变动计入当期损益的金融负债，也在本科目核算。衍生金融负债在“衍生工具”科目核算。

二、本科目可按交易性金融负债类别，分别“本金”、“公允价值变动”等进行明细核算。

三、交易性金融负债的主要账务处理。

（一）企业承担的交易性金融负债，应按实际收到的金额，借记“银行存款”等科目，按发生的交易费用，借记“投资收益”科目，按交易性金融负债的公允价值，贷记本科目（本金）。

（二）资产负债表日，按交易性金融负债票面利率计算的利息，借记“投资收益”科目，贷记“应付利息”科目。

资产负债表日，交易性金融负债的公允价值高于其账面余额的差额，借记“公允价值变动损益”科目，贷记本科目（公允价值变动）；公允价值低于其账面余额的差额做相反的会计分录。

（三）处置交易性金融负债，应按该金融负债的账面余额，借记本科目，按实际支付的金额，贷记“银行存款”等科目，按其差额，贷记或借记“投资收益”科目。同时，按该金融负债的公允价值变动，借记或贷记“公允价值变动损益”科目，贷记或借记“投资收益”科目。

四、本科目期末贷方余额，反映企业承担的交易性金融负债的公允价值。

2201　应付票据

一、本科目核算企业购买材料、商品和接受劳务供应等开出、承兑的商业汇票，包括银行承兑汇票和商业承兑汇票。

二、本科目可按债权人进行明细核算。

三、应付票据的主要账务处理。

（一）企业开出、承兑商业汇票或以承兑商业汇票抵付货款、应付账款等，借记“材料采购”、“库存商品”等科目，贷记本科目。涉及增值税进项税额的，还应进行相应的处理。

（二）支付银行承兑汇票的手续费，借记“财务费用”科目，贷记“银行存款”科目。支付票款，借记本科目，贷记“银行存款”科目。

（三）银行承兑汇票到期，企业无力支付票款的，按应付票据的票面金额，借记本科目，贷记“短期借款”科目。

四、企业应当设置“应付票据备查簿”，详细登记商业汇票的种类、号数和出票日期、到期日、票面金额、交易合同号和收款人姓名或单位名称以及付款日期和金额等资料。应付票据到期结清时，在备查簿中应予注销。

五、本科目期末贷方余额，反映企业尚未到期的商业汇票的票面金额。

2202　应付账款

一、本科目核算企业因购买材料、商品和接受劳务等经营活动应支付的款项。

二、本科目可按债权人进行明细核算。

三、企业购入材料、商品等验收入库，但货款尚未支付，根据有关凭证（发票账单、随货同行发票上记载的实际价款或暂估价值），借记“材料采购”、“在途物资”等科目，按应付的款项，贷记本科目。

接受供应单位提供劳务而发生的应付未付款项，根据供应单位的发票账单，借记“生产成本”、“管理费用”等科目，贷记本科目。支付时，借记本科目，贷记“银行存款”等科目。

上述交易涉及增值税进项税额的，还应进行相应的处理。

四、企业与债权人进行债务重组，应当分别债务重组的不同方式进行处理。

（一）以低于重组债务账面价值的款项清偿债务的，应按应付账款的账面余额，借记本科目，按实际支付的金额，贷记“银行存款”科目，按其差额，贷记“营业外收入——债务重组利得”科目。

（二）以非现金资产清偿债务的，应按应付账款的账面余额，借记本科目，按用于清偿债务的非现金资产的公允价值，贷记“主营业务收入”、“其他业务收入”、“固定资产清理”、“无形资产”、“长期股权投资”等科目，按应支付的相关税费和其他费用，贷记“应交税费”、“银行存款”等科目，按其差额，贷记“营业外收入——债务重组利得”科目。

抵债资产为存货的，还应同时结转成本，记入“主营业务成本”、“其他业务成本”等科目；抵债资产为固定资产、无形资产的，其公允价值和账面价值的差额，记入“营业外收入——处置非流动资产利得”或“营业外支出——处置非流动资产损失”科目；抵债资产为可供出售金融资产、持有至到期投资、长期股权投资等的，其公允价值和账面价值的差额，记入“投资收益”科目。

（三）以债务转为资本，应按应付账款的账面余额，借记本科目，按债权人因放弃债权而享有股权的公允价值，贷记“实收资本”或“股本”、“资本公积——资本溢价或股本溢价”科目，按其差额，贷记“营业外收入——债务重组利得”科目。

（四）以修改其他债务条件进行清偿的，应将重组债务的账面余额与重组后债务的公允价值的差额，借记本科目，贷记“营业外收入——债务重组利得”科目。

五、本科目期末贷方余额，反映企业尚未支付的应付账款余额。

2203　预收账款

一、本科目核算企业按照合同规定预收的款项。预收账款情况不多的，也可以不设置本科目，将预收的款项直接记入“应收账款”科目。

企业（保险）收到未满足保费收入确认条件的保险费，可将本科目改为“2203 预收保费”科目，并按投保人进行明细核算；从事再保险分出业务预收的赔款，可以单独设置“预收赔付款”科目。

二、本科目可按购货单位进行明细核算。

三、预收账款的主要账务处理。

企业向购货单位预收的款项，借记“银行存款”等科目，贷记本科目；销售实现时，按实现的收入，借记本科目，贷记“主营业务收入”科目。涉及增值税销项税额的，还应进行相应的处理。

2211　应付职工薪酬

一、本科目核算企业根据有关规定应付给职工的各种薪酬。企业（外商）按规定从净利润中提取的职工奖励及福利基金，也在本科目核算。

二、本科目可按“工资”、“职工福利”、“社会保险费”、“住房公积金”、“工会经费”、“职工教育经费”、“非货币性福利”、“辞退福利”、“股份支付”等进行明细核算。

三、企业发生应付职工薪酬的主要账务处理。

（一）生产部门人员的职工薪酬，借记“生产成本”、“制造费用”、“劳务成本”等科目，贷记本科目。应由在建工程、研发支出负担的职工薪酬，借记“在建工程”、“研发支出”等科目，贷记本科目。管理部门人员、销售人员的职工薪酬，借记“管理费用”或“销售费用”科目，贷记本科目。

（二）企业以其自产产品发放给职工作为职工薪酬的，借记“管理费用”、“生产成本”、“制造费用”等科目，贷记本科目。

无偿向职工提供住房等固定资产使用的，按应计提的折旧额，借记“管理费用”、“生产成本”、“制造费用”等科目，贷记本科目；同时，借记本科目，贷记“累计折旧”科目。

租赁住房等资产供职工无偿使用的，按每期应支付的租金，借记“管理费用”、“生产成本”、“制造费用”等科目，贷记本科目。

（三）因解除与职工的劳动关系给予的补偿，借记“管理费用”科目，贷记本科目。

（四）企业以现金与职工结算的股份支付，在等待期内每个资产负债表日，按当期应确认的成本费用金额，借记“管理费用”、“生产成本”、“制造费用”等科目，贷记本科目。在可行权日之后，以现金结算的股份支付当期公允价值的变动金额，借记或贷记“公允价值变动损益”科目，贷记或借记本科目。企业（外商）按规定从净利润中提取的职工奖励及福利基金，借记“利润分配——提取的职工奖励及福利基金”科目，贷记本科目。

四、企业发放职工薪酬的主要账务处理。

（一）向职工支付工资、奖金、津贴、福利费等，从应付职工薪酬中扣还的各种款项（代垫的家属药费、个人所得税等）等，借记本科目，贷记“银行存款”、“库存现金”、“其他应收款”、“应交税费——应交个人所得税”等科目。

（二）支付工会经费和职工教育经费用于工会活动和职工培训，借记本科目，贷记“银行存款”等科目。

（三）按照国家有关规定缴纳社会保险费和住房公积金，借记本科目，贷记“银行存款”科目。

（四）企业以其自产产品发放给职工的，借记本科目，贷记“主营业务收入”科目；同时，还应结转产成品的成本。涉及增值税销项税额的，还应进行相应的处理。

支付租赁住房等资产供职工无偿使用所发生的租金，借记本科目，贷记“银行存款”等科目。

（五）企业以现金与职工结算的股份支付，在行权日，借记本科目，贷记“银行存款”、“库存现金”等科目。

（六）企业因解除与职工的劳动关系给予职工的补偿，借记本科目，贷记“银行存款”、“库存现金”等科目。

五、本科目期末贷方余额，反映企业应付未付的职工薪酬。

2221　应交税费

一、本科目核算企业按照税法等规定计算应交纳的各种税费，包括增值税、消费税、营业税、所得税、资源税、土地增值税、城市维护建设税、房产税、土地使用税、车船使用税、教育费附加、矿产资源补偿费等。

企业代扣代交的个人所得税等，也通过本科目核算。

二、本科目可按应交的税费项目进行明细核算。应交增值税还应分别“进项税额”、“销项税额”、“出口退税”、“进项税额转出”、“已交税金”等设置专栏。三、应交增值税的主要账务处理。

（一）企业采购物资等，按应计入采购成本的金额，借记“材料采购”、“在途物资”或“原材料”、“库存商品”等科目，按可抵扣的增值税额，借记本科目（应交增值税——进项税额），按应付或实际支付的金额，贷记“应付账款”、“应付票据”、“银行存款”等科目。购入物资发生退货做相反的会计分录。

（二）销售物资或提供应税劳务，按营业收入和应收取的增值税额，借记“应收账款”、“应收票据”、“银行存款”等科目，按专用发票上注明的增值税额，贷记本科目（应交增值税——销项税额），按确认的营业收入，贷记“主营业务收入”、“其他业务收入”等科目。发生销售退回做相反的会计分录。

（三）出口产品按规定退税的，借记“其他应收款”科目，贷记本科目（应交增值税——出口退税）。

（四）交纳的增值税，借记本科目（应交增值税——已交税金），贷记“银行存款”科目。

企业（小规模纳税人）以及购入材料不能抵扣增值税的，发生的增值税计入材料成本，借记“材料采购”、“在途物资”等科目，贷记本科目。

四、企业按规定计算应交的消费税、营业税、资源税、城市维护建设税、教育费附加等，借记“营业税金及附加”科目，贷记本科目。实际交纳时，借记本科目，贷记“银行存款”等科目。

出售不动产计算应交的营业税，借记“固定资产清理”等科目，贷记本科目（应交营业税）。

五、企业转让土地使用权应交的土地增值税，土地使用权与地上建筑物及其附着物一并在“固定资产”等科目核算的，借记“固定资产清理”等科目，贷记本科目（应交土地增值税）。土地使用权在“无形资产”科目核算的，按实际收到的金额，借记“银行存款”科目，按应交的土地增值税，贷记本科目（应交土地增值税），同时冲销土地使用权的账面价值，贷记“无形资产”科目，按其差额，借记“营业外支出”科目或贷记“营业外收入”科目。实际交纳土地增值税时，借记本科目，贷记“银行存款”等科目。

企业按规定计算应交的房产税、土地使用税、车船使用税、矿产资源补偿费，借记“管理费用”科目，贷记本科目。实际交纳时，借记本科目，贷记“银行存款”等科目。

六、企业按照税法规定计算应交的所得税，借记“所得税费用”等科目，贷记本科目（应交所得税）。交纳的所得税，借记本科目，贷记“银行存款”等科目。

七、本科目期末贷方余额，反映企业尚未交纳的税费；期末如为借方余额，反映企业多交或尚未抵扣的税费。

2231　应付利息

一、本科目核算企业按照合同约定应支付的利息，包括吸收存款、分期付息到期还本的长期借款、企业债券等应支付的利息。

二、本科目可按存款人或债权人进行明细核算。

三、资产负债表日，应按摊余成本和实际利率计算确定的利息费用，借记“利息支出”、“在建工程”、“财务费用”、“研发支出”等科目，按合同利率计算确定的应付未付利息，贷记本科目，按其差额，借记或贷记“长期借款——利息调整”、“吸收存款——利息调整”等科目。

合同利率与实际利率差异较小的，也可以采用合同利率计算确定利息费用。实际支付利息时，借记本科目，贷记“银行存款”等科目。

四、本科目期末贷方余额，反映企业应付未付的利息。

2232　应付股利

一、本科目核算企业分配的现金股利或利润。

二、本科目可按投资者进行明细核算

。三、企业根据股东大会或类似机构审议批准的利润分配方案，按应支付的现金股利或利润，借记“利润分配”科目，贷记本科目。实际支付现金股利或利润，借记本科目，贷记“银行存款”等科目。董事会或类似机构通过的利润分配方案中拟分配的现金股利或利润，不做账务处理，但应在附注中披露。

四、本科目期末贷方余额，反映企业应付未付的现金股利或利润。

2241　其他应付款

一、本科目核算企业除应付票据、应付账款、预收账款、应付职工薪酬、应付利息、应付股利、应交税费、长期应付款等以外的其他各项应付、暂收的款项。

二、本科目可按其他应付款的项目和对方单位（或个人）进行明细核算。

三、企业采用售后回购方式融入资金的，应按实际收到的金额，借记“银行存款”科目，贷记本科目。回购价格与原销售价格之间的差额，应在售后回购期间内按期计提利息费用，借记“财务费用”科目，贷记本科目。按照合同约定购回该项商品等时，应按实际支付的金额，借记本科目，贷记“银行存款”科目。

四、企业发生的其他各种应付、暂收款项，借记“管理费用”等科目，贷记本科目；支付的其他各种应付、暂收款项，借记本科目，贷记“银行存款”等科目。

五、本科目期末贷方余额，反映企业应付未付的其他应付款项。

2401　递延收益

一、本科目核算企业确认的应在以后期间计入当期损益的政府补助。

二、本科目可按政府补助的项目进行明细核算。

三、递延收益的主要账务处理。

（一）企业收到或应收的与资产相关的政府补助，借记“银行存款”、“其他应收款”等科目，贷记本科目。在相关资产使用寿命内分配递延收益，借记本科目，贷记“营业外收入”科目。

（二）与收益相关的政府补助，用于补偿企业以后期间相关费用或损失的，按收到或应收的金额，借记“银行存款”、“其他应收款”等科目，贷记本科目。在发生相关费用或损失的未来期间，按应补偿的金额，借记本科目，贷记“营业外收入”科目。用于补偿企业已发生的相关费用或损失的，按收到或应收的金额，借记“银行存款”、“其他应收款”等科目，贷记“营业外收入”科目。

四、本科目期末贷方余额，反映企业应在以后期间计入当期损益的政府补助。

2501　长期借款

一、本科目核算企业向银行或其他金融机构借入的期限在1年以上（不含1年）的各项借款。

二、本科目可按贷款单位和贷款种类，分别“本金”、“利息调整”等进行明细核算。

三、长期借款的主要账务处理。

（一）企业借入长期借款，应按实际收到的金额，借记“银行存款”科目，贷记本科目（本金）。如存在差额，还应借记本科目（利息调整）。

（二）资产负债表日，应按摊余成本和实际利率计算确定的长期借款的利息费用，借记“在建工程”、“制造费用”、“财务费用”、“研发支出”等科目，按合同利率计算确定的应付未付利息，贷记“应付利息”科目，按其差额，贷记本科目（利息调整）。

实际利率与合同利率差异较小的，也可以采用合同利率计算确定利息费用。

（三）归还的长期借款本金，借记本科目（本金），贷记“银行存款”科目。同时，存在利息调整余额的，借记或贷记“在建工程”、“制造费用”、“财务费用”、“研发支出”等科目，贷记或借记本科目（利息调整）。

四、本科目期末贷方余额，反映企业尚未偿还的长期借款。

2502 应付债券

一、本科目核算企业为筹集（长期）资金而发行债券的本金和利息。企业发行的可转换公司债券，应将负债和权益成份进行分拆，。分拆后形成的负债成份在本科目核算。

二、本科目可按“面值”、“利息调整”、“应计利息”等进行明细核算。

三、应付债券的主要账务处理。

（一）企业发行债券，应按实际收到的金额，借记“银行存款”等科目，按债券票面金额，贷记本科目（面值）。存在差额的，还应借记或贷记本科目（利息调整）。

发行的可转换公司债券，应按实际收到的金额，借记“银行存款”

等科目，按该项可转换公司债券包含的负债成份的面值，贷记本科目（可转换公司债券—面值），按权益成份的公允价值，贷记“资本公积——其他资本公积”科目，按其差额，借记或贷记本科目（利息调整）。

（二）资产负债表日，对于分期付息、一次还本的债券，应按摊余成本和实际利率计算确定的债券利息费用，借记“在建工程”、“制造费用”、“财务费用”、“研发支出”等科目，按票面利率计算确定的应付未付利息，贷记“应付利息”科目，按其差额，借记或贷记本科目（利息调整）。对于一次还本付息的债券，应于资产负债表日按摊余成本和实际利率计算确定的债券利息费用，借记“在建工程”、“制造费用”、“财务费用”、“研发支出”等科目，按票面利率计算确定的应付未付利息，贷记本科目（应计利息），按其差额，借记或贷记本科目（利息调整）。实际利率与票面利率差异较小的，也可以采用票面利率计算确定利息费用。

（三）长期债券到期，支付债券本息，借记本科目（面值、应计利息）、“应付利息”等科目，贷记“银行存款”等科目。同时，存在利息调整余额的，借记或贷记本科目（利息调整），贷记或借记“在建工程”、“制造费用”、“财务费用”、“研发支出”等科目。

（四）可转换公司债券持有人行使转换权利，将其持有的债券转换为股票，按可转换公司债券的余额，借记本科目（可转换公司债券—面值、利息调整），按其权益成份的金额，借记“资本公积——其他资本公积”科目，按股票面值和转换的股数计算的股票面值总额，贷记“股本”科目，按其差额，贷记“资本公积——股本溢价”科目。如用现金支付不可转换股票的部分，还应贷记“银行存款”等科目。

四、企业应当设置“企业债券备查簿”，详细登记企业债券的票面金额、债券票面利率、还本付息期限与方式、发行总额、发行日期和编号、委托代售单位、转换股份等资料。企业债券到期兑付，在备查簿中应予注销。

五、本科目期末贷方余额，反映企业尚未偿还的长期债券摊余成本。

2701 长期应付款

一、本科目核算企业除长期借款和应付债券以外的其他各种长期应付款项，包括应付融资租入固定资产的租赁费、以分期付款方式购入固定资产等发生的应付款项等。

二、本科目可按长期应付款的种类和债权人进行明细核算。

三、长期应付款的主要账务处理。

（一）企业融资租入的固定资产，在租赁期开始日，按应计入固定资产成本的金额（租赁开始日租赁资产公允价值与最低租赁付款额现值两者中较低者，加上初始直接费用），借记“在建工程”或“固定资产”科目，按最低租赁付款额，贷记本科目，按发生的初始直接费用，贷记“银行存款”等科目，按其差额，借记“未确认融资费用”科目。

按期支付的租金，借记本科目，贷记“银行存款”等科目。

（二）购入有关资产超过正常信用条件延期支付价款、实质上具有融资性质的，应按购买价款的现值，借记“固定资产”、“在建工程”等科目，按应支付的金额，贷记本科目，按其差额，借记“未确认融资费用”科目。

按期支付的价款，借记本科目，贷记“银行存款”科目。

四、本科目期末贷方余额，反映企业应付未付的长期应付款项。

2702 未确认融资费用

一、本科目核算企业应当分期计入利息费用的未确认融资费用。

二、本科目可按债权人和长期应付款项目进行明细核算。

三、未确认融资费用的主要账务处理。

（一）企业融资租入的固定资产，在租赁期开始日，按应计入固定资产成本的金额（租赁开始日租赁资产公允价值与最低租赁付款额现值两者中较低者，加上初始直接费用），借记“在建工程”或“固定资产”科目，按最低租赁付款额，贷记“长期应付款”科目，按发生的初始直接费用，贷记“银行存款”等科目，按其差额，借记本科目。

采用实际利率法分期摊销未确认融资费用，借记“财务费用”、“在建工程”等科目，贷记本科目。

（二）购入有关资产超过正常信用条件延期支付价款、实质上具有融资性质的，应按购买价款的现值，借记“固定资产”、“在建工程”等科目，按应支付的金额，贷记“长期应付款”科目，按其差额，借记本科目。

采用实际利率法分期摊销未确认融资费用，借记“在建工程”、“财务费用”等科目，贷记本科目。

四、本科目期末借方余额，反映企业未确认融资费用的摊余价值。

2711 专项应付款

一、本科目核算企业取得政府作为企业所有者投入的具有专项或特定用途的款项。

二、本科目可按资本性投资项目进行明细核算。

三、企业收到或应收的资本性拨款，借记“银行存款”等科目，贷记本科目。将专项或特定用途的拨款用于工程项目，借记“在建工程”等科目，贷记“银行存款”、“应付职工薪酬”等科目。

工程项目完工形成长期资产的部分，借记本科目，贷记“资本公积——资本溢价”科目；对未形成长期资产需要核销的部分，借记本科目，贷记“在建工程”等科目；拨款结余需要返还的，借记本科目，贷记“银行存款”科目。

上述资本溢价转增实收资本或股本，借记“资本公积——资本溢价或股本溢价”科目，贷记“实收资本”或“股本”科目。

四、本科目期末贷方余额，反映企业尚未转销的专项应付款。

2801 预计负债

一、本科目核算企业确认的对外提供担保、未决诉讼、产品质量保证、重组义务、亏损性合同等预计负债。

二、本科目可按形成预计负债的交易或事项进行明细核算。

三、预计负债的主要账务处理。

（一）企业由对外提供担保、未决诉讼、重组义务产生的预计负债，应按确定的金额，借记“营业外支出”等科目，贷记本科目。由产品质量保证产生的预计负债，应按确定的金额，借记“销售费用”科目，贷记本科目。

由资产弃置义务产生的预计负债，应按确定的金额，借记“固定资产”或“油气资产”科目，贷记本科目。在固定资产或油气资产的使用寿命内，按计算确定各期应负担的利息费用，借记“财务费用”科目，贷记本科目。

（二）实际清偿或冲减的预计负债，借记本科目，贷记“银行存款”等科目。

（三）根据确凿证据需要对已确认的预计负债进行调整的，调整增加的预计负债，借记有关科目，贷记本科目；调整减少的预计负债做相反的会计分录。

四、本科目期末贷方余额，反映企业已确认尚未支付的预计负债。

2901 递延所得税负债

一、本科目核算企业确认的应纳税暂时性差异产生的所得税负债。

二、本科目可按应纳税暂时性差异的项目进行明细核算。

三、递延所得税负债的主要账务处理。

（一）资产负债表日，企业确认的递延所得税负债，借记“所得税费用——递延所得税费用”科目，贷记本科目。资产负债表日递延所得税负债的应有余额大于其账面余额的，应按其差额确认，借记“所得税费用——递延所得税费用”科目，贷记本科目；资产负债表日递延所得税负债的应有余额小于其账面余额的做相反的会计分录。

与直接计入所有者权益的交易或事项相关的递延所得税负债，借记“资本公积——其他资本公积”科目，贷记本科目。

（二）企业合并中取得资产、负债的入账价值与其计税基础不同形成应纳税暂时性差异的，应于购买日确认递延所得税负债，同时调整商誉，借记“商誉”等科目，贷记本科目。

四、本科目期末贷方余额，反映企业已确认的递延所得税负债。

4001 实收资本

一、本科目核算企业接受投资者投入的实收资本。股份有限公司应将本科目改为“4001 股本”科目。企业收到投资者出资超过其在注册资本或股本中所占份额的部分，作为资本溢价或股本溢价，在“资本公积”科目核算。

二、本科目可按投资者进行明细核算。企业（中外合作经营）在合作期间归还投资者的投资，应在本科目设置“已归还投资”明细科目进行核算。

三、实收资本的主要账务处理。

（一）企业接受投资者投入的资本，借记“银行存款”、“其他应收款”、“固定资产”、“无形资产”、“长期股权投资”等科目，按其在注册资本或股本中所占份额，贷记本科目，按其差额，贷记“资本公积——资本溢价或股本溢价”科目。

（二）股东大会批准的利润分配方案中分配的股票股利，应在办理增资手续后，借记“利润分配”科目，贷记本科目。

经股东大会或类似机构决议，用资本公积转增资本，借记“资本公积——资本溢价或股本溢价”科目，贷记本科目。

（三）可转换公司债券持有人行使转换权利，将其持有的债券转换为股票，按可转换公司债券的余额，借记“应付债券——可转换公司债券（面值、利息调整）”科目，按其权益成份的金额，借记“资本公积——其他资本公积”科目，按股票面值和转换的股数计算的股票面值总额，贷记本科目，按其差额，贷记“资本公积——股本溢价”科目。如有现金支付不可转换股票，还应贷记“银行存款”等科目。

企业将重组债务转为资本的，应按重组债务的账面余额，借记“应付账款”等科目，按债权人因放弃债权而享有本企业股份的面值总额，贷记本科目，按股份的公允价值总额与相应的实收资本或股本之间的差额，贷记或借记“资本公积——资本溢价或股本溢价”科目，按其差额，贷记“营业外收入——债务重组利得”科目。

（四）以权益结算的股份支付换取职工或其他方提供服务的，应在行权日，按根据实际行权情况确定的金额，借记“资本公积——其他资本公积”科目，按应计入实收资本或股本的金额，贷记本科目。

四、企业按法定程序报经批准减少注册资本的，借记本科目，贷记“库存现金”、“银行存款”等科目。

股份有限公司采用收购本公司股票方式减资的，按股票面值和注销股数计算的股票面值总额，借记本科目，按所注销库存股的账面余额，贷记“库存股”科目，按其差额，借记“资本公积——股本溢价”科目，股本溢价不足冲减的，应借记“盈余公积”、“利润分配——未分配利润”科目；购回股票支付的价款低于面值总额的，应按股票面值总额，借记本科目，按所注销库存股的账面余额，贷记“库存股”科目，按其差额，贷记“资本公积——股本溢价”科目。

五、企业（中外合作经营）根据合同规定在合作期间归还投资者的投资，借记本科目（已归还投资），贷记“银行存款”等科目；同时，借记“利润分配——利润归还投资”科目，贷记“盈余公积——利润归还投资”科目。

中外合作经营清算，借记本科目、“资本公积”、“盈余公积”、“利润分配——未分配利润”等科目，贷记本科目（已归还投资）、“银行存款”等科目。

六、本科目期末贷方余额，反映企业实收资本或股本总额。

4002　资本公积

一、本科目核算企业收到投资者出资额超出其在注册资本或股本中所占份额的部分。直接计入所有者权益的利得和损失，也通过本科目核算。

二、本科目应当分别“资本溢价（股本溢价）”、“其他资本公积”进行明细核算。

三、资本公积的主要账务处理。

（一）企业接受投资者投入的资本、可转换公司债券持有人行使转换权利、将债务转为资本等形成的资本公积，借记有关科目，贷记“实收资本”或“股本”科目、本科目（资本溢价或股本溢价）等。

与发行权益性证券直接相关的手续费、佣金等交易费用，借记本科目（股本溢价）等，贷记“银行存款”等科目。经股东大会或类似机构决议，用资本公积转增资本，借记本科目（资本溢价或股本溢价），贷记“实收资本”或“股本”科目。

（二）同一控制下控股合并形成的长期股权投资，应在合并日按取得被合并方所有者权益账面价值的份额，借记“长期股权投资”科目，按享有被投资单位已宣告但尚未发放的现金股利或利润，借记“应收股利”科目，按支付的合并对价的账面价值，贷记有关资产科目或借记有关负债科目，按其差额，贷记本科目（资本溢价或股本溢价）；为借方差额的，借记本科目（资本溢价或股本溢价），资本公积（资本溢价或股本溢价）不足冲减的，借记“盈余公积”、“利润分配——未分配利润”科目。

同一控制下吸收合并涉及的资本公积，比照上述原则进行处理。

（三）长期股权投资采用权益法核算的，在持股比例不变的情况下，被投资单位除净损益以外所有者权益的其他变动，企业按持股比例计算应享有的份额，借记或贷记“长期股权投资——其他权益变动”科目，贷记或借记本科目（其他资本公积）。

处置采用权益法核算的长期股权投资，还应结转原记入资本公积的相关金额，借记或贷记本科目（其他资本公积），贷记或借记“投资收益”科目。

（四）以权益结算的股份支付换取职工或其他方提供服务的，应按照确定的金额，借记“管理费用”等科目，贷记本科目（其他资本公积）。

在行权日，应按实际行权的权益工具数量计算确定的金额，借记本科目（其他资本公积），按计入实收资本或股本的金额，贷记“实收资本”或“股本”科目，按其差额，贷记本科目（资本溢价或股本溢价）。

（五）自用房地产或存货转换为采用公允价值模式计量的投资性房地产，按照“投资性房地产”科目的相关规定进行处理，相应调整资本公积。

（六）将持有至到期投资重分类为可供出售金融资产，或将可供出售金融资产重分类为持有至到期投资的，按照“持有至到期投资”、“可供出售金融资产”等科目的相关规定进行处理，相应调整资本公积。

将可供出售金融资产重分类为采用成本或摊余成本计量的金融资产的，对于原记入资本公积的相关金额，还应分别不同情况进行处理：有固定到期日的，应在该项金融资产的剩余期限内，在资产负债表日，按采用实际利率法计算确定的摊销金额，借记或贷记本科目（其他资本公积），贷记或借记“投资收益”科目；没有固定到期日的，应在处置该项金融资产时，借记或贷记本科目（其他资本公积），贷记或借记“投资收益”科目。

可供出售金融资产的后续计量，按照“可供出售金融资产”科目的相关规定进行处理，相应调整资本公积。

（七）股份有限公司采用收购本公司股票方式减资的，按股票面值和注销股数计算的股票面值总额，借记“股本”科目，按所注销的库存股的账面余额，贷记“库存股”科目，按其差额，借记本科目（股本溢价），股本溢价不足冲减的，应借记“盈余公积”、“利润分配——未分配利润”科目；购回股票支付的价款低于面值总额的，应按股票面值总额，借记“股本”科目，按所注销的库存股的账面余额，贷记“库存股”科目，按其差额，贷记本科目（股本溢价）。

（八）资产负债表日，满足运用套期会计方法条件的现金流量套期和境外经营净投资套期产生的利得或损失，属于有效套期的，借记或贷记有关科目，贷记或借记本科目（其他资本公积）；属于无效套期的，借记或贷记有关科目，贷记或借记“公允价值变动损益”科目。

四、本科目期末贷方余额，反映企业的资本公积。

4101 盈余公积

一、本科目核算企业从净利润中提取的盈余公积。

二、本科目应当分别“法定盈余公积”、“任意盈余公积”进行明细核算。

外商投资企业还应分别“储备基金”、“企业发展基金”进行明细核算。

中外合作经营在合作期间归还投资者的投资，应在本科目设置“利润归还投资”明细科目进行核算。

三、盈余公积的主要账务处理。

（一）企业按规定提取的盈余公积，借记“利润分配——提取法定盈余公积、提取任意盈余公积”科目，贷记本科目（法定盈余公积、任意盈余公积）。

外商投资企业按规定提取的储备基金、企业发展基金、职工奖励及福利基金，借记“利润分配——提取储备基金、提取企业发展基金、提取职工奖励及福利基金”科目，贷记本科目（储备基金、企业发展基金）、“应付职工薪酬”科目。

（二）经股东大会或类似机构决议，用盈余公积弥补亏损或转增资本，借记本科目，贷记“利润分配——盈余公积补亏”、“实收资本”或“股本”科目。

经股东大会决议，用盈余公积派送新股，按派送新股计算的金额，借记本科目，按股票面值和派送新股总数计算的股票面值总额，贷记“股本”科目。

中外合作经营根据合同规定在合作期间归还投资者的投资，应按实际归还投资的金额，借记“实收资本——已归还投资”科目，贷记“银行存款”等科目；同时，借记“利润分配——利润归还投资”科目，贷记本科目（利润归还投资）。

四、本科目期末贷方余额，反映企业的盈余公积。

4103 本年利润

一、本科目核算企业当期实现的净利润（或发生的净亏损）。

二、企业期（月）末结转利润时，应将各损益类科目的金额转入本科目，结平各损益类科目。结转后本科目的贷方余额为当期实现的净利润；借方余额为当期发生的净亏损。

三、年度终了，应将本年收入和支出相抵后结出的本年实现的净利润，转入“利润分配”科目，借记本科目，贷记“利润分配——未分配利润”科目；如为净亏损做相反的会计分录。结转后本科目应无余额。

4104 利润分配

一、本科目核算企业利润的分配（或亏损的弥补）和历年分配（或弥补）后的余额。

二、本科目应当分别“提取法定盈余公积”、“提取任意盈余公积”、“应付现金股利或利润”、“转作股本的股利”、“盈余公积补亏”和“未分配利润”等进行明细核算。

三、利润分配的主要账务处理。

（一）企业按规定提取的盈余公积，借记本科目（提取法定盈余公积、提取任意盈余公积），贷记“盈余公积——法定盈余公积、任意盈余公积”科目。

外商投资企业按规定提取的储备基金、企业发展基金、职工奖励及福利基金，借记本科目（提取储备基金、提取企业发展基金、提取职工奖励及福利基金），贷记“盈余公积——储备基金、企业发展基金”、“应付职工薪酬”等科目。

（二）经股东大会或类似机构决议，分配给股东或投资者的现金股利或利润，借记本科目（应付现金股利或利润），贷记“应付股利”科目。

经股东大会或类似机构决议，分配给股东的股票股利，应在办理增资手续后，借记本科目（转作股本的股利），贷记“股本”科目。

用盈余公积弥补亏损，借记“盈余公积——法定盈余公积或任意盈余公积”科目，贷记本科目（盈余公积补亏）。

四、年度终了，企业应将本年实现的净利润，自“本年利润”科目转入本科目，借记“本年利润”科目，贷记本科目（未分配利润），为净亏损的做相反的会计分录；同时，将“利润分配”科目所属其他明细科目的余额转入本科目“未分配利润”明细科目。结转后，本科目除“未分配利润”明细科目外，其他明细科目应无余额。

五、本科目年末余额，反映企业的未分配利润（或未弥补亏损）。

4201 库存股

一、本科目核算企业收购、转让或注销的本公司股份金额。

二、库存股的主要账务处理。

（一）企业为减少注册资本而收购本公司股份的，应按实际支付的金额，借记本科目，贷记“银行存款”等科目。

（二）为奖励本公司职工而收购本公司股份的，应按实际支付的金额，借记本科目，贷记“银行存款”等科目，同时做备查登记。

将收购的股份奖励给本公司职工属于以权益结算的股份支付，如有实际收到的金额，借记“银行存款”科目，按根据职工获取奖励股份的实际情况确定的金额，借记“资本公积——其他资本公积”科目，按奖励库存股的账面余额，贷记本科目，按其差额，贷记或借记“资本公积——股本溢价”科目。

（三）股东因对股东大会作出的公司合并、分立决议持有异议而要求企业收购本公司股份的，企业应按实际支付的金额，借记本科目，贷记“银行存款”等科目。

（四）转让库存股，应按实际收到的金额，借记“银行存款”等科目，按转让库存股的账面余额，贷记本科目，按其差额，贷记“资本公积——股本溢价”科目；为借方差额的，借记“资本公积——股本溢价”科目，股本溢价不足冲减的，应借记“盈余公积”、“利润分配——未分配利润”科目。

（五）注销库存股，应按股票面值和注销股数计算的股票面值总额，借记“股本”科目，按注销库存股的账面余额，贷记本科目，按其差额，借记“资本公积——股本溢价”科目，股本溢价不足冲减的，应借记“盈余公积”、“利润分配——未分配利润”科目。

三、本科目期末借方余额，反映企业持有尚未转让或注销的本公司股份金额。

5001　生产成本

一、本科目核算企业进行工业性生产发生的各项生产成本，包括生产各种产品（产成品、自制半成品等）、自制材料、自制工具、自制设备等。

二、本科目可按基本生产成本和辅助生产成本进行明细核算。

基本生产成本应当分别按照基本生产车间和成本核算对象（产品的品种、类别、定单、批别、生产阶段等）设置明细账（或成本计算单，下同），并按照规定的成本项目设置专栏。

三、生产成本的主要账务处理。

企业发生的各项直接生产成本，借记本科目（基本生产成本、辅助生产成本），贷记“原材料”、“库存现金”、“银行存款”、“应付职工薪酬”等科目。

各生产车间应负担的制造费用，借记本科目（基本生产成本、辅助生产成本），贷记“制造费用”科目。

辅助生产车间为基本生产车间、企业管理部门和其他部门提供的劳务和产品，期（月）末按照一定的分配标准分配给各受益对象，借记本科目（基本生产成本）、“管理费用”、“销售费用”、“其他业务成本”、“在建工程”等科目，贷记本科目（辅助生产成本）。

企业已经生产完成并已验收入库的产成品以及入库的自制半成品，应于期（月）末，借记“库存商品”等科目，贷记本科目（基本生产成本）。

四、本科目期末借方余额，反映企业尚未加工完成的在产品成本或尚未收获的农产品成本。

5101　制造费用

一、本科目核算企业生产车间（部门）为生产产品和提供劳务而发生的各项间接费用。企业行政管理部门为组织和管理生产经营活动而发生的管理费用，在“管理费用”科目核算。

二、本科目可按不同的生产车间、部门和费用项目进行明细核算。

三、制造费用的主要账务处理。

（一）生产车间发生的机物料消耗，借记本科目，贷记“原材料”等科目。

（二）发生的生产车间管理人员的工资等职工薪酬，借记本科目，贷记“应付职工薪酬”科目。

（三）生产车间计提的固定资产折旧，借记本科目，贷记“累计折旧”科目。

（四）生产车间支付的办公费、水电费等，借记本科目，贷记“银行存款”等科目。

（五）发生季节性的停工损失，借记本科目，贷记“原材料”、“应付职工薪酬”、“银行存款”等科目。

（六）将制造费用分配计入有关的成本核算对象，借记“生产成本（基本生产成本、辅助生产成本）”、“劳务成本”等科目，贷记本科目。

（七）季节性生产企业制造费用全年实际发生额与分配额的差额，除其中属于为下一年开工生产做准备的可留待下一年分配外，其余部分实际发生额大于分配额的差额，借记“生产成本——基本生产成本”科目，贷记本科目；实际发生额小于分配额的差额做相反的会计分录。

四、除季节性的生产性企业外，本科目期末应无余额。

5201　劳务成本

一、本科目核算企业对外提供劳务发生的成本。

二、本科目可按提供劳务种类进行明细核算。

三、企业发生的各项劳务成本，借记本科目，贷记“银行存款”、“应付职工薪酬”、“原材料”等科目。建造承包商对外单位、专项工程等提供机械作业（包括运输设备）的成本，借记本科目，贷记“机械作业”科目。结转劳务的成本，借记“主营业务成本”、“其他业务成本”等科目，贷记本科目。

四、本科目期末借方余额，反映企业尚未完成或尚未结转的劳务成本。

5301　研发支出

一、本科目核算企业进行研究与开发无形资产过程中发生的各项支出。

二、本科目可按研究开发项目，分别“费用化支出”、“资本化支出”进行明细核算。

三、研发支出的主要账务处理。

（一）企业自行开发无形资产发生的研发支出，不满足资本化条件的，借记本科目（费用化支出），满足资本化条件的，借记本科目（资本化支出），贷记“原材料”、“银行存款”、“应付职工薪酬”等科目。

（二）研究开发项目达到预定用途形成无形资产的，应按本科目（资本化支出）的余额，借记“无形资产”科目，贷记本科目（资本化支出）。

期（月）末，应将本科目归集的费用化支出金额转入“管理费用”科目，借记“管理费用”科目，贷记本科目（费用化支出）。

四、本科目期末借方余额，反映企业正在进行无形资产研究开发项目满足资本化条件的支出。

5401　工程施工

一、本科目核算企业（建造承包商）实际发生的合同成本和合同毛利。

二、本科目可按建造合同，分别“合同成本”、“间接费用”、“合同毛利”进行明细核算。

三、工程施工的主要账务处理。

（一）企业进行合同建造时发生的人工费、材料费、机械使用费

以及施工现场材料的二次搬运费、生产工具和用具使用费、检验试验费、临时设施折旧费等其他直接费用，借记本科目（合同成本），贷记“应付职工薪酬”、“原材料”等科目。

发生的施工、生产单位管理人员职工薪酬、固定资产折旧费、财产保险费、工程保修费、排污费等间接费用，借记本科目（间接费用），贷记“累计折旧”、“银行存款”等科目。

期（月）末，将间接费用分配计入有关合同成本，借记本科目（合同成本），贷记本科目（间接费用）。

（二）确认合同收入、合同费用时，借记“主营业务成本”科目，贷记“主营业务收入”科目，按其差额，借记或贷记本科目（合同毛利）。

（三）合同完工时，应将本科目余额与相关工程施工合同的“工程结算”科目对冲，借记“工程结算”科目，贷记本科目。

四、本科目期末借方余额，反映企业尚未完工的建造合同成本和合同毛利。

5402　工程结算

一、本科目核算企业（建造承包商）根据建造合同约定向业主办理结算的累计金额。

二、本科目可按建造合同进行明细核算。

三、企业向业主办理工程价款结算，按应结算的金额，借记“应收账款”等科目，贷记本科目。

合同完工时，应将本科目余额与相关工程施工合同的“工程施工”科目对冲，借记本科目，贷记“工程施工”科目。

四、本科目期末贷方余额，反映企业尚未完工建造合同已办理结算的累计金额。

6001　主营业务收入

一、本科目核算企业确认的销售商品、提供劳务等主营业务的收入。

二、本科目可按主营业务的种类进行明细核算。

三、主营业务收入的主要账务处理。

（一）企业销售商品或提供劳务实现的收入，应按实际收到或应收的金额，借记“银行存款”、“应收账款”、“应收票据”等科目，按确认的营业收入，贷记本科目。

采用递延方式分期收款、具有融资性质的销售商品或提供劳务满足收入确认条件的，按应收合同或协议价款，借记“长期应收款”科目，按应收合同或协议价款的公允价值（折现值），贷记本科目，按其差额，贷记“未实现融资收益”科目。

以库存商品进行非货币性资产交换（非货币性资产交换具有商业实质且公允价值能够可靠计量）、债务重组的，应按该产成品、商品的公允价值，借记有关科目，贷记本科目。

本期（月）发生的销售退回或销售折让，按应冲减的营业收入，借记本科目，按实际支付或应退还的金额，贷记“银行存款”、“应收账款”等科目。

上述销售业务涉及增值税销项税额的，还应进行相应的处理。

（二）确认建造合同收入，按应确认的合同费用，借记“主营业务成本”科目，按应确认的合同收入，贷记本科目，按其差额，借记或贷记“工程施工——合同毛利”科目。

四、期末，应将本科目的余额转入“本年利润”科目，结转后本科目应无余额。

6051　其他业务收入

一、本科目核算企业确认的除主营业务活动以外的其他经营活动实现的收入，包括出租固定资产、出租无形资产、出租包装物和商品、销售材料、用材料进行非货币性交换（非货币性资产交换具有商业实质且公允价值能够可靠计量）或债务重组等实现的收入。

二、本科目可按其他业务收入种类进行明细核算。

三、企业确认的其他业务收入，借记“银行存款”、“其他应收款”等科目，贷记本科目等。

四、期末，应将本科目余额转入“本年利润”科目，结转后本科目应无余额。

6101 公允价值变动损益

一、本科目核算企业交易性金融资产、交易性金融负债，以及采用公允价值模式计量的投资性房地产等公允价值变动形成的应计入当期损益的利得或损失。

指定为以公允价值计量且其变动计入当期损益的金融资产或金融负债公允价值变动形成的应计入当期损益的利得或损失，也在本科目核算。

二、本科目可按交易性金融资产、交易性金融负债、投资性房地产等进行明细核算。

三、公允价值变动损益的主要账务处理。

（一）资产负债表日，企业应按交易性金融资产的公允价值高于其账面余额的差额，借记“交易性金融资产——公允价值变动”科目，贷记本科目；公允价值低于其账面余额的差额做相反的会计分录。

出售交易性金融资产时，应按实际收到的金额，借记“银行存款”等科目，按该金融资产的账面余额，贷记“交易性金融资产”科目，按其差额，借记或贷记“投资收益”科目。同时，将原计入该金融资产的公允价值变动转出，借记或贷记本科目，贷记或借记“投资收益”科目。

（二）资产负债表日，交易性金融负债的公允价值高于其账面余额的差额，借记本科目，贷记“交易性金融负债”等科目；公允价值低于其账面余额的差额做相反的会计分录。

处置交易性金融负债，应按该金融负债的账面余额，借记“交易性金融负债”科目，按实际支付的金额，贷记“银行存款”等科目，按其差额，贷记或借记“投资收益”科目。同时，按该金融负债的公允价值变动，贷记或借记本科目，借记或贷记“投资收益”科目。

（三）采用公允价值模式计量的投资性房地产等形成的公允价值变动，按照“投资性房地产”等科目的相关规定进行处理。

四、期末，应将本科目余额转入“本年利润”科目，结转后本科目无余额。

6111 投资收益

一、本科目核算企业确认的投资收益或投资损失。

二、本科目可按投资项目进行明细核算。

三、投资收益的主要账务处理。

（一）长期股权投资采用成本法核算的，企业应按被投资单位宣告发放的现金股利或利润中属于本企业的部分，借记“应收股利”科目，贷记本科目；属于被投资单位在取得本企业投资前实现净利润的分配额，应作为投资成本的收回，借记“应收股利”等科目，贷记“长期股权投资”科目。

长期股权投资采用权益法核算的，应按根据被投资单位实现的净利润或经调整的净利润计算应享有的份额，借记“长期股权投资——损益调整”科目，贷记本科目。被投资单位发生净亏损的，比照“长期股权投资”科目的相关规定进行处理。

处置长期股权投资时，应按实际收到的金额，借记“银行存款”等科目，按其账面余额，贷记“长期股权投资”科目，按尚未领取的现金股利或利润，贷记“应收股利”科目，按其差额，贷记或借记本科目。已计提减值准备的，还应同时结转减值准备。

处置采用权益法核算的长期股权投资，除上述规定外，还应结转原记入资本公积的相关金额，借记或贷记“资本公积——其他资本公积”科目，贷记或借记本科目。

（二）企业持有交易性金融资产、持有至到期投资、可供出售金融资产期间取得的投资收益以及处置交易性金融资产、交易性金融负债、指定为以公允价值计量且其变动计入当期损益的金融资产或金融负债、持有至到期投资、可供出售金融资产实现的损益，比照“交易性金融资产”、“持有至到期投资”、“可供出售金融资产”、“交易性金融负债”等科目的相关规定进行处理。

四、期末，应将本科目余额转入“本年利润”科目，本科目结转后应无余额。

6301　营业外收入

一、本科目核算企业发生的各项营业外收入，主要包括非流动资产处置利得、非货币性资产交换利得、债务重组利得、政府补助、盘盈利得、捐赠利得等。

二、本科目可按营业外收入项目进行明细核算。

三、企业确认处置非流动资产利得、非货币性资产交换利得、债务重组利得，比照“固定资产清理”、“无形资产”、“原材料”、“库存商品”、“应付账款”等科目的相关规定进行处理。

确认的政府补助利得，借记“银行存款”、“递延收益”等科目，贷记本科目。

四、期末，应将本科目余额转入“本年利润”科目，结转后本科目无余额。

6401　主营业务成本

一、本科目核算企业确认销售商品、提供劳务等主营业务收入时应结转的成本。

二、本科目可按主营业务的种类进行明细核算。

三、主营业务成本的主要账务处理。

（一）期（月）末，企业应根据本期（月）销售各种商品、提供各种劳务等实际成本，计算应结转的主营业务成本，借记本科目，贷记“库存商品”、“劳务成本”等科目。

采用计划成本或售价核算库存商品的，平时的营业成本按计划成本或售价结转，月末，还应结转本月销售商品应分摊的产品成本差异或商品进销差价。

本期（月）发生的销售退回，如已结转销售成本的，借记“库存商品”等科目，贷记本科目。

（二）确认建造合同收入，按应确认的合同费用，借记本科目，按应确认的合同收入，贷记“主营业务收入”科目，按其差额，借记或贷记“工程施工——合同毛利”科目。合同完工时，已计提存货跌价准备的，还应结转跌价准备。

四、期末，应将本科目的余额转入“本年利润”科目，结转后本科目无余额。

6402 其他业务成本

一、本科目核算企业确认的除主营业务活动以外的其他经营活动所发生的支出，包括销售材料的成本、出租固定资产的折旧额、出租无形资产的摊销额、出租包装物的成本或摊销额等。

除主营业务活动以外的其他经营活动发生的相关税费，在“营业税金及附加”科目核算。

采用成本模式计量投资性房地产的，其投资性房地产计提的折旧额或摊销额，也通过本科目核算。

二、本科目可按其他业务成本的种类进行明细核算。

三、企业发生的其他业务成本，借记本科目，贷记“原材料”、“周转材料”、“累计折旧”、“累计摊销”、“应付职工薪酬”、“银行存款”等科目。

四、期末，应将本科目余额转入“本年利润”科目，结转后本科目无余额。

6403 营业税金及附加

一、本科目核算企业经营活动发生的营业税、消费税、城市维护建设税、资源税和教育费附加等相关税费。房产税、车船使用税、土地使用税、印花税在“管理费用”科目核算，但与投资性房地产相关的房产税、土地使用税在本科目核算。

二、企业按规定计算确定的与经营活动相关的税费，借记本科目，贷记“应交税费”科目。

三、期末，应将本科目余额转入“本年利润”科目，结转后本科目无余额。

6601 销售费用

一、本科目核算企业销售商品和材料、提供劳务的过程中发生的各种费用，包括保险费、包装费、展览费和广告费、商品维修费、预计产品质量保证损失、运输费、装卸费等以及为销售本企业商品而专设的销售机构（含销售网点、售后服务网点等）的职工薪酬、业务费、折旧费等经营费用。

企业发生的与专设销售机构相关的固定资产修理费用等后续支出，也在本科目核算。

二、本科目可按费用项目进行明细核算。

三、销售费用的主要账务处理。

（一）企业在销售商品过程中发生的包装费、保险费、展览费和广告费、运输费、装卸费等费用，借记本科目，贷记“库存现金”、“银行存款”等科目。

（二）发生的为销售本企业商品而专设的销售机构的职工薪酬、业务费等经营费用，借记本科目，贷记“应付职工薪酬”、“银行存款”、“累计折旧”等科目。

四、期末，应将本科目余额转入“本年利润”科目，结转后本科目无余额。

6602 管理费用

一、本科目核算企业为组织和管理企业生产经营所发生的管理费用，包括企业在筹建期间内发生的开办费、董事会和行政管理部门在企业的经营管理中发生的或者应由企业统一负担的公司经费（包括行政管理部门职工工资及福利费、物料消耗、低值易耗品摊销、办公费和差旅费等）、工会经费、董事会费（包括董事会成员津贴、会议费和差旅费等）、聘请中介机构费、咨询费（含顾问费）、诉讼费、业务招待费、房产税、车船使用税、土地使用税、印花税、技术转让费、矿产资源补偿费、研究费用、排污费等。

企业（商品流通）管理费用不多的，可不设置本科目，本科目的核算内容可并入“销售费用”科目核算。企业生产车间（部门）和行政管理部门等发生的固定资产修理费用等后续支出，也在本科目核算。

二、本科目可按费用项目进行明细核算。

三、管理费用的主要账务处理。

（一）企业在筹建期间内发生的开办费，包括人员工资、办公费、培训费、差旅费、印刷费、注册登记费以及不计入固定资产成本的借款费用等在实际发生时，借记本科目（开办费），贷记“银行存款”等科目。

（二）行政管理部门人员的职工薪酬，借记本科目，贷记“应付职工薪酬”科目。

（三）行政管理部门计提的固定资产折旧，借记本科目，贷记“累计折旧”科目。

发生的办公费、水电费、业务招待费、聘请中介机构费、咨询费、诉讼费、技术转让费、研究费用，借记本科目，贷记“银行存款”、“研发支出”等科目。

按规定计算确定的应交矿产资源补偿费、房产税、车船使用税、土地使用税、印花税，借记本科目，贷记“应交税费”科目。

四、期末，应将本科目的余额转入“本年利润”科目，结转后本科目无余额。

6603　财务费用

一、本科目核算企业为筹集生产经营所需资金等而发生的筹资费用，包括利息支出（减利息收入）、汇兑损益以及相关的手续费、企业发生的现金折扣或收到的现金折扣等。

为购建或生产满足资本化条件的资产发生的应予资本化的借款费用，在“在建工程”、“制造费用”等科目核算。

二、本科目可按费用项目进行明细核算。

三、企业发生的财务费用，借记本科目，贷记“银行存款”、“未确认融资费用”等科目。发生的应冲减财务费用的利息收入、汇兑损益、现金折扣，借记“银行存款”、“应付账款”等科目，贷记本科目。

四、期末，应将本科目余额转入“本年利润”科目，结转后本科目无余额。

6701　资产减值损失

一、本科目核算企业计提各项资产减值准备所形成的损失。

二、本科目可按资产减值损失的项目进行明细核算。

三、企业的应收款项、存货、长期股权投资、持有至到期投资、固定资产、无形资产、贷款等资产发生减值的，按应减记的金额，借记本科目，贷记“坏账准备”、“存货跌价准备”、“长期股权投资减值准备”、“持有至到期投资减值准备”、“固定资产减值准备”、“无形资产减值准备”、“贷款损失准备”等科目。

在建工程、工程物资、生产性生物资产、商誉、抵债资产、损余物资、采用成本模式计量的投资性房地产等资产发生减值的，应当设置相应的减值准备科目，比照上述规定进行处理。

四、企业计提坏账准备、存货跌价准备、持有至到期投资减值准备、贷款损失准备等，相关资产的价值又得以恢复的，应在原已计提的减值准备金额内，按恢复增加的金额，借记“坏账准备”、“存货跌价准备”、“持有至到期投资减值准备”、“贷款损失准备”等科目，贷记本科目。

五、期末，应将本科目余额转入“本年利润”科目，结转后本科目无余额。

6711　营业外支出

一、本科目核算企业发生的各项营业外支出，包括非流动资产处置损失、非货币性资产交换损失、债务重组损失、公益性捐赠支出、非常损失、盘亏损失等。

二、本科目可按支出项目进行明细核算。

三、企业确认处置非流动资产损失、非货币性资产交换损失、债务重组损失，比照“固定资产清理”、“无形资产”、“原材料”、“库存商品”、“应付账款”等科目的相关规定进行处理。

盘亏、毁损的资产发生的净损失，按管理权限报经批准后，借记本科目，贷记“待处理财产损溢”科目。

四、期末，应将本科目余额转入“本年利润”科目，结转后本科目无余额。

6801　所得税费用

一、本科目核算企业确认的应从当期利润总额中扣除的所得税费用。

二、本科目可按“当期所得税费用”、“递延所得税费用”进行明细核算。

三、所得税费用的主要账务处理。

（一）资产负债表日，企业按照税法规定计算确定的当期应交所得税，借记本科目（当期所得税费用），贷记“应交税费——应交所得税”科目。

（二）资产负债表日，根据递延所得税资产的应有余额大于“递延所得税资产”科目余额的差额，借记“递延所得税资产”科目，贷记本科目（递延所得税费用）、“资本公积——其他资本公积”等科目；递延所得税资产的应有余额小于“递延所得税资产”科目余额的差额做相反的会计分录。

企业应予确认的递延所得税负债，应当比照上述原则调整本科目、“递延所得税负债”科目及有关科目。

四、期末，应将本科目的余额转入“本年利润”科目，结转后本科目无余额。

6901　以前年度损益调整

一、本科目核算企业本年度发生的调整以前年度损益的事项以及本年度发现的重要前期差错更正涉及调整以前年度损益的事项。企业在资产负债表日至财务报告批准报出日之间发生的需要调整报告年度损益的事项，也可以通过本科目核算。

二、以前年度损益调整的主要账务处理。

（一）企业调整增加以前年度利润或减少以前年度亏损，借记有关科目，贷记本科目；

调整减少以前年度利润或增加以前年度亏损做相反的会计分录。

（二）由于以前年度损益调整增加的所得税费用，借记本科目，贷记“应交税费——应交所得税”等科目；由于以前年度损益调整减少的所得税费用做相反的会计分录。

（三）经上述调整后，应将本科目的余额转入“利润分配——未分配利润”科目。本科目如为贷方余额，借记本科目，贷记“利润分配——未分配利润”科目；如为借方余额做相反的会计分录。

三、本科目结转后应无余额。

参考文献

[1] 财政部，《企业会计准则》，2006. 2

[2] 财政部，《企业会计准则——应用指南》，2006. 11

[3] 全国会计专业技术资格考试领导小组办公室，《初级会计实务》，经济科学出版社，2007. 1

[4] 李海波，《新编会计学原理——基础会计》（第 12 版），立信会计出版社，2006. 12

[5] 袁细寿，罗焰，《会计学基础》，立信出版社，2006. 1

[6] 胡兵，袁细寿，《基础会计》，中国商业出版社，2003. 12

[7] 朱小平，徐泓，《初级会计学》（第四版），中国人民大学出版社，2006. 1

[8] 杨成贤，《第一次当会计》（第三版），企业管理出版社，2006. 1

[9] 财政部注册会计师考试委员会办公室 2007 年度注册会计师全国统一考试指定辅导教材，《会计》中国财政经济出版社，2007. 4

[10] 蒋泽生，《基础会计实务操作》，中国人民大学出版社，2003. 3

[11] 税务远程教育培训网（http://www. chinatax. gov. cn/jypx/jckj/default. htm）

[12] 财政部，《会计基础工作规范》，1996

读者反馈意见

亲爱的读者：

感谢您对《基础会计学》的学习和热爱！为了今后能给您提供更优质的服务，请您抽出宝贵时间填写下面意见反馈表，以便我们更好地对本教材做进一步的改进。同时如果您在使用本教材的过程中遇到了什么问题，或者有什么好的建议，也请您来信、来电告诉我们。

地址：北京市丰台区科学城南极星大厦108室

电话：010－83794590 /83794403

电子邮箱：caikai6223@263.net　　QQ：64939527　　QQ：1694299827

网址：WWW.KFHWH.CN

教材名称：《基础会计学》

个人资料：

姓名：＿＿＿＿＿＿年龄：＿＿＿＿＿＿所在院校/专业＿＿＿＿＿＿

文化程度：＿＿＿＿＿＿通讯地址：＿＿＿＿＿＿

联系电话：＿＿＿＿＿＿电子信箱：＿＿＿＿＿＿

您使用本书是作为：□指定教材、□选用教材、□辅导教材

您对封面设计的满意度：

□很满意、□满意、□一般、□不满意　改进建议＿＿＿＿＿＿

您对本书印刷质量的满意度：

□很满意、□满意、□一般、□不满意　改进建议＿＿＿＿＿＿

您对本书的总体满意度：

从语言质量角度看：□很满意、□满意、□一般、□不满意

从科技含量角度看：□很满意、□满意、□一般、□不满意

本书最令您满意的是：

□指导明确 □内容充实 □讲解详尽 □实例丰富

您认为本书在哪些地方应进行修改？（可附页）

＿＿＿＿＿＿

＿＿＿＿＿＿

您希望本书在哪些方面需进行改进？（可附页）

＿＿＿＿＿＿

＿＿＿＿＿＿